中国隧道及地下工程修建关键技术研究书系

# 富水砂卵石地层盾构施工技术

杨书江　孙谋　洪开荣 ◎ 编著

FuShui ShaLuanShi DiCeng DunGou ShiGong JiShu

## 内 容 提 要

本书以成都地铁隧道工程为依据,系统介绍了富水砂卵石地层盾构施工成套技术。全书共分12章,主要内容包括富水砂卵石地层的地质特性、两种不同类型盾构机的应用、盾构井端头地层加固、盾构施工控制、盾构同步注浆浆液配制及施工技术、渣土改良技术研究与应用、泥水平衡盾构开挖面稳定技术、泥水系统应用及改进、进舱技术、盾构通过重要建(构)筑物的施工技术、大漂石的处理、监控量测和信息化施工技术。

本书给出的实例均为工程实践总结,数据齐全,资料翔实,条理清晰,对盾构隧道工程的设计、施工和管理都有较高的借鉴价值。

本书可作为城市地铁隧道、越江越海隧道和取排水隧道等盾构法隧道工程施工技术人员和科研人员的参考书,亦可作为高等院校相关专业师生的技术参考书。

### 图书在版编目(CIP)数据

富水砂卵石地层盾构施工技术/杨书江,孙谋,洪开荣编著. —北京:人民交通出版社,2011.4
ISBN 978-7-114-08922-0

I. ①富… II. ①杨…②孙…③洪… III. ①富水—卵石—地层—盾构法 IV. ①U455.43

中国版本图书馆 CIP 数据核字(2011)第 030699 号

| 书　　名: | 富水砂卵石地层盾构施工技术 |
|---|---|
| 著 作 者: | 杨书江　孙　谋　洪开荣 |
| 责任编辑: | 刘彩云 |
| 出版发行: | 人民交通出版社 |
| 地　　址: | (100011)北京市朝阳区安定门外外馆斜街 3 号 |
| 网　　址: | http://www.ccpress.com.cn |
| 销售电话: | (010)59757969,59757973 |
| 总 经 销: | 人民交通出版社发行部 |
| 经　　销: | 各地新华书店 |
| 印　　刷: | 北京盛通印刷股份有限公司 |
| 开　　本: | 787×1092　1/16 |
| 印　　张: | 19 |
| 字　　数: | 407 千 |
| 版　　次: | 2011 年 4 月　第 1 版 |
| 印　　次: | 2011 年 4 月　第 1 次印刷 |
| 书　　号: | ISBN 978-7-114-08922-0 |
| 定　　价: | 68.00 元 |

(如有印刷、装订质量问题的图书由本社负责调换)

# 序

为了缓解交通拥堵、提升人民生活质量,我国城市轨道交通建设步入了快速发展的时期,目前全国已有 28 个城市获批修建地铁。盾构法因对周边环境影响小、掘进速度快、质量优良、安全环保等优势,在城市地铁隧道建设中正扮演越来越重要的角色。盾构针对不同地层有着不同的适应性,在盾构选型、刀盘刀具设计、掘进参数配置、风险规避等方面有不同的要求,虽然国内盾构法施工技术在很多方面取得了突破性的成就,但在富水砂卵石地层中采用不同类型的盾构施工尚属首次,总结性的专著还属空白。

本书作为国内第一本论述富水砂卵石地层盾构施工技术的专著,紧密结合成都地铁一号线试验段工程施工案例,系统介绍了富水砂卵石地层的地质特性、不同类型盾构的应用、土压及泥水盾构的掘进控制、渣土改良、泥浆配置、泥水系统应用、带压进舱技术、对建筑物的保护、大漂石处理、监控量测和信息化施工技术等内容。本书内容阐述条理清晰、图文并茂、资料翔实,详细介绍了富水砂卵石地层盾构施工的经验与教训。本书实用性强,参考价值大,它的出版将进一步完善和丰富我国复杂地层的盾构施工技术,在该领域具有较大的指导和借鉴作用。

本书三位主编均是在施工一线从事盾构施工多年的技术管理人员,有着丰富的盾构施工管理经验和娴熟的技术能力,先后参与了广州地铁、南京地铁、上海地铁、成都地铁等城市地铁及西康铁路秦岭隧道 TBM、广深港铁路客运专线狮子洋隧道大直径泥水盾构等工程建设,掌握了多种复杂地层的盾构应用技术,尤其在富水砂卵石地层盾构施工技术方面具有独到的见解和成功的经验。编者在繁忙工作之余能够及时总结出版本书,为类似工程施工提供借鉴,这种锲而不舍、孜孜以求的探索精神正是广大工程技术人员的真是写照。

在本书出版之际,欣闻成都地铁一号线一期工程已于 2010 年 9 月 28 日开通运营,地铁二号线一期工程即将全线贯通,感动由衷的高兴。我将本书推荐给大家,希望对我国盾构法施工技术水平的提高起到促进作用。

施仲衡

2011 年 2 月

# 前　言

　　21世纪是地下空间大开发的世纪。我国城市轨道交通建设步入了快速发展的阶段,盾构法因具有对周围环境影响小、施工速度快、工程质量优良、施工安全环保、适应范围广等优势,在城市地铁隧道建设中正扮演越来越重要的角色。我国北京、上海、广州、深圳、天津、南京等十多个城市已经成功采用盾构法技术修建了大量地铁工程。截至2010年10月,广州地铁通车总里程约240km;2010年底,北京地铁通车总里程也已超过300km;世博会闭幕后,上海将全面实施公交优先战略,到2015年,全市地铁总里程将由目前的400多公里延伸突破600km。这些城市地铁隧道绝大部分采用盾构法施工,大大丰富和完善了盾构法施工技术;越来越成熟的盾构技术将在城市地铁等各类地下工程建设中得到广泛的应用和推广。

　　盾构法施工虽然具有对地层适应性广、施工安全系数高等优点,但因地质情况的千变万化、施工环境的复杂性,在施工中仍存在盾构适应性和施工方法、措施的调整。以广州为代表的上软下硬复合地层,以上海为代表的软土地层,以及以北京为代表的无水砂卵石地层,对盾构法施工的要求和对盾构机的磨损也不尽相同。成都作为近几年开始采用盾构法修建地铁的城市之一,有着与其他城市不同的地质条件。成都地铁穿越的地层主要为富水砂卵石地层并夹杂有粉细砂层透镜体,地下水丰富、水位高、补给迅速,在这种地质条件下长距离实施盾构隧道施工,国际上尚不多见,在国内属于首次。

　　富水砂卵石地层是一种典型的力学不稳定地层,其结构松散,卵石含量高达55%~86%,大漂石分布随机性强,局部富集成层高达20%~30%,且地下水位高,渗透性强。在这种地层中实施盾构隧道施工,面临盾构刀盘刀具磨损严重、带压进舱困难等难题,经常发生工程事故,且施工风险和工程费用加大。在富水砂卵石地层中采用盾构法施工极具挑战性,业界对此也一直存在争论。为进行施工工法的探索,在同一地层采用土压平衡盾构和泥水平衡盾构两种不同类型的盾构施工在国内尚属首例。

　　成都地铁一号线一期工程共采用8台盾构机施工,其中7台土压盾构机、1台泥水盾构机,全部由海瑞克隧道设备有限公司(Herrenknecht AG)生产制造,通过地铁公司和参建各单位的努力,克服了重重困难,相关的科研工作已取得了实质性突破,换刀距离从最初不足百米甚至几十米提高到平均204.5m,月掘进进度从最初不足百米提高到平均237m,最高达357m;攻克了富水砂卵石地层带压换刀、盾构端头井玻璃纤维筋桩围护、长距离快速掘进、大漂石处理、渣土改良等技术难题,初步实现了盾构在富水砂卵石地层的快速掘进。成都地铁一号线已于2010年9月27日开通运营,国庆长假第一天即发送乘客257 291人次。成都地铁二号线一期工程共采用15台土压盾构机,其中海瑞克盾构机13台。截至2010年12月15日累计掘进

25.5km，完成该工程总工程量的76%，预计2011年5月份洞通，2012年12月开通运营。富水砂卵石地层盾构技术日渐成熟，填补了我国盾构施工技术的一项空白，进一步完善了我国盾构施工的技术体系，提升了我国盾构技术的水平，具有很高的技术经济价值和应用前景。基于以上所述，系统地进行富水砂卵石地层盾构施工技术的总结已经具备了条件，本书将为此做出努力。

本书结合成都地铁一号线试验段工程施工案例，系统介绍了富水砂卵石地层盾构施工技术。全书共12章，阐述条理清晰、图文并茂、资料翔实，为类似工程的施工提供了参考依据，对广大工程技术人员具有切实的实用和参考价值。

本书由中铁隧道股份有限公司杨书江、孙谋及中铁隧道集团有限公司洪开荣编著，其中第一章富水砂卵石地层的地质特征由洪开荣编写，第二章两种不同类型盾构机的应用由杨书江、程俊瑞、瞿加俊编写，第三章盾构井端头加固由杨书江、陈中编写，第四章盾构施工控制由杨书江、张灿峰编写，第五章盾构同步注浆浆液配制及施工技术由孙谋编写，第六章渣土改良技术研究与应用由孙谋编写，第七章泥水盾构泥浆的配制和开挖面的稳定技术由杨书江、洪开荣编写，第八章泥水系统应用及改进由洪开荣、杨书江编写，第九章盾构进舱技术由孙谋、杨书江编写，第十章盾构通过重要建(构)筑物的施工技术由杨书江、赵丽编写，第十一章大漂石的处理由杨书江编写，第十二章监控量测和信息化施工技术由杨书江、孙谋、曹大明编写，全书由洪开荣修改完善成稿。

本书在编写过程中，得到了有关建设管理、施工、设计、科研、院校等单位的专家、学者、工程技术人员的大力支持和帮助。中铁隧道集团有限公司罗琼、陈建、赵华，中铁装备制造有限公司韩亚丽，盾构及掘进技术国家重点实验室陈馈，成都轨道交通有限公司肖中平、闫勇建、马文义、吕强，西南交通大学何川、晏启祥，中铁二院地下铁道设计院罗世培，广州地铁设计研究院黄威然，中铁隧道股份有限公司吴全中、赵全民、周红芳等提出了诸多中肯的意见或建议；许发成、段绍和、侯刚、任国青及中铁隧道股份有限公司的很多同事提供了资料；刘东双在书稿排版、图表绘制等方面做了大量工作；罗松、赵丽整理了部分资料，在此一并表示感谢！同时衷心感谢施仲衡院士在百忙之中为本书作序！

富水砂卵石地层盾构施工技术处于不断发展和完善过程中，实践中存在的一些问题仍值得我们去深入探讨和交流，书中会存在一些不足之处，敬请读者批评指正。

作　者
2011年2月

# 作者简介

**杨书江**（1973.3—） 男，硕士，高级工程师，中铁隧道股份有限公司副总工程师，中国土木工程学会隧道及地下工程分会隧道掘进机专业委员会秘书长，中铁隧道集团科技拔尖人才，中国中铁优秀项目经理，成都市优秀项目经理；先后主持过"盾构机在硬岩地层掘进技术研究及盾构空载通过矿山法隧道施工技术研究"和"富水含大漂石砂卵石地层盾构法施工关键技术研究"课题，获中国中铁股份科技进步奖；主持编写的"盾构机通过矿山法开挖段管片衬砌施工工法"和参与编写的"复合盾构施工系列工法"均被评为国家级工法；开发的"新型耐磨滚刀刀体"被授予实用新型专利；公开发表论文18篇。

**孙 谋**（1970.8—） 男，硕士，在读博士，教授级高级工程师，中铁隧道股份有限公司总经理，中国土木工程学会隧道及地下工程分会隧道掘进机专业委员会主任委员，中国中铁青年科技拔尖人才，茅以升铁道工程师奖获得者；参与的"长大隧道全断面岩石掘进机掘进技术与应用"课题获2005年度国家级科技进步二等奖，主持的"南京地铁区间盾构法施工关键技术研究"课题获南京市科技进步一等奖，主持的"土压平衡盾构在软弱富水层中穿越建（构）筑物施工技术"课题获铁道学会科学技术二等奖，参与的"重庆主城排水工程过长江盾构隧道修建关键技术研究"课题获重庆市科技进步二等奖，参与的"建筑群下富水全强风化花岗岩地层浅埋大跨隧道双洞隧道修建技术"课题获洛阳市科技进步一等奖；近六年来公开发表论文9篇。

**洪开荣**（1965.8—） 男，1990年兰州铁道学院硕士研究生毕业，教授级高级工程师，中铁隧道集团有限公司总工程师，盾构及掘进技术国家重点实验室主任，中国土木学会隧道及地下工程分会常务理事、秘书长，《隧道建设》编委会副主任；长期从事隧道及地下工程的技术研究和管理工作，主持和参加了多项国家重点工程建设和七项省部级以上的科研项目，公开发表论文二十余篇，出版专著三本（合作），开拓了我国复合地层中盾构隧道修建技术，并获国家科技进步二等奖，获省级及中国铁路工程总公司科学技术特等奖两项、一等奖一项；先后荣获中国铁路工程总公司有突出贡献中青年专家称号，获得了第七届詹天佑青年奖和第九届詹天佑成就奖，享受国务院政府特殊津贴。

# 目 录

## 第一章 富水砂卵石地层的地质特征 ········································ 1
  一、地质构造 ····················································· 2
  二、岩土分层及其特征 ··············································· 3
  三、土、石可挖性分级及隧道围岩分类（级） ······························ 7
  四、水文地质条件 ··················································· 8
  五、岩土工程分析 ·················································· 10
  六、工程地质条件评价 ·············································· 10
  七、环境工程地质 ·················································· 11
  八、施工中可能出现的工程地质问题 ··································· 11
  九、典型地质特征在设计施工中的体现 ································· 13

## 第二章 两种不同类型盾构机的应用 ········································ 15
  ### 第一节 地质因素对盾构机功能的要求 ································ 15
    一、基本功能要求 ················································ 15
    二、盾构机选型 ·················································· 16
  ### 第二节 盾构机工作原理和工作模式 ·································· 17
    一、泥水平衡盾构机的工作原理及工作模式 ··························· 17
    二、土压平衡盾构机的工作原理及工作模式 ··························· 19
  ### 第三节 泥水平衡盾构机关键部件及主要部件 ··························· 21
    一、关键部件 ···················································· 21
    二、主要部件 ···················································· 24
  ### 第四节 土压平衡盾构关键部件及主要部件 ····························· 28
    一、关键部件 ···················································· 29
    二、主要部件 ···················································· 30
  ### 第五节 盾构机主要尺寸和技术参数 ·································· 32
  ### 第六节 刀盘选型及应用 ············································ 34

一、刀盘的功能及设计要点 ········································· 34
　　二、泥水平衡盾构刀盘磨损及修复 ································· 36
　　三、土压平衡盾构刀盘磨损及修复 ································· 39
　　四、刀盘的改进 ···················································· 41
第七节　螺旋输送机选型及应用 ········································ 42
　　一、螺旋输送机选型 ··············································· 42
　　二、螺旋输送机使用状况分析 ····································· 43
　　三、螺旋磨损与渣土改良的关系 ··································· 46
第八节　刀具设计及适应性分析 ········································ 46
　　一、刀具破岩原理 ················································· 46
　　二、盘形滚刀 ······················································ 48
　　三、刀具选择及布置 ··············································· 50
第九节　不同类型刀具的应用 ··········································· 51
　　一、刀具失效形式 ················································· 51
　　二、盾构刀具消耗统计 ············································ 56
　　三、不同类型刀具(除滚刀外)的试验 ······························ 59
　　四、滚刀的对比试验 ··············································· 61
　　五、刀具的优化改进 ··············································· 62
第十节　刀具检查、更换 ··············································· 66
　　一、刀具更换的理论研究 ·········································· 66
　　二、刀具检查 ······················································ 67
　　三、刀具更换原则 ················································· 67
　　四、刀具更换程序 ················································· 68
　　五、刀具更换作业 ················································· 68
第十一节　刀具维修 ···················································· 69
　　一、刀具维修的关键技术 ·········································· 70
　　二、刀具检测 ······················································ 70
　　三、刀具维修 ······················································ 70
　　四、刀具的标记存放 ··············································· 71
第十二节　两种类型盾构机的应用效果比较及选型建议 ············· 72
　　一、盾构机实际应用效果比较 ····································· 72
　　二、盾构机选型建议 ··············································· 74

第十三节　国产盾构刀具的研发及应用 ································· 75
　一、成都探矿机械厂盾构滚刀产品研究及应用 ···················· 75
　二、山东天工刀具在盾构领域的应用 ······························· 77
　三、聊城瑞钻盾构刀具产品研发及使用 ····························· 79

# 第三章　盾构井端头地层加固 ·············································· 81
## 第一节　盾构始发到达的土工问题 ·········································· 81
## 第二节　三重管高压旋喷桩与袖阀管注浆法 ································ 82
　一、适用地层 ································································ 82
　二、加固总体方案 ·························································· 82
　三、主要技术参数 ·························································· 83
## 第三节　压密注浆法 ····························································· 84
　一、适用地层 ································································ 84
　二、加固总体方案 ·························································· 84
　三、主要技术参数 ·························································· 85
　四、施工技术要求 ·························································· 85
## 第四节　水平冻结法 ····························································· 86
　一、适用地层 ································································ 86
　二、加固总体方案 ·························································· 87
　三、主要技术参数 ·························································· 87
　四、拔管和盾构始发的安全保证措施 ··································· 89
　五、对地面环境的保护措施 ·············································· 90
## 第五节　单重管高压旋喷桩结合三轴搅拌桩法 ···························· 90
　一、适用地层 ································································ 90
　二、加固总体方案 ·························································· 91
　三、主要技术参数 ·························································· 92
## 第六节　双重管旋喷桩法 ······················································ 93
　一、适用地层 ································································ 93
　二、加固总体方案 ·························································· 94
　三、主要技术参数 ·························································· 95
## 第七节　降水结合玻璃纤维筋挖孔桩法 ····································· 95
　一、计算参数的选定 ······················································· 96

  二、GFRP 圆形围护桩的计算方法 ········································· 100
  三、工程设计及现场测试情况 ········································· 101

## 第四章 盾构施工控制 ················································· 102
### 第一节 盾构掘进控制 ················································· 102
  一、泥水舱压力、土舱压力控制 ······································· 102
  二、推进速度 ····················································· 103
  三、渣土改良 ····················································· 103
  四、泥浆质量、出渣量控制 ··········································· 103
  五、盾构姿态控制 ················································· 104
  六、同步注浆控制 ················································· 104
  七、管片拼装质量控制 ············································· 104
  八、测量和量测控制 ··············································· 109
### 第二节 盾构始发掘进控制 ··········································· 109
  一、盾构始发方向确定 ············································· 109
  二、端头加固措施 ················································· 109
  三、延伸洞门、密封橡胶安装 ······································· 110
  四、始发台、反力架加固 ··········································· 110
  五、导轨安装 ····················································· 112
  六、负环拼装 ····················································· 112
  七、掘进破除玻璃纤维桩 ··········································· 112
  八、盾构始发姿态控制 ············································· 113
  九、盾构始发注意事项 ············································· 113
### 第三节 盾构到达掘进控制 ··········································· 114
  一、到达端头地层加固 ············································· 114
  二、测量和姿态调整 ··············································· 114
  三、到达段掘进施工控制 ··········································· 114
  四、到达掘进注意事项 ············································· 116
### 第四节 地表滞后坍塌控制 ··········································· 116
  一、坍塌机理 ····················································· 116
  二、坍塌主要原因 ················································· 117
  三、坍塌多发位置分析 ············································· 118

六、带压作业注意事项 ································································· 186
　　七、应急措施 ································································································ 186
　第三节　泥水盾构带压进舱技术 ································································· 188
　　一、施工工艺流程 ······················································································ 189
　　二、操作要点 ································································································ 189
　　三、材料与设备 ··························································································· 191
　第四节　土压平衡盾构带压进舱技术 ····················································· 192
　　一、带压进舱原理 ······················································································ 192
　　二、准备工作 ································································································ 193
　　三、带压进舱 ································································································ 195
　　四、经验总结 ································································································ 195
　第五节　中铁二局盾构带压进舱研究 ····················································· 196
　　一、前期基础研究 ······················································································ 196
　　二、现场试验研究 ······················································································ 199
　　三、关键施工技术 ······················································································ 200
　　四、带压进舱体会 ······················································································ 202
　第六节　中铁十三局带压换刀试验与实践 ············································ 203
　　一、气压加压试验 ······················································································ 203
　　二、带压换刀实践 ······················································································ 205
　　三、结论及建议 ··························································································· 208

# 第十章　盾构通过重要建(构)筑物的施工技术 ········································ 209
　第一节　盾构下穿火车南站股道 ································································· 209
　　一、沉降分析 ································································································ 210
　　二、扣轨加固 ································································································ 212
　　三、盾构掘进控制要点 ············································································· 213
　　四、监控量测措施 ······················································································ 215
　　五、应急措施 ································································································ 216
　　六、施工效果 ································································································ 218
　第二节　近距离穿越成都信息港施工技术 ············································ 218
　　一、盾构隧道近接信息港基础分析 ····················································· 219
　　二、预加固施工措施 ·················································································· 222

第三节 通过二环路人南立交桥施工技术 ................................................. 223
    一、计算分析 ......................................................................................... 223
    二、预加固施工措施 ............................................................................. 227

第四节 通过 $\phi1\,200\,mm$ 污水干管施工技术 .................................. 227
    一、污水干管形式 ................................................................................. 227
    二、施工技术措施 ................................................................................. 228
    三、施工管理措施 ................................................................................. 230
    四、监控量测 ......................................................................................... 231
    五、通过 $\phi1\,200\,mm$ 污水干管施工效果 ................................. 232

第五节 盾构下穿南河、侧穿锦江大桥桥基施工 ................................. 232
    一、南河、锦江大桥调查 ..................................................................... 232
    二、盾构穿越前阶段的准备 ................................................................. 234
    三、高压旋喷桩加固隔离 ..................................................................... 234
    四、盾构穿越控制施工技术 ................................................................. 235

第六节 盾构过四川省经委、安监局办公楼和冶金宾馆 ..................... 236
    一、工程概况 ......................................................................................... 236
    二、数值模拟计算 ................................................................................. 237
    三、建筑物加固措施 ............................................................................. 239
    四、盾构掘进措施 ................................................................................. 243
    五、施工监测 ......................................................................................... 243
    六、盾构通过情况 ................................................................................. 244

## 第十一章 大漂石的处理 ........................................................................ 245
    一、大漂石破碎原理 ............................................................................. 245
    二、大漂石对盾构选型的影响 ............................................................. 246
    三、盾构选型上的针对性设计 ............................................................. 246
    四、大漂石处理措施 ............................................................................. 247

## 第十二章 监控量测和信息化施工技术 ................................................ 251
第一节 地层位移的影响因素分析 ............................................................. 251
    一、盾构掘进对地层位移的影响 ......................................................... 251
    二、其他因素对地层位移的影响 ......................................................... 252

## 第二节　地面沉降预测 253
一、Peck 法 253
二、有限单元法 254
三、藤田法 254
四、双线隧道地面沉降的预测 256

## 第三节　盾构掘进沉降监测及控制 258
一、监测项目 258
二、监测方法 258
三、测量精度 264
四、量测频率 265
五、监控项目控制值 265

## 第四节　监测数据的处理及分析评价 266
一、必测项目监测分析 266
二、选测项目监测分析 276
三、监控量测体会与认识 279

**参考文献** 282

# 第一章　富水砂卵石地层的地质特征

采用盾构法施工的富水砂卵石地层隧道以成都地铁工程为典型代表。下面以成都平原的地质情况为例来叙述富水砂卵石地层的地质特征,如图 1-1 所示。富水砂卵石地层的典型特征如下：

a)基坑开挖出的砂卵石

b)挖孔桩挖出的卵石

c)泥水舱内清出的卵石

d)刀具破碎后的卵石

图 1-1　砂卵石

（1）卵石含量高（达55.0%～86.8%），大漂石含量高（一般含量为10%～15%，局部富集成层高达20%～30%），基坑开挖揭示的漂石的最大粒径达670mm。

（2）卵石单轴抗压强度高，一般在65.5～184MPa，平均102.2MPa，极值为206MPa。

（3）地下水水量极其丰富，渗透系数$k=12.53$～$27.4$m/d，枯水期地下水位埋深3～5m，丰水期2～4m。施工面临高水压问题。

（4）砂卵石地层的内摩擦角较大，渣土的和易性和流动性较差。若采用土压平衡盾构施工，对渣土改良的要求较高。

## 一、地质构造

### 1. 区域地质构造特征

成都市区位于成都断陷盆地东部地带，西距NE向龙门山前陆推覆构造带50km，东距NNE向龙泉山前陆隆起带20km。龙门山大断裂和龙泉山边界断裂两相挟持，控制了NE向成都断陷盆地的形成，构成了龙门山西部造山带山前第四系扇状平原的厚大堆积，成都平原腹心地带砂卵石沉积厚度达540余米，岷江扇前的市中区一带，厚度减薄至15～40余米。

### 2. 新构造运动

新构造活动表现为平原腹心间歇性沉降，周边间歇性抬升。平原东部蒲江—新津和新都—德阳北东向隐伏断裂，深延地下3～5.5km未达地腹，断续延长未穿过市中区。最后一次断裂活动发生在8.8万年前，至今活动微弱。工程区东侧就近2～3km的琉璃场—中和场隐伏断裂，遥感影像N15E延伸，向北可达市中区，划分了成都东郊台地和成都平原第四系新老冲堆积层（$Q_{3+4}/Q_2$）的界线，现今活动微弱，区域稳定性良好，适宜工程建设。

### 3. 历史地震

成都平原在构造位置上处于我国新华夏系第三沉降带之川西褶带的西南缘（图1-2），介于龙门山隆褶带山前江油—灌县区域性断裂和龙泉山褶皱带之间，为一断陷盆地。成都市区距龙泉山褶皱带20km，距龙门山隆褶带50km，区内断裂构造和地震活动较弱，从地壳的稳定性来看属基本稳定区。

历史地震资料表明，市中区一带尚无强震记录，震源来自平原周边50～100km以外的远震影响，波及市区的影响烈度不过6度左右。1933年叠溪7.5级极震，1958年北川6.2级强震，1967年双流籍田5.5级中强震，1976年松（潘）平（武）7.2级极震，1971年新都3.4级弱震，以及2008年5·12汶川特大地震，市区均未遭受破坏性地震危害。

成都城区历经两千余年，城址从未变迁，城市经久不衰，表明地壳稳定性良好，抑或岷江上游地震洪泛亦经逐级工程防范而无大忧，场地稳定性异常优越。

### 4. 地层岩性

拟建场地均为第四系（Q）地层覆盖。其中，地表多为人工填筑土（$Q_4^{ml}$）覆盖，其下为全新统冲积（$Q_4^{al}$）黏性土、粉土、砂土及厚层卵石土沉积，之下叠覆上更新统冰水、冲积（$Q_3^{fgl+al}$）卵石土及其砂夹层透镜体；下伏基岩为白垩系上统灌口组（$K_2g$）厚层泥岩。

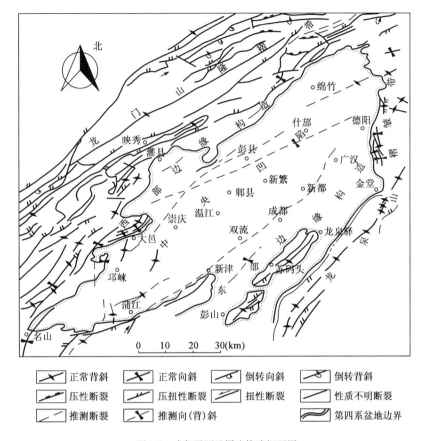

图 1-2　成都平原及周边构造纲要图

## 二、岩土分层及其特征

1. 分层依据

(1) 不同的岩、土类别。如黏性土、砂、卵石土、风化岩层等。

(2) 岩土不同的成因时代和成因类型。如全新统冲积层，上更新统冰水沉积、冲积层，中更新统冰水沉积、冲积层等。

(3) 岩土不同的状态。如可塑、硬塑黏性土。

2. 岩土层特征

按上述分层依据，对岩土层分层详细描述如下：

(1) 第四系全新统人工填土层($Q_4^{ml}$)

〈1〉人工填筑土($Q_4^{ml}$)：由碎石、砂土、砖瓦碎块等建筑垃圾组成，其间充填黏性土、粉土及砂土等。呈褐黄、灰黑等杂色，松散为主，局部稍密，潮湿。该层均一性差，多为欠压密土，结构疏松，具强度较低、压缩性高、荷重易变形等特点。层厚1.2~6.6m，局部厚度较大。

(2) 第四系全新统冲积层($Q_4^{al}$)

〈2-2〉黏土($Q_4^{al}$)：灰黄色，湿，硬塑。土体裂隙不发育，含少量铁、锰质氧化物及其结核。于MZ2-NT-004号孔揭露，顶板埋深为2.30m，高程493.53m，厚1.0m。

根据室内试验，天然含水率23.6%，天然孔隙比0.834，液性指数0.03，黏聚力44.5 kPa，内摩擦角12.5°，压缩系数0.29，压缩模量6.32MPa。其自由膨胀率51.5%，属弱膨胀性土。其力学均匀性较好，承载力较高，属中等压缩性土。

〈2-3〉粉质黏土（$Q_4^{al}$）：黄、灰黄、黄灰色，湿，可塑。土体裂隙不发育，含少量铁、锰质氧化物及其结核。段内断续分布，顶板埋深为1.20～3.60m，高程492.08～495.11m，厚0.60～2.15m。

根据室内试验，天然含水率24.6%，天然孔隙比0.729，液性指数0.33，黏聚力43.5 kPa，内摩擦角10.9°，压缩系数0.25，压缩模量5.6MPa。其力学均匀性较好，具有一定承载力，属中等压缩性土。

〈2-4〉粉土（$Q_4^{al}$）：灰黄色，湿，稍密，土体含铁、锰质氧化物斑点，局部夹粉、细砂条带或团块。该层分布较连续，顶板埋深为1.5～6.5m，高程488.83～493.91m，层厚0.60～3.30m。

根据室内试验，天然含水率20.3%，天然孔隙比0.745，液性指数0.53，黏聚力16.7kPa，内摩擦角21.8°，压缩系数0.27，压缩模量6.48MPa。钻孔中标贯实测击数$N=4\sim7$击，平均5.7击。

根据《铁路工程抗震设计规范》（GB 50111—2006）初判，MZ3-NT-005号孔、MZ3-NT-016号孔、MZ2-NT-002号孔、MZ2-NT-004号孔中的粉土为可液化土；根据《建筑抗震设计规范》（GB 50011—2001）判定，粉土为轻微液化土。

〈2-5〉粉细砂（$Q_4^{al}$）：灰、灰褐色，湿～饱和，松散，局部有中砂薄层。成分以长石、石英为主，次为云母细片、岩屑及暗色细颗粒矿物，混粉土、粉砂团块。呈透镜体分布于卵石层顶面或夹于卵石层中，顶板埋深为2.5～6.5m，高程488.76～494.43m，层厚0.40～2.3m。

钻孔中粉细砂土标贯实测击数一般$N=4\sim5$击。根据《铁路工程抗震设计规范》（GB 50111—2006）初判，为可液化土；根据《建筑抗震设计规范》（GB 50011—2001）判定，粉细砂为轻微液化土。

〈2-8〉卵石土（$Q_4^{al}$）：灰、黄灰色，潮湿～饱和，以中密、密实卵石为主，部分为稍密卵石，含夹薄层粉细砂透镜体。卵石主要成分为花岗岩、闪长岩和石英岩，亚圆形为主，少量圆形，分选性较好，20～200mm卵石含量43.8%～88.7%，粒径一般以30～70mm为主，部分粒径80～120mm，钻孔中揭示最大粒径达180mm。卵石以弱风化为主，主要充填细砂、中砂，含量10.0%～35.0%。本层顶板埋深5.4～7.6m，高程487.66～492.26m，层厚1.80～11.20m。根据卵石土密实程度和充填物含量的差异，将其划分为：

〈2-8-1〉稍密卵石：粒径大于20mm的卵石含量为43.8%～60%，卵石排列混乱，大部分不接触；

〈2-8-2〉中密卵石：粒径大于20mm的卵石含量为60%～70%，卵石交错排列，大部分接触；

〈2-8-3〉密实卵石：粒径大于20mm的卵石含量为70%～90%，卵石交错排列，连续接触。

据MT2-NT-001号探井揭露，漂石埋深6.5m，漂石最大粒径为370mm，漂石含量为12.5%；据MT3-NT-001号探井揭露，漂石埋深9.0m、10.4m，漂石最大粒径为350mm，漂石含量为18.5%。漂石分布随机性较强，局部富集成层高达20%～30%，但主要分布于$Q_4$卵石层中下部,一般埋深6.5m以下。漂石单轴极限抗压强度68.5~93.7MPa,平均83.9MPa;卵石单轴极限抗压强度79.5~82.2MPa,平均81.8MPa。

(3)第四系上更新统冰水沉积、冲积层($Q_3^{fgl+al}$)

〈3-4〉粉细砂($Q_3^{fgl+al}$):灰黄色、黄色,湿~饱和,松散。成分以长石、石英为主,次为云母细片、岩屑及暗色细颗粒矿物,混少量黏性土。该层呈透镜体夹于卵石层中,层厚0.50~3.55m。

根据《成都地区建筑地基基础设计规范》(DB51/T 5026—2001)附录P规定,对于卵石层中的粉细砂夹层可不考虑液化影响。

〈3-7〉卵石土($Q_3^{fgl+al}$):灰黄、黄色,饱和,以中密、密实卵石为主,局部稍密卵石,含夹薄层粉细砂透镜体。卵石主要成分为花岗岩、闪长岩和石英岩,以亚圆形为主,少量圆形,分选性较好,20~200mm卵石含量占58.8%~81.7%,粒径一般以30~70mm为主,部分粒径80~120mm。卵石以弱风化为主,局部中等风化;充填物以细砂、中砂为主,夹少量黏性土及砾石,含量10.0%~25.0%。本层顶板埋深9.60~13.4m,高程482.95~487.11m,层厚4.1~12.55m。根据卵石土密实程度和充填物含量的差异,将其划分为:

〈3-7-1〉稍密卵石:粒径大于20mm的卵石含量为55%~60%,卵石排列混乱,大部分不接触。

〈3-7-2〉中密卵石:粒径大于20mm的卵石含量为60%~70%,卵石交错排列,大部分接触。

〈3-7-3〉密实卵石:粒径大于20mm的卵石含量为70%~85%,卵石交错排列,连续接触。

据MT3-NT-001号探井揭露,漂石埋深11.8m、12.5m,漂石最大粒径为360mm,漂石含量为10.8%~15.4%;$Q_3$卵石层较之$Q_4$卵石层中的漂石含量要大些,一般含量为10%~15%,局部富集成层高达20%~30%。漂石分布随机性较强,一般埋深在11.0m以下。

漂石单轴极限抗压强度68.2~109.0MPa,平均86.6MPa;卵石单轴极限抗压强度70.1~116.2MPa,平均87.7MPa。

(4)白垩系上统灌口组泥岩($K_2g$)

以泥岩为主,局部夹薄层粉砂岩。紫红色,厚层或中厚层状构造,泥钙质胶结。根据风化程度不同划分为全风化带极软岩($W_4$)、强风化带软岩($W_3$)及中风化带较软岩($W_2$)。钻孔普遍未见全风化带($W_4$),部分钻孔未见中风化带($W_3$),强风化破碎带常与中风化带交错发育,其下过渡为岩体较为完整的中风化带。

〈5-2〉强风化泥岩($K_2g$):岩质较软,岩体结构已部分破坏,构造层理不清晰,具溶蚀现象。岩体被节理、裂隙分割成块状,钻孔岩芯多呈碎块状,少量短柱状,部分呈土状,岩芯碎块手可折断。泥岩顶板埋深15.2~23.8cm,高程471.88~480.53m,揭露强风化泥岩厚1.2~21.9m。据室内岩石试验,天然单轴极限抗压强度为0.5~2.8MPa,标准值1.20MPa。

〈5-3〉中风化泥岩($K_2g$):岩质较硬,岩面较新鲜,岩体结构基本未破坏,岩体被节理、裂隙分割成块状,构造层理较明显。钻孔岩芯多呈短柱状,少量长柱状及碎块状,岩芯长度60~230mm,锤击声半哑~较脆,可击碎。该层厚度大、局部埋深大,未揭露或未揭穿。层位顶板埋深20.0~37.73m,高程457.92~475.73m,揭露层厚2.7~6.5m。

据室内岩石试验,天然单轴极限抗压强度为 1.2～6.1MPa,标准值 3.00MPa;天然饱和单轴极限抗压强度为 1.5～2.6MPa,标准值 1.8MPa。

3. 大粒径漂石

(1)第四系全新统($Q_4^{al}$)卵石层中的大粒径漂石

据 MT2-NT-001 号探井揭露,漂石埋深 6.5m,漂石最大粒径为 370mm,漂石含量为 12.5%;据 MT3-NT-001 号探井揭露,漂石埋深 9.0m、10.4m,漂石最大粒径为 350mm,漂石含量为 18.5%。漂石分布随机性较强,局部富集成层高达 20%～30%,但主要分布于 $Q_4$ 卵石层中下部,一般埋深在 6.5m 以下。漂石单轴极限抗压强度 68.5～93.7MPa,平均 83.9MPa;卵石单轴极限抗压强度 79.5～82.2MPa,平均 81.8MPa。

另外,根据红花堰试验段探坑和天府广场基坑揭露,漂石最大粒径达 530～550mm;全兴大厦二期工地挖出的最大漂石粒径为 670mm,北新大道挖桩挖出的最大漂石粒径为 380mm。由于漂石随机分布,强度高,对盾构掘进施工以及掘削刀具设计影响较大,应予以高度重视。

(2)第四系上更新统冰水沉积～冲积($Q_3^{fgl+al}$)卵石层中的大粒径漂石

据 MT3-NT-001 号探井揭露,漂石埋深 11.8～12.5m,漂石最大粒径为 360mm,漂石含量为 10.8%～15.4%;$Q_3$ 卵石层较之 $Q_4$ 卵石层中的漂石含量要大些,一般含量为 10%～15%,局部富集成层高达 20%～30%。漂石分布随机性较强,一般埋深在 11.0m 以下。漂石单轴极限抗压强度 68.2～109.0MPa,平均 86.6MPa;卵石单轴极限抗压强度 70.1～116.2MPa,平均 87.7MPa。由于漂石随机分布,强度高,对盾构掘进施工以及掘削刀具设计影响较大,应予以高度重视。

粒径分析见表 1-1。

粒 径 分 析 表　　　　表 1-1

| 地层代号 | 岩土名称 | 时代与成因 | 粒径分析 土粒组成(%) | | | | 漂石(卵石)单轴极限抗压强度(MPa) | | 各地层在隧道限界内分布比例(%) |
|---|---|---|---|---|---|---|---|---|---|
| | | | 漂石 | 卵石 | 砾石 | 砂 | 土 | 漂石 | 卵石 | |
| 〈1〉 | 人工填土 | $Q_4^{ml}$ | | | | | | | | |
| 〈2-1〉 | 软土 | $Q_4^{al}$ | | | | | | | | |
| 〈2-3〉 | 粉质黏土(可塑) | $Q_4^{al}$ | | | | | | | | |
| 〈2-4〉 | 粉土 | $Q_4^{al}$ | | | | 4.9 | 95.1 | | | 0.5 |
| 〈2-5〉 | 粉细砂 | $Q_4^{al}$ | | | | 80.37 | 19.63 | | | 2.9 |
| 〈2-8-1〉 | 稍密卵石土 | $Q_4^{al}$ | | 43.8 | 22.6 | 29.4 | 4.2 | 68.5 | 81.8 | 0.7 |
| 〈2-8-2〉 | 中密卵石土 | $Q_4^{al}$ | | 80.2 | 10.07 | 9.2 | 0.53 | | | 9.5 |
| 〈2-8-3〉 | 密实卵石土 | $Q_4^{al}$ | | | | | | | | |

续上表

| 地层代号 | 岩土名称 | 时代与成因 | 粒径分析 ||||| 漂石(卵石)单轴极限抗压强度(MPa) || 各地层在隧道限界内分布比例(%) |
|---|---|---|---|---|---|---|---|---|---|---|
| | | | 土粒组成(%) |||||漂石|卵石| |
| | | | 漂石 | 卵石 | 砾石 | 砂 | 土 | | | |
| 〈3-1〉 | 黏土(可塑) | $Q_3^{fgl+al}$ | | | | | | | | |
| 〈3-2〉 | 粉质黏土(可塑) | $Q_3^{fgl+al}$ | | | | | | | | |
| 〈3-3〉 | 粉土 | $Q_3^{fgl+al}$ | | | | 7.3 | 93.25 | | | |
| 〈3-4〉 | 粉细砂 | $Q_3^{fgl+al}$ | | | | 92.75 | 7.25 | | | 1.3 |
| 〈3-7-1〉 | 稍密卵石土 | $Q_3^{fgl+al}$ | 58.8 | 23.7 | 15.7 | 1.8 | | 107.3 | 87.7 | 6.7 |
| 〈3-7-2〉 | 中密卵石土 | $Q_3^{fgl+al}$ | 75.27 | 14.3 | 9.88 | 0.54 | | | | 19.5 |
| 〈3-7-3〉 | 密实卵石土 | $Q_3^{fgl+al}$ | | | | | | | | 58.9 |
| 〈4-1〉 | 粉细砂 | $Q_2^{fgl+al}$ | | | | | | | | |
| 〈4-4-2〉 | 中密卵石土 | $Q_2^{fgl+al}$ | 76.5 | 8.5 | 14 | 1 | | 107.3 | 87.7 | |
| 〈5-2〉 | 强风化泥岩 | $K_{2g}$ | | | | | | | | |
| 〈5-3〉 | 中风化泥岩 | $K_{2g}$ | | | | | | | | |

## 三、土、石可挖性分级及隧道围岩分类(级)

**1. 土、石可挖性分级**

根据《地下铁道、轻轨交通岩土工程勘察规范》(GB 50307—1999)附录 B,对场地土石可挖性分级如下：

(1) I 级松土

包括未经压实的填土、粉土、砂土,即岩土分层〈2-4〉、〈2-5〉、〈3-3〉、〈3-4〉层。能全部用机械直接铲挖,普通装载机可满载。

(2) II 级普通土

包括压密的填土,可塑、硬塑的黏土、粉质黏土。即岩土分层〈1〉、〈2-2〉、〈2-3〉层。需部分刨松方能用机械铲挖满载,或可直接铲挖但不能满载。

(3) III 级硬土

包括坚硬的黏土、膨胀土、卵石土,风化成土柱状泥岩,即岩土分层〈2-8〉、〈3-7〉层。需普遍刨松或部分爆碎方能用机械铲挖满载。

(4) IV 级软石

泥岩强、中等风化带可划分为 IV 级软石,即岩土分层〈5-2〉、〈5-3〉层。部分用爆破法开挖。

## 2. 隧道围岩分类(级)

根据《地下铁道、轻轨交通岩土工程勘察规范》(GB 50307—1999)第4.3节要求,应对围岩进行分级(类)。根据《地铁设计规范》(GB 50157—2003)第10.1.2条要求,对暗挖结构应进行围岩分级。依据上述两规范,并结合《铁路隧道设计规范》(TB 10003—2001),提出了围岩基本分级与分类的对照表(表1-2),以利于工程设计使用。隧道围岩基本分级(分类)见表1-3。

隧道围岩基本分级与分类对照表　　　　表1-2

| 隧道围岩分类 | Ⅰ | Ⅱ | Ⅲ | Ⅳ | Ⅴ | Ⅵ |
|---|---|---|---|---|---|---|
| 隧道围岩分级 | Ⅵ | Ⅴ | Ⅳ | Ⅲ | Ⅱ | Ⅰ |

土、石可挖性分级及围岩基本分级(分类)建议表　　　　表1-3

| 时代成因 | 地层代号 | 岩土名称 | 岩土特征 | 开挖后的稳定状态 | 建议围岩基本类别 | 建议围岩基本级别 | 土石可挖性分级 |
|---|---|---|---|---|---|---|---|
| $Q_4^{ml}$ | 〈1〉 | 人工填筑土 | 松散 | 易塌 | Ⅰ | Ⅵ | Ⅱ |
| $Q_4^{al}$ | 〈2-2〉 | 黏土 | 硬塑 | 自稳性较好 | Ⅱ | Ⅴ | Ⅱ |
| $Q_4^{al}$ | 〈2-3〉 | 粉质黏土 | 可塑 | 自稳性较差 | Ⅱ | Ⅴ | Ⅱ |
| $Q_4^{al}$ | 〈2-4〉 | 粉土 | 稍密,饱和 | 不能自稳 | Ⅰ | Ⅵ | Ⅰ |
| $Q_4^{al}$ | 〈2-5〉 | 粉细砂 | 松散,饱和 | 不能自稳 | Ⅰ | Ⅵ | Ⅰ |
| $Q_4^{al}$ | 〈2-8〉 | 卵石土 | 稍密~密实,饱和 | 自稳性差 | Ⅱ | Ⅴ | Ⅲ |
| $Q_3^{fgl+al}$ | 〈3-5〉 | 粉细砂 | 松散,饱和 | 不能自稳 | Ⅰ | Ⅵ | Ⅰ |
| $Q_3^{fgl+al}$ | 〈3-6〉 | 中砂 | 松散,饱和 | 不能自稳 | Ⅰ | Ⅵ | Ⅰ |
| $Q_3^{fgl+al}$ | 〈3-7〉 | 卵石土 | 稍密~密实,饱和 | 自稳性差 | Ⅱ | Ⅴ | Ⅲ |
| $K_2^g$ | 〈5-1〉 | 全风化泥岩 | 土柱状,质软 | 自稳性差 | Ⅱ | Ⅴ | Ⅲ |
| $K_2^g$ | 〈5-2〉 | 强风化泥岩 | 半岩半土状,质较软 | 自稳能力一般 | Ⅱ | Ⅴ | Ⅳ |
| $K_2^g$ | 〈5-3〉 | 中风化泥岩 | 柱状,质较硬 | 自稳能力较好,但易裂隙掉块坍塌 | Ⅲ | Ⅳ | Ⅳ |

## 四、水文地质条件

### 1. 地表水及地下水的赋存

据钻探资料,场地地下水主要赋存于第四系更新统冰水沉积、冲积层砂砾卵石层中,上部人工填土层有少量上层滞水,下覆白垩系灌口组泥岩风化带裂隙水量较贫乏。

### 2. 地下水类型及富水性

(1)第四系砂卵石孔隙潜水

沿线广布的第四系砂卵石孔隙潜水,自上而下由透水性不同、具有统一水力联系的孔隙含水岩组组成,由全新统($Q_4$)砂砾卵石层〈2-8〉和上更新统($Q_3$)含泥砂砾卵石层〈3-7〉构成统一含水层。地下水自北西流向南东,水力坡度0.1%~0.15%,潜水含水层具有微承压性质,地下水具有侧向补给好、水流交替循环强烈、水位恢复迅速的特点。

含水层顶板埋深5.4~7.6m,高程487.66~492.26m;含水层底板埋深15.2~23.8m,高程471.88~480.53m。含水层总厚度9.1~17.4m。地下水静止水位埋深4.2~8.99m,高程486.27~492.77m,属潜水。地下区间隧道基本位于该层砂卵石中,受地下水影响较大;上部的黏性土层为不透水层或微透水层,地下水出水量甚微,对工程影响较小。

据MS3-NT-001号井抽水试验成果,卵石含水层渗透系数$k=21.2$m/d;据初勘MS2-NT-001号井抽水试验成果,卵石含水层渗透系数$k=10.9$m/d。另据相同地貌单元桐梓林站MS2-TZL-001号井抽水试验成果,卵石含水层渗透系数$k=23.5$m/d,倪家桥站MS2-NJQ-001号井抽水试验成果,卵石含水层渗透系数$k=26.3$m/d。表明该区段卵石含水层渗透性强,富水性好,含水丰富,渗透系数建议值取20.0m/d。抽水试验成果见表1-4。

抽水试验成果一览表  表1-4

| 工 点 | 抽水井编号 | 含水层顶板埋深(m) | 含水层底板埋深(m) | 静止水位(m) | 含水层厚度(m) | 渗透系数$k$(m/d) |
| --- | --- | --- | --- | --- | --- | --- |
| 倪家桥—桐梓林 | MS3-NT-001 | 10.8 | 17.5 | 6.7 | 6.7 | 21.2 |
| 倪家桥—桐梓林 | MS2-NT-001 | 5.26 | 19.65 | 14.39 | 14.39 | 10.9 |
| 桐梓林站 | MS2-TZL-001 | 5.87 | 19.2 | 13.33 | 13.33 | 23.5 |
| 桐梓林站 | MS2-NJQ-001 | 5.32 | 19 | 13.68 | 13.68 | 26.3 |

隧道洞身主要位于地基下部卵石含水层中,较丰富的地下水对隧道开挖影响较大。

(2)基岩裂隙水

场地下伏基岩为白垩系灌口组紫红色砂泥岩,地下水赋存于基岩风化带裂隙中,其透水性、富水性差,水量贫乏。含水层渗透系数$k$一般为0.027~2.0m/d,平均为0.44m/d;与上部卵石含水层相比,属于极弱透水层或不透水的隔水层,可视为相对隔水底板;由于埋藏较浅,对降水工程有一定不利影响。

3. 地下水的补给、径流、排泄及动态特征

(1)地下水的补给、径流、排泄

成都市充沛的降雨量(多年平均降雨量947mm,年降雨日达140d),构成了地下水的重要补给源之一;另外,区内地下水还主要接受NW方向的地下水侧向径流补给。地下水总的流向为北西向南东。

区间地下水静止水位埋深4.2~8.99m,高程486.27~492.77m,南河水面高程493.55m,岸边河底高程为492.85m,可见枯水期地下水位低于南河水位。小天竺一带由河水补给地下水,倪家桥—会展中心一带地下水向东侧府河排泄。

(2)地下水的动态特征

区内地下水具埋藏浅、季节性变化明显的特点。5、7、8、9月份为丰水期,11、12、1、2月份为枯水期。由于都江堰输水和稻田落干,加之城区建设工程降水,近年来,8月份地下水位埋藏反而更深。据四川省地质环境监测总站对成都市地下水动态长期观测资料,在天然生态状况下,丰水期地下水位正常埋深约为3m,历史最高水位(即抗浮设计水位)埋深约为2.5m,地下水位年变幅为1~2.5m。

目前,由于人类工程活动的频繁,破坏了地下水径流场的天然状态,使得沿线地下水埋深已非天然状态,潜水位不一致。受此影响,勘探结束后所测钻孔地下水位差异较大。

## 五、岩土工程分析

1. 拟建工程岩土工程分析

区间隧道结构底板高程481.99~484.32m,埋深为14.0~15.0m。断面形式为近圆形,直径近7m。

沿线地基上部上覆第四系全新统〈1〉人工填土($Q_4^{ml}$),承载力较低;其下为第四系全新统冲积层($Q_4^{al}$)〈2-3〉粉质黏土,具一定承载力;〈2-4〉粉土,该层分布较连续,力学均匀性较差,承载力低,为轻微液化土;〈2-5〉粉细砂,呈透镜体分布于卵石层顶面或夹于卵石层中,力学均匀性较差,承载力低,卵石层顶板以上细砂为轻微液化土。

再下为第四系上更新统冰水沉积、冲积层($Q_3^{fgl+al}$)〈3-4〉粉细砂,呈透镜体夹于卵石层中,厚0.40~1.9m。该层可不考虑液化影响。

沿线地基下部为第四系全新统冲积层($Q_4^{al}$)、第四系上更新统冰水沉积~冲积层($Q_3^{fgl+al}$)卵石土(卵石土夹砂层透镜体),下伏基岩为白垩系上统灌口组($K_2^g$)泥岩。

区间隧道洞身均位于第四系全新统冲积($Q_4^{al}$)及上更新统($Q_3^{fgl+al}$)卵石土中,卵石土以中密、密实为主,部分稍密,局部夹砂土透镜体,可作为隧道路基持力层;卵石土分选性、均一性及自稳性均较差,其渗透系数大,透水性强,含水率大,隧道围岩级别为Ⅴ级。

地下水对混凝土结构无腐蚀性,对钢筋混凝土结构中的钢筋无腐蚀性,对钢结构具弱腐蚀性;地基土对混凝土结构、钢筋混凝土结构中的钢筋及钢结构均无腐蚀性。总体上工程地质条件较好。

2. 既有建筑物对拟建工程的影响

(1)既有建筑物

隧道同时穿越火车南站股道、机场高速公路立交桥,在YCK12+750处隧道紧邻化八院16层大楼,在YCK12+830处隧道紧邻建委11层大楼,在YCK12+900~YCK13处隧道下穿南二环路立交桥,在YCK13+300处隧道紧邻凯莱帝景30层大楼等。

(2)既有建筑物对拟建工程的影响

南二环路立交,属交通枢纽,其基础形式为桩基,隧道位于桩基之下或桩基之间;其他紧邻隧道的既有建筑物,特别是建委大楼、凯莱帝景花园,均属重要建筑物,对拟建隧道工程施工无疑会产生较大影响。

区间隧道拟采用盾构法施工。施工前应采取有效的辅助工法,确保邻近既有建(构)筑物的安全使用。

## 六、工程地质条件评价

1. 场地的稳定性

(1)地基土的均匀性

根据工程地质断面图,当隧道底板高程为475.14~482.40m,埋深为14.0~21.0m时,隧道洞身主要位于卵石土中,局部接近或进入强风化泥岩。卵石土中不均匀地含夹透镜状砂土,且随机分布坚硬漂石,组成卵石的粗颗粒大小变化较大,卵石土的密实程度也存在较大差异,宜将区间隧道地基视为不均匀地基,应采取结构调整或其他有效处理措施。

(2)地基土的自稳性

砂卵石土层在有水状态下自稳能力差,特别是饱水砂土易于产生流沙流泥、潜蚀管涌、掏空坍塌,基岩中强风化泥岩自稳能力一般。因此,在区间隧道施工时,应采用适宜的施工工法及处理措施,保证施工的顺利进行和隧道结构的稳定和安全。

2. 地下水的侵蚀性

区内地下水对混凝土结构无腐蚀性,对钢筋混凝土结构中的钢筋无腐蚀性,对钢结构具弱腐蚀性。因此,对钢结构应考虑防腐处理措施。

3. 地基土的腐蚀性

根据代表性地基土的腐蚀性试验结果,沿线地基土对混凝土结构无腐蚀性,对钢筋混凝土结构中的钢筋无腐蚀性,对钢结构无腐蚀性。

4. 建筑场地的适宜性

从区域地质构造特征、新构造运动、历史地震背景等分析,拟建场地区域稳定性、场地稳定性均良好,适宜工程建设。

## 七、环境工程地质

1. 环境对修建工程的影响

(1)道路、交通及管线

区间隧道位于人民南路主干道,地面沿线高楼林立、人口稠密、交通繁忙,给工程建设尤其是地下区间隧道的勘察和施工造成较大影响;同时,道路两侧地下密集分布各类管线,给地质勘察和施工开挖工作带来较大困难。

(2)建(构)筑物

紧邻隧道右侧的建筑物多,其中如火车南站股道、机场高速公路立交桥、凯宾斯基酒店、建委大楼、化八院大楼、凯莱帝景花园、南二环路立交桥等均属重要建(构)筑物。

2. 修建工程对环境的影响

(1)施工时的噪声会对周边居民、商铺、单位产生一定影响,应采取具体的降低噪声的措施,合理进行施工安排,尽量减少对居民休息和正常工作、经营的影响。

(2)采用盾构工法施工时,可能产生地面的隆沉变化,危及地面建筑、地下建筑及地下管网的安全和正常使用。施工时应加强支护措施及施工监测。

(3)区间隧道下穿地面建(构)筑物时应采取预加固处理措施和加强监测,确保房屋、车站和其他建筑物安全。

## 八、施工中可能出现的工程地质问题

1. 流沙、管涌

盾构隧道掘进时应重视卵石围岩中随机分布的粉细砂土软弱夹层,须采取有效措施,确保围岩稳定,杜绝产生流沙、管涌危害。

2. 地基的沉降变形

(1)隧道地基的沉降变形

隧道结构底板主要位于稍密、中密、密实卵石土上,局部位于强风化泥岩中。其承载能力各不相同,变形也有较大差异,特别应对隧道结构底板下主要受力层范围内卵石层中的松散粉细砂土软弱夹层引起足够重视,采取相应的结构措施,防止产生过大的差异沉降。

(2)邻近建筑地基的沉降变形

盾构邻近施工时,邻近一定范围内的地基土会受到盾构施工的影响,不同程度地降低原有地基土体的承载力,在既有建筑物荷重作用下,建筑地基会产生新的沉降变形。当沉降变形量小且均匀时,不会危及建筑物安全;但当沉降变形量过大且不均匀时,就会危及建筑物安全。必须做好盾构施工监测及预保护措施,使地基的沉降变形控制在相关规范允许值范围内。

3. 地面变形、塌陷

采用盾构工法施工隧道时,随着盾构切削土石和向前掘进,掘削面土体受挤压并影响到周围土体的变形;由于盾构壳体的前移产生的摩擦作用而带动土体位移;盾尾的同步注浆压力和过量充填也影响盾尾和隧道周围土体的变形。因此应严格进行盾构施工动态监测及地面各项监测,防止产生地面变形、塌陷。

4. 相邻建筑物的沉降变形

盾构隧道施工,由于盾构推进,地层被扰动并发生沉降,故相邻建(构)筑物的基础必然会受到影响。为了防止这种影响,必须做好盾构施工邻近的动态预测,根据盾构施工引起的邻近建筑物变形预测其动态变化程度,这对决策建筑物保护的技术措施及具体设计至关重要。盾构掘进施工邻近建(构)筑物还需采取必要的加固保护技术措施。

(1)加固盾构周围的土体,防止土体松弛和扰动,控制盾构上部地层的变形。

(2)隔离因盾构掘进而引起的地基变形,可在建(构)筑物与盾构之间施工隔离帷幕排桩。

(3)加固建(构)筑物的地基,提高地基强度和承载力,控制建(构)筑物沉降。

5. 抗浮

区间隧道主要位于饱水的卵石含水层中,在隧道的设计、施工及使用中,必须重视地下水的水压力及浮托作用的影响。根据地下水位的高程进行隧道结构抗浮验算,不满足抗浮要求时须采取抗浮措施。

对位于斜坡地段的区间隧道或其他可能产生明显水头差的区间隧道进行抗浮设计时,应考虑地下水渗流在隧道底板产生的非均布荷载对隧道结构的影响;在隧道施工期间各种最不利荷载组合情况下,应考虑隧道的临时抗浮措施。隧道建成后,区域水位恢复以及相应抗浮桩锚设计更为重要。

建议抗浮设计水位2.0m。但鉴于场地区域性补给和排泄条件可能有较大改变,而地下水的抗浮设防水位是一个同抗震设防一样重要的经济技术指标,较为复杂,故对于像地铁这样重要工程的抗浮设防水位应委托有资质的单位进行专门论证后,提供抗浮设防水位的咨询报告。

6. 隧道围岩变形、坍塌

区间隧道主要位于饱水的卵石土中,卵石土分选性、均一性及自稳性均较差,其渗透系数大,透水性强,含水率大。隧道围岩基本级别为Ⅴ级,呈松散状,围岩开挖后易坍塌,处理不当时会出现大坍塌。由于砂卵石土层松散,无胶结,本身自稳能力差,盾构掘进时必须及时支护,限制围岩的变形,尽量减小塑性区的开展半径,防止隧道围岩的变形、坍塌。

### 九、典型地质特征在设计施工中的体现

**1. 施工方法**

施工方法的选择,受沿线工程地质和水文地质条件、周围环境条件、线路平面位置、隧道埋置深度、造价等多种因素的制约,同时对施工期间的地面交通和城市居民的正常生活、施工工期、工程的难易程度等产生直接影响。经综合分析,建议采用盾构法施工,以减小对地面交通、建筑的影响。施工时应充分考虑卵石土的不均匀性和高强度、大粒径漂石对盾构掘进施工的不利影响;同时应加强盾构施工监测,防止盾构隧道施工引起邻近地下管线、建(构)筑物的沉降、变形和破坏。

**2. 基础持力层、埋置深度**

隧道结构底板高程475.14~482.40m,埋深14.0~21.0m。隧道结构底板主要置于〈3-7〉卵石土上,局部置于〈5-2〉强风化泥岩上,下伏〈5-3〉中风化泥岩。〈3-7〉卵石土及〈5-2〉强风化泥岩,均宜作为隧道路基持力层,但应注意不同力学特性的岩土层对隧道的不利影响。

**3. 衬砌结构**

区间隧道拟采用盾构法施工,其衬砌结构通常可采用钢筋混凝土或球墨铸铁材料制作的管片拼装管环进而串接成一次衬砌的方法施工,二次衬砌多采用现场浇注无筋或钢筋混凝土法制作。

**4. 施工降水、排水**

采用盾构法施工,在技术上允许的条件下,尽量不采取施工降水、排水的辅助工法,避免长距离、大范围的施工降水引起邻近地面变形、塌陷以及对交通和环境的影响。降水条件下岩土物理力学指标建议值见表1-5。

降水条件下岩土物理力学指标　　　　　　　　表1-5

| 地层代号 | 岩土名称 | 时代与成因 | 黏聚力 $c$(kPa) | 内摩擦角 $\varphi$(°) | 干密度 $\rho$(g/cm³) |
|---|---|---|---|---|---|
| 〈2-5〉 | 粉细砂 | $Q_4^{al}$ | — | 28 | 1.8 |
| 〈2-8-1〉 | 稍密卵石土 | $Q_4^{al}$ | — | 38 | 2.0 |
| 〈2-8-2〉 | 中密卵石土 | $Q_4^{al}$ | — | 44 | 2.1 |
| 〈2-8-3〉 | 密实卵石土 | $Q_4^{al}$ | — | 52 | 2.2 |
| 〈3-4〉 | 粉细土 | $Q_3^{fgl+al}$ | — | 28 | 1.8 |
| 〈3-7-1〉 | 稍密卵石土 | $Q_3^{fgl+al}$ | — | 38 | 2.0 |
| 〈3-7-2〉 | 中密卵石土 | $Q_3^{fgl+al}$ | — | 44 | 2.1 |
| 〈3-7-3〉 | 密实卵石土 | $Q_3^{fgl+al}$ | — | 53 | 2.2 |

**5. 防腐措施**

由于沿线地下水对钢结构具弱腐蚀性,故对钢结构应考虑防腐处理措施:

(1)施工中应加强地下水、土的取样分析工作,复查其腐蚀性。

(2)可考虑采用外加电流阴极保护、牺牲阳极保护或涂膜保护等防腐措施。

**6. 地面沉降观测、施工监测等**

施工监测及地面沉降观测严格按《地下铁道、轻轨交通岩土工程勘察规范》(GB 50307—1999)第17章(工程监测)相关规定执行。

**7. 环境保护**

地铁盾构隧道施工应加强盾构施工监测,及时调整相关参数,保证邻近建(构)筑物、地面、地下管线的安全,避免建筑弃土在运输过程中对道路及环境的污染。

**8. 盾构的选型建议**

盾构机必须具有开挖、出渣、渣土改良、管片安装、注浆、动力、控制、测量导向等基本功能。在基本功能的基础上,需要在以下几个方面进行特殊设计:

(1)盾构机应具备处理大粒径卵石和漂石的能力。刀盘要有足够的刚度和刀盘驱动扭矩,刀具要具有中硬岩切削能力,能够通过安装在刀盘上的双刃滚刀对大粒径漂石进行破碎,要有功能完善可靠的人员舱供带压进舱对大漂石进行人工破碎,螺旋输送机的设计要能满足一定粒径卵石和破碎后漂石的排出能力。

(2)要具有能够在砂砾石地层中长距离掘进的能力。盾构机需要具有合理的、高耐磨性的刀盘及刀具,足够的刀盘开口率、合适的开口形状及合理位置,刀盘、刀具还要有抗磨损保护措施。

(3)要具有处理高地下水的能力,防止喷涌的发生。这就要求盾构机的铰接系统和盾尾密封系统在压力状态下具有可靠的防水密封性能,采用加长螺旋输送机消减水压和采用可靠的闸门密封系统,盾构机具有保压功能等。

**9. 施工注意事项**

(1)盾构隧道施工时应充分考虑卵石土的不均匀性和高强度、大粒径漂石对盾构机的影响,同时要注意局部地段隧道底板进入强风化泥岩。

(2)盾构隧道施工时应严格进行地面沉降观测和各项施工监测。

(3)加强环境保护,确保南二环立交桥及其他沿线邻近建筑(构)物的安全使用。

# 第二章　两种不同类型盾构机的应用

## 第一节　地质因素对盾构机功能的要求

盾构机的性能及其与地质条件的适应性是盾构隧道施工成败的关键。盾构选型主要依据项目招标文件、岩土工程勘察报告和设计图纸,参考国内已有盾构工程实例及相关的盾构技术规范,按照适用性、可靠性、先进性、经济性相统一的原则进行。

### 一、基本功能要求

盾构应具有开挖、泥浆循环和出渣、管片安装、注浆、动力、控制、测量导向等基本功能。

1. 对地质的适应性

(1)对砂卵石地层掘进的适应性

砂卵石对刀盘、刀具、排泥管路的磨损性强。采购盾构时应重点考虑以下功能:

①具备平衡掌子面水土压力的能力。
②刀盘、刀具的高耐磨性。
③合理的刀盘及刀具设计,恰当的刀盘开口率,合理的开口位置。
④盾构本体在高水压状态下的防水密封性能。
⑤带压进舱的功能。
⑥管片壁后同步注浆系统能适应高水压。

(2)具备处理大漂石的能力

地层中漂石占 0~22.3%(质量比),全线已发现最大漂石粒径670mm,大粒径卵石含量较高且局部富集成群,要求盾构必须具有处理大漂石的能力。

2. 精确的方向控制

区间隧道距离较长,存在小半径曲线线路,要求盾构导向系统具有很高的精度,以保证线路方向的正确性。盾构方向的控制包括两个方面:一是盾构本身能够进行纠偏、转向;二是采用先进的激光导向技术保证盾构掘进方向的正确。

3. 环境保护

盾构法施工的环境保护首先是对周围自然环境的保护,即地面沉降满足设计要求,无大的噪声、震动等;另外,油脂、泥浆添加剂等辅助材料不能对环境造成污染。

4. 设备可靠性、技术先进性与经济性的统一

盾构机的可靠性表现在:

(1)整体设计的可靠性,即地质的适应性。

(2)设备本身的性能、质量、使用寿命等的可靠性。

盾构机设计同时应考虑对先进技术的应用及经济因素。盾构选型及设计应按照可靠性第一、技术先进性第二、经济性第三的原则进行。

## 二、盾构机选型

泥水平衡盾构和土压平衡盾构能够适应的地层渗透系数范围见图 2-1。当地层的渗透系数大于 $10^{-4}$ m/s 时,宜选用泥水平衡盾构;当地层的渗透系数小于 $10^{-7}$ m/s 时,宜选用土压平衡盾构;当地层的渗透系数在 $10^{-7}$ m/s 和 $10^{-4}$ m/s 之间时,既可以选用土压平衡盾构也可以选用泥水平衡盾构。

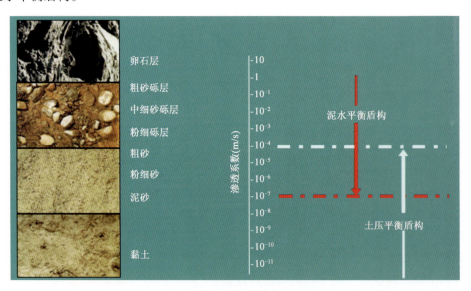

图 2-1　地层渗透系数与盾构选型关系示意图

1. 泥水平衡盾构方案

穿越地层的渗透系数为 $1.736 \times 10^{-4}$ m/s,大于 $10^{-4}$ m/s,采用泥水平衡盾构施工是可行的。泥水平衡盾构利用泥浆渗透形成不透水的泥膜作为支护材料,维持开挖面的稳定,通过泥水压力来平衡作用于掌子面的土压力和水压力。隧道洞身范围内含大量卵石和水,细颗粒含量少,采用泥水平衡盾构施工有利于地表沉降的控制。

2. 土压平衡盾构方案

土压平衡盾构能够适应较大的地质范围与地质条件,既能用于黏结性、非黏结性、有水或无水的软土,及硬岩或卵石土层等多种复杂的地层;同时又具有土压平衡的功能,施工速度较高,能有效地控制地表沉降。采取加泥(膨润土)、加泡沫、加聚合物等辅助措施,可以在松散的砂、卵石地层中很好地稳定开挖面,增强不透水性,从而安全地掘进;特别是双螺旋输送机的

采用,即使土舱内的渣土处于液态,仍能连续出渣而不会发生喷涌,保证含水量较高地层施工的安全可靠。

根据对工程地质水文特点的分析,综合国内外盾构制造商对盾构机选型的参考意见,为了摸索和总结不同类型盾构机对富水砂卵石地层的适应性,为后续工程提供借鉴和参考,达到试验段施工的目的,决定右线隧道采用泥水平衡盾构机、左线隧道采用土压平衡盾构机施工。

# 第二节 盾构机工作原理和工作模式

## 一、泥水平衡盾构机的工作原理及工作模式

### 1. 工作原理

泥水平衡盾构是在盾构刀盘后部设置隔板,与刀盘之间形成泥水舱(泥水压力室),将加压的泥浆送入泥水舱,通过加压作用和压力保持机构,泥浆在压力的作用下缓慢向地层中渗透形成泥膜来支承掌子面稳定。

在地面制浆系统中,将配制的泥浆经泥水输送泵加压后,经管路送到盾构泥水舱,泥水在稳定开挖面的同时,与刀盘切削下来的卵石搅拌混合,由排泥泵经管路输送到地面。被送到地面的渣土混合物,通过泥水分离设备将卵石分离后,在调浆池进行再次调整,然后再循环到开挖面。

### 2. 工作模式

泥水平衡盾构机在不同地层条件下可采用相应的开挖模式对盾构掘进实现合理的控制,盾构机的开挖模式分为直接控制模式和间接控制模式。

(1)直接控制模式

泥水舱中泥浆压力通过调节送、排泥泵转速或调节送、排泥管路上的控制阀开度来进行,称为直接控制模式,见图2-2。当泥浆泵控制距离长而产生延迟效应时,很难准确控制泥浆压力,只能通过调节控制阀的开度来调节泥浆压力。

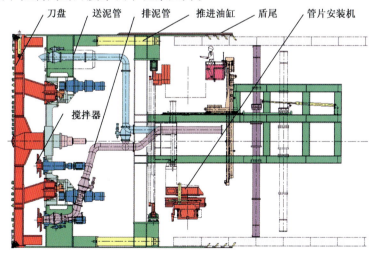

图2-2 直接控制模式盾构

在进、排泥浆管路上分别安装流量计和密度计,通过检测泥浆的流量和密度,计算出盾构的排土量,将排土量与理论排土量进行比较,并将实际排土量控制在一定范围内,就可减小和避免地面变形,保证隧道施工安全。

(2)间接控制模式

盾构掘进时,由于泥浆的流失、长距离控制、开关阀门的延迟效应或推进速度的变化,进、排泥浆量将会失去平衡,气液接触面就会出现上下波动现象,见图2-3。

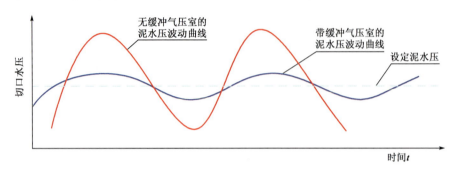

图2-3 切口水压波动示意图

间接控制模式是建立在直接控制模式的基础上,通过调节气压缓冲室的气囊压力对掘进时泥舱内压力的波动进行补偿或缓解,使泥水舱压力更趋于所需的稳定数值(目标值)。如图2-4所示,泥水缓冲气压室是为了保证挖掘面的稳定,使空气压力和泥水压力相平衡的压力控制设施。缓冲气压室为一扇形结构,可根据切口压力目标值设定空气压力;当切口水压波动时,空气的可压缩性就会自动缓冲。

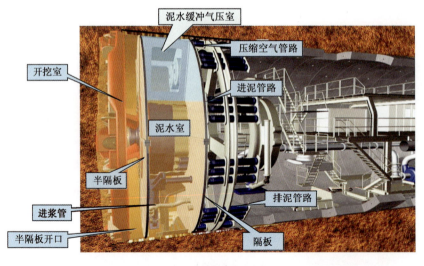

图2-4 间接控制模式盾构

盾构刀盘旋转空间称为开挖室。开挖室与泥水室之间由一道半隔板分隔,半隔板上设有开口,开挖下来的土料由此被输送到碎石机,然后再到吸管。泥土和支护泥浆通过泥浆管排出工作室,然后泵送到隧道外面的分离装置。开挖室和工作室内被排空部分的体积由来自进浆管提供的新鲜泥浆填充。工作室内的压力由气压室内的压力予以确定,该压力要高于隧道开挖面上的土压和水压,防止开挖面出现不稳定情况。

在半隔板前充以压力泥浆,在半隔板后面盾构轴心线以上部分充以压缩空气,形成空气缓冲层,气压作用在隔板后面与泥浆接触面上。由于接触面上气、液具有相同压力,此时只要调节空气压力,就可以确定和保持在全开挖面上相应的泥浆支护压力。正是由于空气缓冲层的弹性作用,当液位波动时,对支护泥浆压力变化无明显影响,从而达到掌子面的稳定控制。

## 二、土压平衡盾构机的工作原理及工作模式

### 1. 工作原理

土压平衡盾构刀盘切削下来的渣土填满土舱,借助盾构推进液压缸的推力通过隔板进行加压,产生泥土压。这一压力通过渣土及刀盘作用于整个作业面,使作业面稳定;同时螺旋输送机排土量与盾构推进量相适应,掘进过程中始终维持开挖土量与排土量平衡,维持土舱内土压力稳定在预定范围内。土舱内的土压力通过土压传感器进行测量,土压力通过推力、推进速度、螺旋输送机转速来控制。工作原理见图2-5。

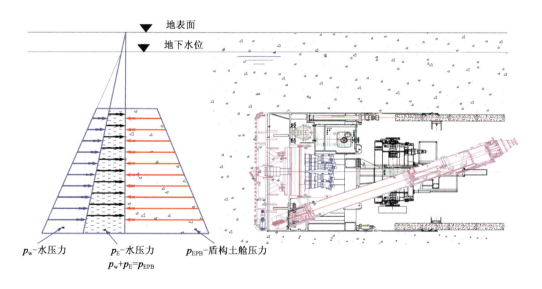

$p_W$—水压力　　$p_E$—水压力　　$p_{EPB}$—盾构土舱压力
$p_W + p_E = p_{EPB}$

图2-5　土压平衡盾构机工作原理示意图

当土舱内的土压力大于地层土压力和水压力时,地表将会隆起;当土舱内的土压力小于地层土压力和水压力时,地表将会下沉。土舱内的土压力应与地层土压力和水压力平衡。

### 2. 工作模式

土压平衡盾构有三种工作模式,即土压平衡模式(EPB)、敞开模式(OPEN)和半敞开模式(SEMI-OPEN)。

(1)土压平衡模式

土压平衡模式是利用土舱内的土压或加注辅助材料产生的压力来平衡开挖面的土压及地下水压力,以避免掌子面坍塌或地层失水过多而引起地表下沉的一种掘进模式。如图2-6所

示,在盾构开挖时土舱内的压力 $p_2$ 和掌子面上的压力 $p_1$ 相平衡,其中 $p_2$ 包括土舱内渣土的压力和注入材料的压力,$p_1$ 等于土压力和水压力的总和。

渣土改良是土压平衡掘进原理的重要组成部分。渣土改良的目的是:降低渣土的内摩擦角,降低刀盘的扭矩,增加渣土的流动性、渗透性,从而达到堵水、减磨、降扭及保压的效果。

土压平衡式掘进主要用于开挖面不能自稳或地下水较多,以及流塑性的软黏土地层、砂土层和卵石土层的盾构施工。土压平衡掘进可以有效地防止过大的地面沉降。

盾构在土压平衡模式下工作时,盾构必须具备以下功能特点:

①盾构必须具有土舱土压监测功能,以便对土舱内的土压进行监控和调节。

②刀盘要适应软岩、卵石土开挖的需要,特别是刀盘开口率、刀盘开口的布置以及配置的刀具必须适应于软岩、卵石土层的开挖。

③盾构必须具有泡沫、膨润土、聚合物等添加剂和压缩空气注入系统。

④铰接密封和盾尾密封必须具有一定的防水性能。

⑤具有用于在压力模式下人员进出土舱的人舱。

⑥螺旋输送机的出渣速度可以控制,可以随时关闭,并具有防喷涌的功能。

⑦应具备超前注浆的能力,以应对特殊的地质情况。

(2) 敞开模式

敞开式掘进一般适用于掌子面能够自稳的岩石地层。盾构在敞开模式下掘进时,可以达到按盾构允许的最大速度掘进,如图 2-7 所示。

敞开式掘进对盾构机的功能要求:

①盾构机必须具有岩层开挖的能力,要求刀盘的强度足够,能够安装滚刀。

②主驱动扭矩、推力足够。

③刀盘、螺旋输送机的耐磨设计能够适应岩层的开挖。

④盾体能够防止岩层掘进时的扭转及振动,一般应设计稳定器。

⑤能够注入添加剂以降低刀盘的扭矩,减少刀盘、刀具及螺旋输送机的磨损。

(3) 半敞开模式

半敞开模式是指当掌子面具有一定的自稳性,但是不能完全自稳,或虽然稳定但需要在掌子面建立一定的压力来防止地下水进入土舱的情况下,只需要在土舱内保持少量的渣土,同时向土舱内注入辅助材料进行开挖的模式,见图 2-8。半敞开模式介于敞开式和土压平衡模式之间。半敞开模式下的盾构要求具有土压平衡模式下的全部功能。

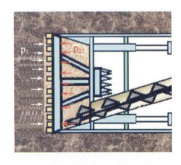
图 2-6 土压平衡模式示意图

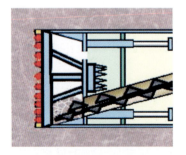
图 2-7 敞开模式示意图

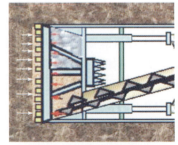
图 2-8 半敞开模式示意图

# 第三节　泥水平衡盾构机关键部件及主要部件

泥水平衡盾构在结构上包括刀盘、盾体、人员舱、渣土破碎系统、泥浆输送系统、管片安装机、管片小车和后配套拖车等；在功能上包括开挖系统、主驱动系统、推进系统、泥水系统、注浆系统、油脂系统、液压系统、电气控制系统、激光导向系统及通风、供水、供电系统等。

## 一、关键部件

### 1. 刀盘

刀盘用来切削土体，也有支承掌子面的功能，同时具有搅拌泥土的功能。

（1）结构形式

刀盘采用面板式结构，中间支承方式，刀盘上焊接有安装各种刀具的刀座。刀盘中心装有回转接头和泡沫管路。刀盘安装在主轴承的内齿圈上，通过8个液压马达驱动。刀盘设计为双向旋转，转速可调。

刀盘标称直径6 280mm，刀盘厚度400mm，从法兰盘底面到刀盘面板高1 200mm。刀盘总质量约50t。为了保证刀盘的整体结构强度和刚度，刀盘的中心部位采用整体铸钢铸造，周边和中心部件采用先栓接后焊接的方式进行连接。

刀盘的支承方式有中心支承方式、中间支承方式和周边支承方式（图2-9）三种。在设计时应考虑盾构直径、土质条件、排土装置等因素。

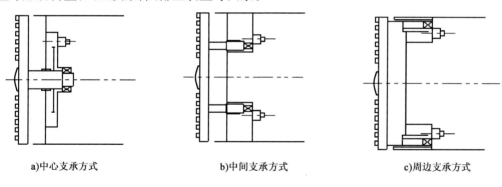

图2-9　刀盘的支承方式

①中心支承方式。中心支承方式一般用于中小型直径的盾构。刀盘旋转切削土体时，进入土舱内的土体流动空间和被直接搅拌的范围大，土体流动顺畅，土体搅拌混合效果良好，黏土附着的可能性小，不易引起堵塞，开挖面压力较稳定，因而盾构掘进效果好，改善了盾构控制地面沉降的性能。但由于机内空间狭小，处理大石块、卵石比较困难。

②中间支承方式。中间支承方式结构上较为平衡，主要用于大中型直径的盾构。当用于小直径盾构时，应考虑防止中心部位黏结泥饼等问题。由于中间支承的存在，将盾构土舱分隔成两个区域，中心区域占土舱内相当大的空间。当刀盘旋转切削土体时，中心区域以外部分的土体流动顺畅，易于搅拌；中心区域内的土体流动较差，当切削土体黏性较大并长期积聚于中心区域时，中心区域土体逐渐增多并最终形成泥饼，最终完全丧失流动性。内外两个区域的土

体流动性差异较大,土体搅拌混合的效果难以确保,因而,盾构掘进效果受到影响,且对控制地面沉降不利。

③周边支承方式。周边支承方式一般用于小直径盾构,机内空间较大,砾石处理较为容易。该方式易在刀盘的外周部分黏结泥土,在黏性土中使用时,应充分研究如何防止黏附的问题。

(2)刀盘的开口形式

刀盘开口设进料口16个(8个主进料口+8个辅助进料口),每个进料口都焊有隔栅,用以阻止较大粒径渣块的进入;刀盘开口率为30%,便于渣土的流动。在维修或换刀时可关闭泥浆管闸门,保证泥水舱内的压力及开挖面的稳定。

(3)刀盘的耐磨设计

在刀盘的中心和外缘及每个进渣口的周圈进行硬化处理并堆焊耐磨材料;在刀盘外圈设有弧形刮刀作为保护刀具。刀盘周边焊有3道耐磨条,刀盘面板用进口MT焊条焊接有格栅状的耐磨材料,充分保证刀盘的耐磨性能。刀具的排列设计能防止刀盘结构和刀座磨损。

(4)刀盘驱动及支撑形式

刀盘驱动方式有3种:一是变频电机驱动;二是液压驱动;三是定速电机驱动。定速电机驱动,刀盘转速不能调节,目前已经很少采用。现对变频驱动与液压驱动进行比较,见表2-1。

**刀盘驱动方式比较表** 表2-1

| 项目 | ①变频方式 | ②液压方式 | 备注 |
|---|---|---|---|
| 驱动部外形尺寸 | 大 | 小 | 一般①:②=(1.5~2):1 |
| 后续设备 | 少 | 多 | ②需要液压泵、油箱、冷却装置等 |
| 效率(%) | 95 | 65 | 液压系统效率低 |
| 启动电流 | 小 | 小 | ①变频启动电流小;②无负荷启动电流小 |
| 启动力矩 | 大 | 小 | ①启动力矩可达到额定力矩的120% |
| 启动冲击 | 小 | 较小 | ①利用变频软启动,冲击小;②控制液压泵排量,可缓慢启动,冲击较小 |
| 转速控制、微调 | 好 | 好 | ①变频调速;②控制液压泵排量,可以控制转速和进行微调 |
| 噪声 | 小 | 大 | 液压系统噪声大 |
| 隧道内温度 | 低 | 高 | 液压系统传动效率低,功率损耗大,温度高 |
| 维护保养 | 容易 | 较困难 | 液压系统维护保养要求高,保养较复杂 |

考虑到隧道内净空限制,刀盘驱动选用液压驱动,由8个液压马达通过8个减速器来驱动刀盘。

刀盘采用中间支承方式。主轴承外径3 000 mm,主轴承的密封系统采用5道注脂密封构成,密封保护通过3种注射实现,主密封的设计寿命为5 000 h,主轴承的设计寿命为10 000 h。

2.刀具

刀盘面板装有6把双刃中心刀、13把双刃正滚刀、16组3孔扇形刮刀(每组分外刮刀和内刮刀各1把,共32把)、插嵌式小齿刀64把。刀具配置考虑各种刀具种类、刀具数量、刀具高度和刀具高度差。各类刀具见表2-2。

刀 具 形 式 表　　　　　　　　　表2-2

| 双刃中心滚刀 | 双刃正滚刀 | 切刀 |
|---|---|---|
|  |  |  |
| 用于卵石、大漂石的破碎,刀刃距刀盘面175mm,可以换装羊角刀或贝壳刀 | 用于卵石、大漂石的破碎,刀刃距刀盘面175mm,可以换装贝壳刀 | 斜面结构利于软土切削中的导渣作用。刀刃距刀盘面板高度为140mm |
| 弧形刮刀 | 中心羊角刀 | 中心贝壳刀 |
|  |  |  |
| 斜面结构,利于渣土流动,可有效保护刀盘外缘 | 双头,用于卵石的破碎,刀刃距刀盘面172mm,与中心刀互换 | 双头,用于卵石的破碎,刀刃距刀盘面172mm,与中心刀互换 |

3. 人员舱

人员舱是人员出入泥水室进行维修和检查的转换通道,出入泥水室的工具和材料也由此通过。人员舱包括主舱和材料舱,主舱和中间舱之间有法兰连接,而中间舱直接焊接在压力隔板上。通过隔板上的门就可以进入泥水室。材料舱和主舱横向连接,这样从材料舱出来必须要经过主舱。材料舱的作用是在带压工作时运送设备、人员和出现紧急情况时的出入。人员舱配有自动保压系统,人员舱内压力一经设定后,完全由自动保压系统调节和控制舱内压力。人员舱的结构见图2-10。

主舱可以进3人,材料舱可以容纳2人。主舱和材料舱是分开操作的。

(1)舱内设备

人员舱内配备有两套通信系统,一套常规电话和一套气路电话,在任何情况下都能保证舱内工作人员和舱外取得联系。

图2-10　人员舱

正常情况下,进出人员舱由舱门负责人来操作。排气阀和通风阀只有在人员被堵等意外情况发生时才使用;人员舱内安装有消防喷头,可喷水消防和降温。

时钟、气压表、温度计等设备供舱内人员随时掌握环境情况。

(2)舱外控制设备

舱外设备有通信系统、排气阀和通气阀、带式记录仪、气压表、人员舱通风用的流量表、自动保压系统。

人员舱外的排气阀和通气阀与舱内的阀门连通,以备在特殊情况下紧急排气使用。

人员舱外的通信系统也配备了两套,通过气路电话可直接与人员舱内的工作人员进行通话。通过常规电话既可与人员舱通话也可与盾构机内其他电话或直接与洞外取得联系。

带式记录仪是用来监视并记录人员舱内压力变化的设备。当使用人员舱时,一定要为两个带式记录仪上足发条,装上足够的打印纸并检查记录仪工作是否正常。

气压表、通风流量表等辅助设备有助于人员舱外的操作人员掌握和控制舱内的压力环境。自动保压系统与通风流量表及土舱保压系统组合使用,通过人工设定压力的初始值,就可依靠设备本身的压力平衡功能自动调整送入人员舱的压缩空气的流量。

(3)供气系统

对人员舱进行加压的压缩空气由安装在盾构机后配套拖车上的空压机提供。为了保证人员舱的正常工作和防止意外情况的发生,压缩空气供给系统采用了双回路供气:配备了两套空气压缩设备(一台电动空压机、一台内燃空压机),装备有压缩空气储气罐。

空气压缩设备提供的压缩空气含有气化的润滑油和杂质,不能直接供给人员舱内的工作人员呼吸。经安装在人员舱内的空气滤清装置过滤后,才能供人员舱内工作人员正常呼吸。

供气系统采用 PID 自动控制,可以适时调整舱内压力,精确保证舱内压力恒定,保证舱内人员安全。

## 二、主要部件

1. 盾体

盾体包括前体、中体和盾尾。

(1)前体

图 2-11　气压缓冲室示意图

前体又称切口环,装有支承主驱动和破碎卵石的颚板式破碎机。压力隔板将前体的泥水室和主舱分离开来,形成气囊(图 2-11)。自动调压系统通过调整前体上气压缓冲室气囊的压力,确保掌子面压力平衡、稳定。

在前体的隔板上安装有土压力传感器,用以监测气囊内的压力,以便在掘进过程中对其进行反馈和调节。

(2)中体和盾尾

中体又称支承环,前体和中体是用螺栓上紧并焊接在一起的。

在中体内布置了推进缸支座和管片安装机架。管片安装机支架通过相应的法兰面及轨道和管片安装机梁连接起来。推进缸和连接盾尾的铰接液压缸布置在中体。中体和盾尾之间通过铰接液压缸连接,两者之间有一定的夹角,盾构掘进时可以方便地转向。铰接密封(图 2-12)为双排充气密封,外侧常闭,内侧为应急密封,均由耐磨橡胶制成,具有较好的密封效果。

盾尾安装了 3 道密封钢丝刷及 4 道油脂注入管道,在密封刷中注入密封油脂以防止盾构外面的泥水或砂浆进入盾构。另外安装了 4 根内置的同步注浆管道。在必要时可以拆卸最后一环管片,更换后两道盾尾密封。盾尾密封见图 2-13。

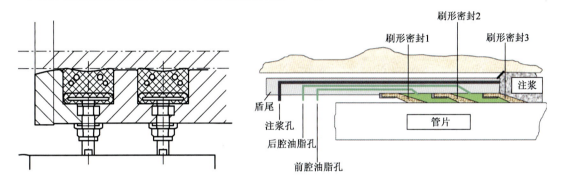

图 2-12　铰接密封示意图　　　　　　图 2-13　盾尾密封示意图

### 2. 主驱动

主驱动包括主轴承、8 个液压马达、8 个减速器和安装在后配套拖车上的主驱动液压泵站。刀盘通过螺栓和主轴承的内齿圈连接在一起,主驱动系统通过液压马达驱动主轴承的内齿圈来带动刀盘旋转,主驱动可以在前体后部拆换。其结构见图 2-14。

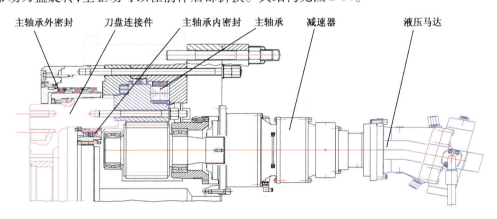

图 2-14　主驱动结构示意图

主轴承有内、外两套密封系统,内密封系统负责盾构后部的大气密封,外密封系统负责泥水舱内的密封。外密封系统是通过带有永久性失脂润滑油脂润滑和渗漏控制三重唇形密封系统来实现的。密封支承直接和轴承通过螺纹连接固定在一起,并且作为主轴承结构的一部分从而充分保证同心度;内密封系统将小齿轮区和空气之间进行密封。如图 2-15 所示,最外侧采用专用 HBW 脂密封保护外侧唇形密封;第二道密封脂以润滑脂保护唇形密封;第三道密封采用润滑油保护密封;第四道密封为空腔设计,可以随时在盾构机壳体内检查主轴承密封状况。所有密封都可以在洞内更换。

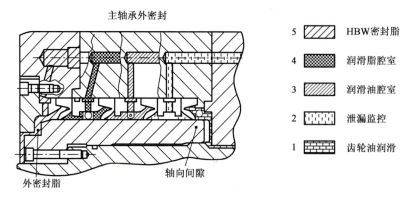

图 2-15　主轴承密封示意图

3. 推进系统

推进系统由推进液压缸和推进液压泵站组成,提供盾构向前推进的动力。推进液压缸在圆周区域上分为 A、B、C、D 四组,通过调整每组液压缸的不同推进速度和推进压力来对盾构进行纠偏和调向。每组液压缸中有一支液压缸安装有位移传感器,通过液压缸的位移传感器可以知道液压缸的伸出长度和盾构的掘进状态。液压缸的后端顶在管片上以提供盾构前进的反力。

4. 进入泥水室的漂石处理装置

进入泥水室的漂石可能会使泥水系统的管路磨损加剧,甚至可能堵塞输送管路,必须对进入泥水室的较大的漂石进行处理。

在泥水系统排泥管前部安装液压驱动的颚板式破碎机,对较大的卵石进行破碎。破碎机由重型液压缸驱动破碎颚,破碎器的破碎齿可更换,并且可实现自动润滑。出料口安装有 140mm 间隔的隔栅,以防止大直径石块进入排泥管道。在出料口旁边安装两只泥水冲洗管冲洗破碎区域,避免堵塞。

5. 管片安装机构

管片安装机(图 2-16)安装在盾尾,由一对举重液压缸、大回转机构、抓取机构和平移机构等组成。管片安装机的控制有遥控和线控两种方式,均可对每个动作进行单独灵活的操作控制。

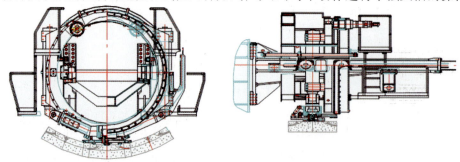

图 2-16　管片安装机结构示意图

管片安装机的操作有 6 个自由度,协同动作把管片安装到准确的位置。管片安装机由单独的液压系统供应动力,并具有紧急状况的自锁能力,确保施工中的安全。

6. 铰接系统

为了减少盾构的长径比,使盾构在掘进时能够灵活地进行姿态调整,特别是为了能够顺利通过小半径曲线,盾尾通过铰接系统和中体连接。铰接系统包括 12 个铰接液压缸和铰接密封。在直线段掘进时,铰接液压缸一般处于锁定位置,盾尾在主机的拖动下被动前进。当盾构需要转弯时,将液压缸处于浮动位置,盾尾可以根据调向的需要自动调整位置。

7. 连接桥

连接桥为隧道上部的托架结构,它起着延伸 1 号拖车上管片吊机的作用。一个带两个液压缸的液压装置连接着管片安装机的移动架和连接桥,并且传送着后面拖车的牵引荷载。在连接桥上两侧有连接盾构主机和拖车的液压及电气管线。

管片输送机在连接桥下方,液压机电气管线经连接桥接入,管片输送机起中间储备和运输管片的作用,在附加链的帮助下沿掘进方向被牵引运动。

8. 拖车

盾构的拖车用以安放液压泵站、注浆泵、砂浆罐及电气设备等。拖车行走在钢轨上,拖车之间用拉杆相连。每节拖车上安装的主要设备见表 2-3。

每节拖车上安装的主要设备                        表 2-3

| 拖 车 号 | 安装的主要设备 | 拖 车 号 | 安装的主要设备 |
| --- | --- | --- | --- |
| 1 | 控制室、小配电柜、油脂站、排泥泵 | 3 | 主配电柜、二级风机 |
| 2 | 主驱动系统泵站、注浆泵、砂浆罐 | 4 | 空压机、主变压器、延伸电缆、延伸水管 |

泥水输送系统从拖车的上方通过,在 2 号拖车上管路移至左侧位置。绝大部分的液压管、水管及油脂管从拖车内通过到达盾构主机。

在拖车的一侧有人员通行的专用通道。拖车和主机之间通过连接桥连接,拖车在主机的拖动下前进。

9. 动力设备

盾构的动力主要由液压系统提供,包括主驱动、推进装置、管片安装机及辅助液压系统。

盾构机主驱动系统、推进系统共用一个泵站,安装在 2 号拖车上。主驱动系统、推进系统各自为一个独立的闭式循环系统,可以保证液压系统的高效率及系统的清洁。管片安装机泵站安装在盾壳内。

10. 注脂及润滑

注脂及润滑系统包括三大部分:主轴承密封系统、盾尾密封系统和主机润滑系统。三部分都以压缩空气为动力源,靠油脂泵液压缸的往复运动将油脂输送到各个部位。

主轴承密封可以通过控制系统设定油脂的注入量(次/min),并可以从外面检查密封系统是否正常。盾尾密封可以通过 PLC 系统按照压力模式或行程模式进行自动控制和手动控制,对盾尾密封的注脂次数及注脂压力均可以在控制面板上进行监控。

当泵站的油脂用完后,油脂控制系统向操作室发出指示信号,并锁定操作系统,直到重新换上油脂。

#### 11. 注浆设备

盾构机配有两台液压驱动的注浆泵,通过盾尾的注浆管道将砂浆注入管片外径和围岩之间的环形间隙。注浆压力可以通过调节注浆泵工作频率实现连续调整,并通过注浆同步监测系统监测其压力变化。在主控室可以看到单个注浆点的注入量和注浆压力信息。在数据采集和显示程序的帮助下,随时可以储存和检索砂浆注入的操作数据。

#### 12. SLS-T 激光导向系统

SLS-T 激光导向系统和隧道掘进软件全天候提供盾构机的三维坐标和定向的连续的动态信息。隧道掘进软件是 SLS-T 激光导向系统的核心。通过其附带的通信装置接收数据,由隧道掘进软件计算盾构机的方位和坐标,并以图表和数字表格显示出来,使盾构机的位置一目了然,见图 2-17。

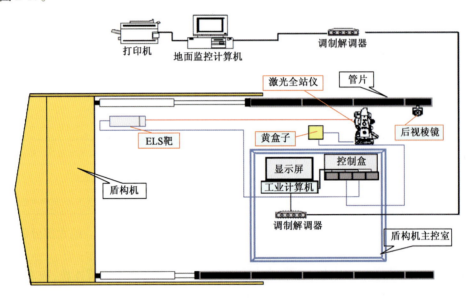

图 2-17　SLS-T 激光导向系统

#### 13. PDV 数据采集系统

PDV 数据采集系统可采集、处理、储存、显示、评估与盾构机有关的数据。所有测量数据通过时钟脉冲控制的测量传感器连续地采集和显示。所有必须记录的测量值都以图形的形式显示在 PDV 的监测器上。通过 PDV 数据采集系统收集信息,可以实现对盾构机状态的实时信息化管理。

## 第四节　土压平衡盾构关键部件及主要部件

土压平衡盾构在结构上包括刀盘、盾体、人员舱、螺旋输送机、管片安装机、管片小车、皮带机和后配套拖车等;在功能上包括开挖系统、主驱动系统、推进系统、出渣系统、注浆系统、油脂系统、液压系统、电气控制系统、激光导向系统及通风、供水、供电系统等。

## 一、关键部件

1. 刀盘

(1) 刀盘结构形式

刀盘采用面板式结构。在刀盘开口背面焊接挡板支座,在刀具更换时能有效地防止渣土涌入土舱内,保证人员的安全和换刀的顺利进行。其他与泥水平衡盾构刀盘相同。

(2) 渣土改良注入口设计

刀盘面板上共有8个泡沫注入口,隔舱壁上预留4个泡沫注入口备用。泡沫注入口可以用来加注水、膨润土和其他添加剂。

(3) 刀盘的开口形式

刀盘有多个开口槽,以利于中心部位渣土的流动;刀盘开口率为28%,刀盘开口部分加焊隔栅及粒径限制器,把粒径300mm以上的卵石阻止在土舱以外,只允许粒径300mm以下的渣块通过以利于螺旋机的安全输送。

(4) 耐磨设计

刀盘的周边焊有两道宽耐磨条,其余同泥水平衡盾构刀盘耐磨设计。

(5) 刀座设计

盾构机刀盘上的滚刀刀座、撕裂刀刀座均可以满足互换性要求。

(6) 刀盘驱动及支承形式

刀盘采用液压驱动,由9个液压马达通过9个减速器来驱动刀盘。整个液压驱动系统采用机械效率和容积效率较高的闭式系统。

刀盘采用中间支承方式。主轴承外径3 000mm,密封系统采用5道注脂密封构成,密封保护通过3种注射实现,主密封的设计寿命为5 000h,主轴承的设计寿命为10 000h。

2. 刀具

刀盘上配备4把双刃中心滚刀、32把单刃滚刀、28把宽度250mm的4孔方齿刀、16把扇形刮刀(8组,每组2把,其中6孔配6孔刮刀4组,6孔配8孔刮刀4组)。刀具形式见表2-4。

盾构刀具形式　　　　　　　表2-4

| 双刃中心滚刀 | 单刃滚刀 | 弧形刮刀 |
|---|---|---|
|  |  |  |
| 用于卵石、大漂石的破碎,刀刃距刀盘面160mm,可以换装中心羊角刀 | 用于卵石、漂石的破碎,刀刃距刀盘面160mm,可与撕裂刀、贝壳刀等互换 | 斜面结构,利于渣土流动。同时保护刀盘外缘防止磨损 |

续上表

| 中心羊角刀 | 方齿刀 | 贝壳刀 |
| --- | --- | --- |
|  |  |  |
| 双头,用于卵石的破碎,刀刃距刀盘面172mm | 用来切割软岩地层,并把切削土刮入土舱中,可磨损20mm | 用于卵石的破碎,刀刃距刀盘面172mm,与单刃滚刀互换 |

滚刀高度160mm,滚刀以切削破碎为主。正面方齿刀和周边刮刀高度110mm,将渣土刮削进土舱。

3. 人员舱

同泥水平衡盾构人员舱部分的内容。

## 二、主要部件

1. 盾体

盾体包括前体、中体和盾尾。

(1) 前体

前体又称切口环,它里面装有支承主驱动和螺旋输送机的钢结构。压力隔板将前体的土舱和主舱分离开来。隔板上面的门用于人员进入土舱进行保养和检查工作。隔板上预留开口,作为渣土改良材料的入口以及作为修理时输电线的接线盒接头。渣土改良材料输送至土舱后,通过刀盘与隔板的相对运动以及搅拌轴与舱内的渣土充分混合。在隔板上安装有土压传感器用以监测土舱内的土压,以便在土压平衡模式下及时对土舱内的土压进行反馈和调节。

(2) 中体和盾尾

中体又称支承环,前体和中体是用螺栓牢固栓接在一起的。

在中体内布置了推进液压缸支座和管片安装机支架。管片安装机支架通过相应的法兰面和管片安装机梁连接。推进液压缸和铰接液压缸布置在中体。在中体的盾壳上焊接超前钻孔和注浆预留孔,当需要时可通过这些预留孔注入膨润土或浆液等用以减小盾壳与土层的摩擦,或实施临时止水及超前地质加固措施。

中体和盾尾的连接以及盾尾部分结构同泥水平衡盾构的相关内容。

2. 主驱动

同泥水平衡盾构主驱动部分的内容。

3. 推进系统

同泥水平衡盾构推进系统部分的内容。

4. 出渣系统

(1) 螺旋输送机

采用双螺旋、轴式螺旋输送机,可以有效地防止喷涌。

螺旋输送机驱动由一个大扭矩液压马达和一个减速器组成,并采用无级调速控制,从而很好地控制出土量。调节螺旋输送机的出土速度是控制土舱压力的重要方法之一。螺旋输送机采用双后舱门。整机断电时舱门在储能器作用下可自动关闭,防止事故发生。

为了提高渣土的流动性,可以向螺旋输送机上的预留孔内注入膨润土、泡沫或聚合物。

(2)皮带输送机

皮带输送机布置在后配套拖车的上面。皮带输送机用于将螺旋输送机输出的渣土传送到盾构后配套的渣土车上。

5．管片安装机构

同泥水平衡盾构管片安装机构部分的内容。

6．铰接系统

同泥水平衡盾构铰接系统部分的内容。

7．连接桥

同泥水平衡盾构连接桥部分的内容。

8．拖车

盾构拖车用以放置液压泵站、注浆泵、砂浆罐及电气设备、皮带输送机等。拖车行走在钢轨上,拖车之间用拉杆相连。每节拖车上安装的主要设备见表2-5。

**每节拖车上安装的主要设备** 表2-5

| 拖 车 号 | 安装的主要设备 |
|---|---|
| 1 | 控制室、注浆泵、砂浆罐、管片吊机 |
| 2 | 主驱动系统泵站、膨润土罐及膨润土泵、泡沫箱及泡沫泵 |
| 3 | 主/副配电柜、压缩空气站、油脂站、风包 |
| 4 | 主变压器、电缆槽、风机筒、皮带机主驱动、水管托架 |

9．动力设备

盾构的液压系统包括主驱动系统、推进系统(包括铰接系统)、螺旋输送机、管片安装机及辅助液压系统。

所有液压泵均安装在2号拖车上。主驱动系统、推进系统、螺旋输送机液压系统和管片安装机系统各自为一个独立的闭式循环系统,保证液压系统的高效率及系统的清洁。

10．注脂及润滑

同泥水平衡盾构注脂及润滑部分的内容。

11．注浆设备

同泥水平衡盾构注浆设备部分的内容。

12．SLS-T 激光导向系统

同泥水平衡盾构 SLS-T 激光导向系统部分的内容。

13．PDV 数据采集系统

同泥水平衡盾构 PDV 数据采集系统部分的内容。

# 第五节　盾构机主要尺寸和技术参数

盾构机主要尺寸和技术参数见表2-6。

盾构机主要尺寸和技术参数　　　　表2-6

| 序号 | 名称 | | 泥水平衡盾构 | 土压平衡盾构 |
|---|---|---|---|---|
| 1 | 盾体 | 直径(mm) | 6 260(不计堆焊层) | 6 250(不计堆焊层) |
| | | 总长(不含刀盘)(mm) | 8 170 | 7 910 |
| | | 机器最小水平转弯半径(m) | 300 | 300 |
| | | 盾尾形式 | 铰接 | 铰接 |
| | | 盾尾密封 | 3排钢丝刷+1止浆板 | 3排钢丝刷+1止浆板 |
| 2 | 推进液压缸 | 数量(个) | 20(20个单缸) | 30(10组双缸+10个单缸) |
| | | 分组数量(组) | 4 | 4 |
| | | 最大推力(kN) | 37 000(350bar) | 39 910(350bar) |
| | | 行程(mm) | 2 000 | 2 000 |
| | | 伸出速度(mm/min) | 80(所有液压缸) | 80(所有液压缸) |
| 3 | 铰接液压缸 | 类型 | 被动式 | 被动式 |
| | | 数量(个) | 12 | 14 |
| | | 行程(mm) | 150 | 150 |
| 4 | 刀盘 | 直径(mm) | 6 280 | 6 280 |
| | | 旋转方向 | 左/右 | 左/右 |
| | | 刀具 | 6把双刃中心滚刀、13把双刃滚刀、64把切刀和16把弧形刮刀 | 4把双刃中心滚刀、32把单刃滚刀、32把切刀和8把弧形刮刀 |
| | | 喷嘴数量(个) | 2 | 8 |
| | | 开口率(%) | 30 | 28 |
| | | 开口尺寸 | 允许400mm卵石进入 | 允许300mm卵石进入 |
| 5 | 刀盘驱动装置 | 形式 | 液压驱动 | 液压驱动 |
| | | 液压马达数量(个) | 8 | 9 |
| | | 额定扭矩(kN·m) | 3 050 | 6 000 |
| | | 最大脱困扭矩(kN·m) | 3 500 | 7 150 |
| | | 转速(r/min) | 0~5 | 0~4.5 |
| | | 功率(kW) | 630(2×315) | 945(3×315) |
| | | 主轴承形式(mm) | 固定式 | 固定式 |
| | | 主轴承外径(mm) | 3 000 | 3 000 |
| | | 主轴承寿命(h) | 10 000 | 10 000 |

续上表

| 序号 | 名称 | | 泥水平衡盾构 | 土压平衡盾构 |
|---|---|---|---|---|
| 6 | 人闸 | 数量(个) | 1 | 1 |
| | | 形式 | 双舱 | 双舱 |
| | | 直径(mm) | 1 600 | 1 600 |
| | | 工作压力 | 0.3MPa(测试压力0.45MPa) | 0.3MPa(测试压力0.45MPa) |
| | | 人数(容纳) | 3+2(主室/紧急室) | 3+2(主室/紧急室) |
| 7 | 管片安装机 | 形式 | 中心回装式 | 中心回装式 |
| | | 抓紧系统 | 机械式 | 机械式 |
| | | 自由度 | 6 | 6 |
| | | 旋转角度(°) | ±200(比例控制) | ±200(比例控制) |
| | | 管片宽度(mm) | 1 200/1 500 | 1 200/1 500 |
| | | 举升液压缸行程(mm) | 1 000(比例控制) | 1 000(比例控制) |
| | | 纵向移动行程(mm) | 2 000(比例控制) | 2 000(比例控制) |
| | | 控制装置 | 无线控制 | 无线控制 |
| 8 | 泥浆回路 | 无卸料管、给料管线直径(mm) | 250 | 无 |
| | | 卸料泵P2.1功率(kW) | 315 | |
| | | 加长管(mm) | 7 500 | |
| | | 最大流量(m³/h) | 900 | |
| | | 流量测量装置 | 2 | |
| 9 | 螺旋输送机 | 形式 | 无 | 有轴螺旋式 |
| | | 1号螺旋输送机: | | |
| | | 长度(mm) | | 13 400 |
| | | 直径(mm) | | 800 |
| | | 功率(kW) | | 160 |
| | | 最大扭矩(kN·m) | | 198 |
| | | 脱困扭矩(kN·m) | | 225 |
| | | 转速(r/min) | | 0~22(无级调速) |
| | | 最大出土量(理论)(m³/h) | | 285(100%充满时) |
| | | 螺距(mm) | | 630 |
| | | 2号螺旋输送机: | | |
| | | 长度(mm) | | 8 100 |
| | | 直径(mm) | | 800 |
| | | 功率(kW) | | 110 |
| | | 最大扭矩(kN·m) | | 180 |
| | | 脱困扭矩(kN·m) | | 206 |
| | | 转速(r/min) | | 0~22(无级调速) |
| | | 最大出土量(理论)(m³/h) | | 285(100%充满时) |

续上表

| 序号 | 名 称 | | 泥水平衡盾构 | 土压平衡盾构 |
|---|---|---|---|---|
| 10 | 皮带输送机 | 带宽(mm) | 无 | 800 |
| | | 最大输送量(m³/h) | | 450 |
| 11 | 后配套设施 | 台车数量 | 4+连接桥 | 4+连接桥 |
| | | 管片吊车(个) | 1 | 1 |
| 12 | 注浆系统 | 注浆方式 | 同步注浆 | 同步注浆 |
| | | 注浆泵(台) | 2(流量12m³/h) | 2(流量12m³/h) |
| | | 砂浆罐(m³) | 6 | 6 |
| 13 | 泡沫发生装置 | 泡沫发生器 | 无 | 4 |
| | | 水泵(台) | | 1(133L/min) |
| | | 泡沫泵(台) | | 1(300L/h) |
| 14 | 膨润土系统 | 储存罐(m³) | 无 | 6 |
| | | 注射泵(台) | | 1(30m³/h) |
| 15 | 电力系统 | 初级电压(kV) | 10 | 10 |
| | | 次级电压(V) | 400 | 400 |
| | | 变压器(kV·A) | 2 000(硅油型,IP55) | 2 000(硅油型,IP55) |
| | | 照明电压(V) | 230 | 230 |
| | | 频率(Hz) | 50 | 50 |
| | | 系统绝缘保护 | IP55 | IP55 |

## 第六节　刀盘选型及应用

盾构掘进过程中,刀盘受力复杂,工作环境差。刀盘的结构关系到盾构工程的成败、掘进效率、工期及刀具费用。盾构的刀盘结构形式与工程地质情况有着密切的关系,不同的地层应采用不同的刀盘结构形式,盾构刀盘设计是盾构的关键技术。

### 一、刀盘的功能及设计要点

1．刀盘的三大功能

(1)开挖功能

刀具随着刀盘的旋转切削掌子面的土体,对地层进行开挖。开挖后的渣土通过刀盘的开口进入土舱。

(2)稳定功能

刀盘具有支承掌子面、稳定掌子面的功能。

(3)搅拌功能

对于土压平衡盾构,刀盘转动时对土舱内的渣土进行搅拌,使渣土具有一定的流动性,然后通过螺旋输送机将渣土排出。对于泥水平衡盾构,通过刀盘的旋转搅拌作用,将切削下来的渣土与泥浆充分混合,优化了泥水压力的控制,改善了泥浆的均匀性,通过排泥管道将开挖渣土以流体的形式泵送到地面上的泥水分离站。

2. 刀盘的设计要点

(1) 刀盘的结构形式

刀盘的结构形式有面板式以及辐条式两种,具体应用时根据工程地质、地表环境等因素综合确定。

泥水平衡盾构采用面板式刀盘,如图 2-18a)所示。

土压平衡盾构根据工程地质可采用面板式或辐条式刀盘。采用面板式刀盘时,由于泥土流经刀盘面板的开口进入土舱,盾构掘进时土舱内的土压力与开挖面的土压力之间容易产生压力差,且压力差的大小受面板开口的影响不容易确定,从而使开挖面的土压力不容易控制。辐条式刀盘仅有几根辐条,切削下来的土体直接进入土舱,没有压力损失,同时在辐条后设有搅拌叶片,土、砂流动顺畅,土压平衡容易控制。辐条式刀盘对砂、土等单一软土地层的适应性比面板式刀盘较强;但由于辐条式刀盘没法安装滚刀,在风化岩及软硬不均地层或硬岩地层掘进时,应采用面板式刀盘。在富水砂卵石地层中,为保持掌子面的稳定,建议选用面板式刀盘,见图 2-18b)。

a) 泥水平衡盾构机刀盘　　b) 土压平衡盾构机刀盘

图 2-18　盾构机刀盘

(2) 刀盘结构的设计

① 开口率。开口率是刀盘面板开口部分的面积与刀盘面积的比值。根据地质条件、开挖面的稳定性及掘进效率来决定开口的形状、尺寸。对于泥水平衡盾构,开口率一般取 10%~30%;土压平衡盾构的开口率范围较宽。对于高黏附性土质,宜加大开口率;对于易坍塌性围岩,开口率需慎重选择。刀盘开口位置应尽量靠近刀盘中心,以防止渣土在刀盘的中心部位流动不畅而形成泥饼;同时,由于刀盘中心部位的线速度较低,黏土、粉土、膨润土等黏稠土体在中心部位的流动性较差,黏性土容易在中心部位沉积,因此应适当加大中心部位开口率。刀盘开口槽一般设计成楔形结构,使开口逐渐变大,以利于渣土向土舱内流动。

②耐磨设计。采用适宜的材料与合理的工艺来提高刀盘及刀具的耐磨性:

a. 在刀盘面板上焊网状耐磨条。

b. 刀盘外轮缘焊高强度的耐磨板。

c. 对刀盘开口部位的表面进行硬化。

d. 所有刀具均采用高耐磨的硼钢碳化钨材料,确保刀具的高耐磨性。

e. 在搅拌棒的表面堆焊网状耐磨条。网状耐磨条的网眼尺寸一般为 80mm×80mm,耐磨条的高度约为 2mm,宽度为 6mm。

3. 刀盘磨损

刀盘在砂卵石地层中的磨损主要集中在三个方面:

(1)刀盘面板的磨损。

(2)刀盘上刀座的磨损。

(3)刀盘外圆周的磨损。

## 二、泥水平衡盾构刀盘磨损及修复

1. 刀盘磨损状况

砂卵石地层中采用地面降水措施后,可以有效保证常压开舱换刀的安全。泥水盾构机掘进 426m 后计划换刀时,发现降水井内地下水位未达到预期效果,同时地层伴有失稳迹象。进行了各种尝试,均无法顺利开舱换刀。在继续向前掘进的过程中,排浆泵的叶片被硬物打碎,无法继续掘进,在气压舱的渣土中清理出损坏的刀具,初步判断刀具损坏情况严重,经分析认为刀盘也可能存在不同程度的磨损。经专家论证决定,采取地面加固措施,同时降水,常压开舱检查刀盘和更换刀具。

采用挖孔桩和高压旋喷桩组合对地层进行加固。在盾构机切口环正上方施工 7 根 φ1 200mm 的人工挖孔桩,挖孔深度至盾壳上 50cm,挖孔桩成孔后,除 4 号桩外其余各桩均采取对桩底处理后灌注混凝土,4 号桩护壁加强后作为舱内清渣、更换刀具、检修刀盘时的通风排烟通道。在刀盘前方施工 4 排高压旋喷桩,旋喷桩直径 450mm,呈梅花形布置,共施工 30 根。为了避免旋喷水泥浆液将刀盘刀具糊住,增加舱内清渣难度,控制第一排旋喷桩施工深度至盾构机的轮廓线的深度,其余 3 排旋喷桩施工深度均为 20.5m。针对成都砂卵石地层钻进成孔困难的地质特点,采用旋转冲击钻成孔,钢套管跟进,下入旋喷芯管后拔出钢套管旋喷的施工工艺。在第二排和第三排旋喷桩之间增加 15 个压密注浆孔,压密注浆孔深度与旋喷桩的深度一致。降水井数量增加至 4 口。在挖孔过程中先后开挖出回填的生活垃圾、钢筋混凝土梁、废弃的沥青混凝土路面、人工凿痕条石等物体。掌子面地质情况见图 2-19。

开舱后检查发现:在距刀盘中心 1 555mm 和 2 385mm 处各磨出一道宽 180mm、深 24mm 和宽 320mm、深 50mm 的圆环沟槽,见图 2-20。4 把中心滚刀及两把羊角刀磨损严重,全部报废。在刀盘磨损沟槽范围内的滚刀磨损比较严重,特别是在外环沟槽范围内滚刀磨损尤其严重,大部分已无法修复;另外,27 号 28 号、29 号 30 号、32 号 34 号、31 号 33 号双刃滚刀的刀座磨损严重,在靠近沟槽下部的刀座磨损量达 65mm 左右。在刀盘上靠近外圈磨损沟槽的范围内的刮刀全部损坏,刀盘外周的大刮刀报废率占 69%。在刀盘两道磨损沟槽范围内的齿刀刀座全部磨损报废,需要更换齿刀 63 把,仅剩余 1 把齿刀完好。

a)掌子面的砂卵石

b)挖孔桩里发现的条石

图2-19 掌子面地质情况

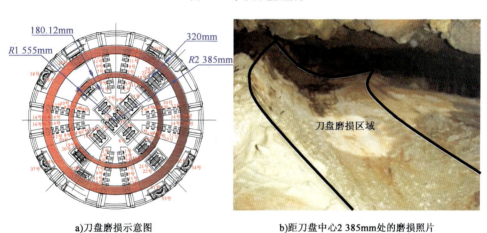

a)刀盘磨损示意图　　　　　　b)距刀盘中心2 385mm处的磨损照片

图2-20 刀盘磨损情况

据统计,除需要修复刀盘面板上磨损的沟槽外,还需要修复10把滚刀刀座(仅3个刀座完好)、14把刮刀刀座(仅2个刀座完好)、更换21把齿刀刀座(43个刀座完好),刀盘及刀座修复工作量巨大。

2. **刀盘面板沟槽的修复**

刀盘面板采用强度基本与刀盘母材相近的高锰钢对磨损沟槽进行修补(图2-21)。在补焊前,把刀盘磨损沟槽用气刨按要求刨成环形槽。其中端面a-a为长方形180mm×25mm;端面b-b为上下两层,上层为260mm×30mm的长方形,下层为150mm×12mm的长方形,见图2-22a)。

修复刀盘的主要材料是厚度30mm的HARDOX耐磨钢板、J-506焊条及UTPDUR600耐磨焊丝,按图2-22b)切割b-b的材料,最上层钢板开45°坡口便于焊接,R20mm的孔是铆焊孔,钢板各加工20块。在切割刨口补焊上钢板,钢板开45°坡口到底。所有焊缝都为满焊。

3. **刀具刀座的修复**

滚刀刀座磨损部位全部用HARDOX耐磨钢板补焊,具体下料尺寸根据现场情况决定,但

图 2-21　刀盘修复照片

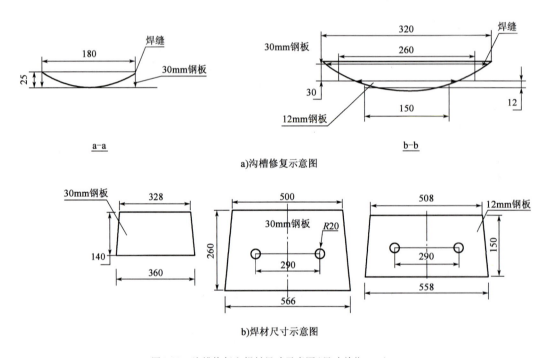

a)沟槽修复示意图

b)焊材尺寸示意图

图 2-22　沟槽修复和焊材尺寸示意图(尺寸单位:mm)

必须保证刀箱的尺寸不受影响,避免刀箱变形。由于 U 形块高出刀座约 15mm,修复时在刀座周边贴焊上厚 30mm 的耐磨钢板,可以保护 U 形块不被磨损。能修复的齿刀刀座用 HARDOX 耐磨钢板补焊修复,严重磨损无法修复的刀座用气刨刨掉重新焊上新的刀座。在用气刨割除磨损刀座时,要严格按照刀座的尺寸割出空间位置,周边富余量不超过 10mm,以保证焊接量并不损伤刀盘其他部位。对于刮刀刀座上磨掉的螺纹孔,在磨损位置刨出螺栓套的焊接空间,直接把螺栓套焊接在磨损的位置上。为了防止螺纹套在焊接过程中变形,采用二氧化碳保护焊并且间断焊接,螺纹套固定好位置后用 HARDOX 耐磨钢板包裹并焊接,修复以标准刀座高度为准。

### 4. 刀盘其他部分焊耐磨网格

刀盘面板上的空白部位用 UTPDUR600 耐磨焊丝加焊成 50mm×50mm 菱形网格状耐磨层,高度不低于 7~8mm,宽度不少于 12~14mm,增加刀盘面板的抗磨性能。

刀盘外圈原有 3 条宽 40mm、厚 60mm 的耐磨条,磨损量约为 22mm。为了避免刀盘继续被磨损,加焊厚度为 25mm 的耐磨钢板,规格为 160mm×80mm 和 160mm×140mm。焊接材料之间距离为 80mm。

### 5. 焊接要求

(1) 选派经验丰富、焊接技术高的电焊工进行连续作业。

(2) 选用直流电焊机或者采用二氧化碳保护焊,保证焊接电弧能够稳定燃烧,以提高焊缝成型质量。

(3) 焊接部位全部要求满焊。

(4) 选用 J506 焊条(耐磨焊丝),焊接前对焊条(焊丝)进行烘干处理,并且在焊接作业过程中用保温箱对焊条进行保温,以减少焊缝出现气孔的可能。

(5) 用磨光机对焊接面进行打磨处理,确保焊接面清洁。

(6) 严格防水措施,确保焊缝质量。

## 三、土压平衡盾构刀盘磨损及修复

### 1. 刀盘开口率分析

刀盘开口的大小和位置取决于下列因素:

(1) 开口要足够大,以保证切削面的渣土能够穿过开口进入土舱,并且不会造成大幅度的压力下降。在土舱的后壁安装压力传感器,对舱内压力进行实时监控。

(2) 单个开口的大小将限制进入土舱的卵石大小。进入土舱的卵石粒径必须与螺旋输送机的输送能力相适应,确保进入土舱的卵石能被螺旋输送机顺利排出。一般采取在开口部位焊接隔板的方法控制进入土舱的卵石粒径,如图 2-23 所示。

a) 开口部位焊接的半隔板

b) 开口部位焊接的全隔板

图 2-23 刀盘开口位置焊接的隔板

(3) 在刀盘中心区域的刀具转速和搅拌动力很低,极易发生刀箱进泥被堵、刀盘结泥饼现象。刀盘开口为对称分布的 8 个扇形孔,从结构形式上看有利于渣土流动;但开口位置离中心区域较远,刀盘中心部位的渣土不易流动,极易黏附在刀盘上,并逐渐扩大形成"泥饼"。

2. 刀盘修复及效果

盾构掘进 500m,贯通时的照片如图 2-24 所示。

a)刀盘结泥饼

b)U形块磨损严重

c)刮刀及刀座磨损

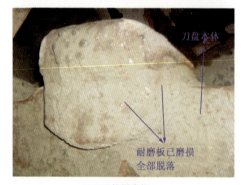
d)刀形外周磨损

图 2-24 刀盘磨损照片

(1) 修复材料选择

修复材料选用 25mm 厚 HARDOX450 耐磨钢板和德国 UTP 特殊焊条。其中 HARDOX450 耐磨钢板平均硬度为 450HBW,有很好的冷弯特性和焊接性能,适用于高磨损的工况。UTP 630 焊条具有高抗裂性能和良好韧性,能增进刀体基材与堆焊熔覆层的结合。UTP DUR 650kb 焊条具有抗强冲击和强磨损的综合性能,能有效抵抗岩石对刀具基体间隙的冲击磨损,有效保护硬质合金头,从而提高刀具的整体使用寿命。

(2) 刀座的修复工艺

为了保护滚刀的 U 形块,防止 U 形块磨损后造成刀具拆卸、更换困难,在滚刀刀座边缘靠近 U 形块的两侧分别焊贴 4 块 90mm×60mm 的 HARDOX 耐磨钢板。

齿刀刀座背面平铺焊接两块 HARDOX 耐磨钢板,尺寸为 80mm×70mm,防止齿刀磨损后损坏刀盘。边刮刀刀座背面平铺焊接 HARDOX 耐磨钢板,尺寸为 100mm×600mm,即使刮刀过度磨损后仍然可以确保隧道开挖净空。

在焊接的耐磨钢板上堆焊格栅形耐磨层。

(3) 刀盘面板及外缘的修复

磨损严重的地方贴焊 HARDOX 耐磨钢板,材料尺寸根据实际下料。刀盘面板上用耐磨焊丝焊 40mm×40mm 的耐磨网格,刀盘中心部位同样焊 40mm×40mm 的耐磨网格。

刀盘外缘焊接耐磨钢板,材料尺寸为 160mm×80mm 和 160mm×140mm,两道保护环之间距离为 80mm,焊接时要求 4 个面满焊,如图 2-25 所示。

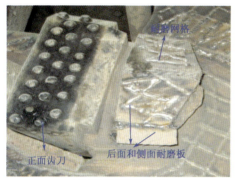
a) 焊接耐磨板保护齿刀

b) 焊接耐磨板保护滚刀

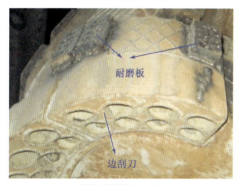
c) 焊接耐磨板保护刮刀

d) 保护刀盘外缘

图 2-25　刀盘修复照片

(4) 保护性措施

为了防止焊接后温度急剧下降导致堆焊的耐磨材料产生裂纹,需要采取保温缓冷措施,可用保温毡覆盖在焊接处,使温度缓慢下降。刀盘修复后盾构推进 888m,基本上未发生大的磨损。

## 四、刀盘的改进

盾构对砂卵石的处理坚持以排为主、破碎为辅的原则。刀盘的开口尺寸、开口率是限制大粒径卵石排出的主要因素。盾构制造商对盾构机主要做了如下改进:

(1) 将刀盘开口率提高到 32%。
(2) 增加了刀盘中心部位的开口。
(3) 增强了刀盘的耐磨性能。
(4) 选用 6 孔重型齿刀,提高了对刀盘面板的保护。

刀盘改进后,成都地铁 2 号线施工效果良好,如图 2-26 所示。

a) 提高开口率　　　　　　　　　　b) 6孔重型齿刀

图 2-26　盾构机的改进

# 第七节　螺旋输送机选型及应用

## 一、螺旋输送机选型

螺旋输送机是土压平衡盾构的重要组成部分。它将刀盘切削下来的渣土排出土舱,同时保持土舱内的土压力,维持开挖面土体的稳定。在保持刀盘转速及推进速度不变的情况下,通过对舱内土压力的实时反馈来控制螺旋输送机转速,可将其土压力控制在设定的范围内,使得排土量基本稳定,达到控制地表沉降的目的。

针对砂卵石地层的特殊性,螺旋输送机的内径要满足大多数砂卵石和大漂石破碎后的排出能力;要具有在砂卵石地层中长距离掘进的能力,提高螺旋筒、螺旋带的耐磨性能;要具有防止喷涌的能力。

螺旋输送机的主要功能有:

(1) 排出土舱内渣土。

(2) 通过调节转速控制出土量,保持舱内土压稳定。

(3) 螺旋输送机为密闭式的输送装置,防止水渗漏到盾构隧道内。

由于富水砂卵石地层地下水位高,单节螺旋输送机容易发生喷涌,选用双节螺旋输送机串联来平衡来自地层的水土压力,从而降低输送机出土口的水压力。经过模拟计算,选用内径800mm 的双螺旋轴式输送机,螺旋带节距为 300mm,轴向深度为 280mm,如图 2-27 所示。螺旋输送机主要参数见表 2-7。

螺旋输送机主要参数　　　　　　　表 2-7

| 序　号 | 项目名称 | 1号螺旋输送机 | 2号螺旋输送机 |
|---|---|---|---|
| 1 | 质量(t) | 23 | 19 |
| 2 | 外形尺寸(m) | 13.4×1.2×1.4 | 8.1×1.2×1.4 |
| 3 | 长度(m) | 13.4 | 8.1 |

续上表

| 序 号 | 项目名称 | 1号螺旋输送机 | 2号螺旋输送机 |
|---|---|---|---|
| 4 | 直径(mm) | 800 | 800 |
| 5 | 功率(kW) | 160 | 110 |
| 6 | 最大扭矩(kN·m) | 198 | 180 |
| 7 | 脱困扭矩(kN·m) | 225 | 206 |
| 8 | 转速(r/min) | 0~22 | 0~22 |
| 9 | 理论最大出土量(m³/h) | 285 | 285 |
| 10 | 卸渣门(个) | 1 | 1 |
| 11 | 竖向防水连接(个) | 1 | — |

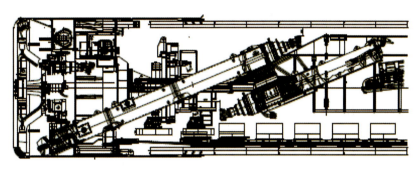

图2-27 双螺旋输送机

1号螺旋输送带长10.8m，前端约3.5m焊接了耐磨保护块，后端7.3m无耐磨保护块；2号螺旋输送带长6.1m，前端约2.5m焊接耐磨保护块，后端3.6m无耐磨保护块。耐磨块高度约为115mm，宽度为110mm，弧长为200mm。耐磨块为非标准浇铸件，外径部分的耐磨材料高度为50~60mm，有韧性不可焊接，内径部分为普通钢可以与螺旋母体A3钢焊接，如图2-28所示。

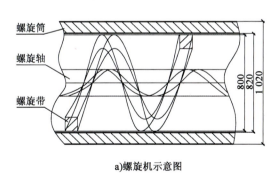

a)螺旋机示意图　　b)螺旋带上焊接的耐磨块

图2-28 螺旋输送机耐磨保护(尺寸单位：mm)

## 二、螺旋输送机使用状况分析

1. 螺旋带磨损及修复

盾构掘进速度基本不变时，可以通过调节螺旋输送机转速的方法调整土舱内的压力。当螺旋输送机转速加快时，土压就降低；当螺旋输送机转速降低时，土压就升高。螺旋输送机在长时间的出渣过程中,螺旋带和螺旋筒内壁不可避免地发生磨损。磨损主要有两方面:一是轴向的磨损(图2-29、图2-30),即旋转螺旋带轴向与堆挤、流动渣土之间的磨损,轴向的磨损量较小;二是径向的磨损,即螺旋带径向与固定的螺旋筒内壁及流动的渣土之间的磨损,径向的磨损随着地质情况、渣土改良效果的变化而不同,但随着设备运转时间的加长,磨损量逐渐加大。从表2-8中可以看出,螺旋带磨损主要集中在前半部分,即焊接耐磨块部分前端共0.6m范围内。

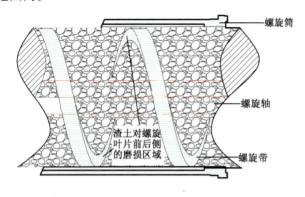

图2-29 渣土对螺旋带轴向的磨损　　　　图2-30 推进943m后1号螺旋的磨损

**螺旋带磨损记录表** 表2-8

| 名称 | 使用长度(m) | 从前端起共3.8m无耐磨块部分的磨损量(mm) | 从前端起共0.6m耐磨块部分的磨损量(mm) | 备 注 |
|---|---|---|---|---|
| 2号螺旋 | 943.5 | 50 | 170 | 维修 |
| 2号螺旋 | 888.5 | 46 | 140 | 维修 |
| 1号螺旋 | 943.5 | 25 | 240 | 土舱内部分维修,螺旋筒内未维修 |
| 1号螺旋 | 888.5 | 累计磨损45 | 150 | |
| 1号螺旋 | 498.0 | 累计磨损55 | 70 | |

螺旋的磨损主要是螺旋带的磨损,因耐磨块不具备焊接性能,将前端3.5m磨损的耐磨块替换为国产耐磨块,后端7.3m在磨损的螺旋带上焊接HARDOX400耐磨钢板,如图2-31所示。

a)割除磨损的耐磨块　　　　b)重新焊接耐磨块,在螺旋带上堆焊耐磨条

图2-31 螺旋带的修复

(1) 为保证耐磨块焊接后螺旋带的外径为 800mm,必须严格检查螺旋带母体的外径尺寸,确保焊接耐磨块后螺旋带半径尺寸偏差控制在 5mm 内;若螺旋带母体尺寸不足,可在母体上直接焊接 HARDOX 钢板进行补充。

(2) 耐磨块的径向尺寸为 110mm。如果螺旋带修复后直径超出 800mm 时,必须先割除多余的螺旋带母体,并将割除面打磨平整除掉氧化层。割除母体材料时,应割出至少 15mm × 15mm 的坡口,以保证有良好的焊接面和焊接性能。

(3) 为减少螺旋带两侧的磨损,用耐磨焊条在螺旋带两侧堆焊耐磨条。

2. 螺旋杆断裂

当大粒径的卵石集中进入螺旋输送机时,极易将螺旋输送机卡死,使其不能运转。如果采用正转连续加大扭矩使螺旋脱困的方法,往往使螺旋卡得更紧,甚至导致螺旋断裂,见图 2-32。

a)断裂的螺旋轴

b)断裂后拆除的螺旋轴

图 2-32 螺旋轴断裂

3. 螺旋机被卵石卡死

随着螺旋带的磨损,其和螺旋筒内壁之间的间隙也逐渐增加,卵石很容易卡在螺旋带和螺旋筒之间,并最终导致螺旋输送机不能正常运转。当螺旋被卡死难以脱困时,严禁使用突然增加螺旋机转速的方法来试图脱困,应采用人工辅助方法脱困。

(1) 输入润滑剂

通过盾构机的泡沫系统往螺旋筒内输入泡沫剂。操作时先关闭通往土舱内的泡沫管路,或者只打开通往螺旋筒内的泡沫管路,防止泡沫进入土舱造成土舱压力增加,击穿土体冒出地面。也可以通过螺旋上预留的 $\phi 50mm$ 管路接口、DN100mm 圆形盖板等装置,输入泡沫剂、膨润土泥浆等润滑物质。

当输入适量润滑剂后,可通过正/反旋转螺旋进行试脱困。为防止螺旋杆断裂,应谨慎操作逐渐增加螺旋扭矩。

(2) 人工辅助

确认螺旋被卡死后,打开螺旋输送筒两侧的矩形检查盖板(图 2-33),人工破碎或清除螺旋筒内的卵石(图 2-34),同时结合前述步骤进行螺旋的脱困。

作业时先将螺旋筒侧面矩形盖板上的圆形盖板拆下,确认地下水压力不高时才允许拆卸矩形盖板。人工将矩形盖板区域的卵石清理干净,同时通过螺旋上的各种预留口输入润滑剂后,通过正/反旋转螺旋进行脱困。螺旋能正常运转后,逐步安装矩形盖板等装置,恢复掘进。

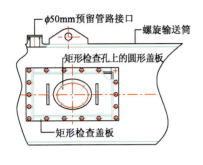  

图 2-33　矩形检查盖板　　　　　　　　图 2-34　人工清除卵石

**4. 拆除 2 号螺旋机**

在第一区间后期掘进过程中,2 号螺旋机经常被卡死,有时掘进一环跳停次数达到 7 ~ 10 次,严重影响盾构的顺利掘进。在第一区间贯通后,对螺旋带进行了维修,间隔半个螺旋距(630mm × 1/2)焊接国产耐磨块,间隔部分焊接 HARDOX450 耐磨钢板。修复后推进 888.5m,正常段磨损量为 45mm。由于前两个区间掘进过程中未发生喷涌现象,在掘进第三个区间时拆除了 2 号螺旋输送机,只保留了 1 号螺旋输送机,使用效果良好。

### 三、螺旋磨损与渣土改良的关系

盾构在砂卵石地层中掘进,普遍存在刀具磨损快、盾构推进速度慢、刀盘扭矩大、盾构推力大,维持目标土压与较高的推进速度之间矛盾大等一系列现象,各要素之间相互影响、相互制约。

采用泡沫作为土体改良添加材料,在增加土体流动性的同时,降低其黏着性,防止土体附着于刀盘或土舱内壁。向螺旋输送机内注入适量的泡沫,增加土体的流动性,减小土体的摩擦力,使土体能经螺旋输送机顺利排出。土体改良效果十分显著。经过改良后,土体变得松软,而且黏度大大降低,土体的可排性得到提高。

实现泡沫与膨润土泥浆的配合使用,即将泡沫送至刀盘前面,实现对刀具的润滑、冷却,降低了刀盘的扭矩,提高切削效率,降低刀盘的和刀具的磨损程度;而膨润土泥浆泵送至刀盘后面土舱内,以利于降低舱内土体的摩阻力。

实践证明,在推进过程中,泡沫和泥浆的配合使用,改善了渣土的工作状态。由于泡沫和膨润土均对渣土配合起到了良好的改良作用,大大降低了螺旋机运转时的驱动扭矩和被卡住的频率,减缓了螺旋带的磨损。

## 第八节　刀具设计及适应性分析

### 一、刀具破岩原理

盾构刀具破岩方式有两种:一是在岩石地层中利用盘形滚刀滚动产生冲击压碎和剪切碾碎的作用破碎岩石(滚压破岩);二是在土层或软岩地层中利用切刀或齿刀的刀刃施力于岩体

上,将岩体的外层剪切而剥离母岩(切削破岩)。

一般在软土地层和砂性地层中采用单一的切削破岩方式进行掘进施工,在岩石地层(含硬塑土层)和砂砾地层中采用以滚压破岩为主、切削破岩为辅的方式进行掘进施工。

1. 硬岩破岩机理

盘形滚刀破岩形式属于滚压破碎岩石。滚压破碎岩是一种破碎量大、速度快的机械破岩方法,其特点是靠刀具滚动产生冲击压碎和剪切碾碎的作用达到破碎岩石的目的。如图2-35所示,轴力 $P$ 使滚刀压入岩石,滚动力矩 $M$ 使滚刀滚压岩石,两者的共同作用使岩石得到连续的破碎。这是滚压破碎的特点。

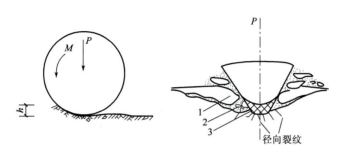

图2-35 滚刀滚压破岩示意图
$P$-轴力;$M$-滚动力矩
1-断裂体;2-碎断体;3-密实承载体

当滚刀受载刀刃切入岩石表面时,岩石面首先产生局部变形并出现微观裂纹。当荷载继续增加,滚刀切入岩石的深度也相应地加深,在滚刀刀刃下的岩石粉状破碎,并且又重新被碾压,微观裂纹继续在刀刃两侧较快发展,一些裂纹开始延伸到岩层表面,形成几个主要裂纹,最后裂纹沿着岩石破碎角的方向自由而迅速发展,产生较大的岩石破碎块,继而崩落。

2. 软岩的切削机理

软岩的切削主要是在盾构机向前推进的同时,刀具随着刀盘旋转对开挖面土体产生轴向(沿隧道前进方向)剪切力和径向(刀盘旋转切线方向)切削力,不断将开挖面土体切削下来。切削时,刀具通常做两个方向的运动:一个是沿开挖面的运动,它起着分离岩土的作用;另一个是切入开挖面的运动,它改变切削的厚度,见图2-36。

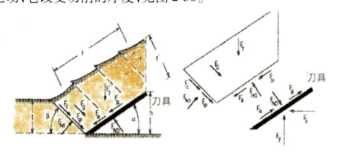

图2-36 软土刀具切削机理示意图

## 二、盘形滚刀

### 1. 盘形滚刀的类型

盘形滚刀分单刃盘形滚刀（单刃滚刀）、双刃盘形滚刀（双刃滚刀）两种。单刃滚刀主要用于强度大于或等于80MPa的脆性岩石，双刃滚刀主要用于强度小于80MPa的韧性岩石。

盾构机滚压破岩采用单刃滚刀还是双刃滚刀，主要取决于地层情况和隧道断面的大小。特别是对于软硬复合且变化频繁的隧道工程，要满足刀盘开口率和多种刀具要求，由于受刀间距的限制，宜选用双刃滚刀。其优点是可在刀盘有限的面积内更多地安装刀圈。但它有以下几项缺点：

（1）一个刀壳的允许荷重是一定的，所以单个刀圈的重量就必须限制在很小的范围内，从而导致掘进效率降低。

（2）邻近的两个刀圈同时通过，刀圈间将要剥离的岩石处于被约束的状态，刀圈正面和侧面都更易于磨耗受损，从而导致岩石剥离困难，特别是对于脆性岩石其掘进效率相对要低一些；同时由于刀具的运动轨迹为圆曲线，双刃盘形滚刀易于受到较大侧向力的作用，从而导致刀圈产生断裂或裂纹而破坏。

### 2. 滚刀刀圈直径

盘形滚刀按刀圈外径分为12in、15.5in、17in、19in等系列（1in≈25.4mm）。

大直径刀具有以下优点：一是刀具的使用寿命长，可减少换刀次数，提高机械的利用率；二是刀具允许旋转速度大，刀盘可以提高旋转速度，从而提高盾构机的纯掘进速度。但是刀盘上每个刀具的安装空间是有限的，刀具越大质量越大，换刀运输时必须具备足够的空间，因此在硬岩地层较少和不利于大型滚刀操作的地层，刀盘直径即使超过10m，一般也选择17in的滚刀。

表2-9列举出了目前已实用化的刀具尺寸和参考质量，同时根据工程实例统计标出了相应刀具的应用范围。另外刀具安装方法的不同（往刀盘上安装刀具，分从内部安装和外部安装两种方法），有时也可能影响刀具大小的选择，因为在内部安装由于工作空间的限制，特别是密闭型盾构大直径刀具的安装非常困难，一般来说密闭型盾构不使用17in以上的滚刀。

盘形单刃滚刀系列刀具的特征参数　　表2-9

| 刀具尺寸(in)<br>（刀圈外径） | 12in<br>(305mm) | 15.5in<br>(394mm) | 17in<br>(432mm) | 19in<br>(483mm) |
| --- | --- | --- | --- | --- |
| 刀具质量(kg) | 60~80 | 125~170 | 135~180 | 180~210 |
| 应用的刀盘尺寸范围(m) | 2~3 | 3~5 | 5以上 | 8以上 |

### 3. 滚刀刀间距

滚刀的刀间距是刀盘设计的一个重要指标，在最优刀间距时达到最优破岩效果。刀间距过大会使刀间部分岩石无法破碎，造成盾构机掘进效率低下或无法掘进，并且由于刀具荷载过大，滚刀轴承极易破损；刀间距过小会造成掘进效率低、能耗大，甚至掘削下来的岩渣无法顺利进入土舱。最优刀间距与推力大小、岩石强度、岩石的脆性程度有关。推力越大,刀具侵入岩石的深度越深,也即贯入度越大,则最优刀间距就相应增大;岩石越脆其破碎角越大,则刀间距也可相应增大。反之亦然。因此最优刀间距取决于刀具贯入度和岩石破碎角的大小。

考虑到滚压破岩的破碎核的存在,假设相邻刀具破碎坑恰好相连的刀间距为最优间距 $d$,那么按几何关系最优刀间距与贯入度 $h$ 和岩石破碎角 $\varphi$ 的关系如下:

$$d = 2h\tan\frac{\varphi}{2} \qquad (2-1)$$

采用滚压破岩的盾构机刀盘转速一般为 1.7~2.3r/min,其设计掘进速度为 40mm/min,实际掘进速度在硬岩中为 25~30mm/min,因此实际贯入度为 11~17mm。计算刀间距应以平均贯入度控制,这是因为既要确保刀间的岩石破裂,又要保证被破裂的岩体不至于被约束在刀间。细粒花岗岩的破裂角为 140°,经计算可得刀间距为 86mm。

严格地说,根据岩石性质的不同应该存在着各种各样不同的与岩石性质相适应的刀间距,但实际上在开挖掘隧道的过程中不可能根据地质变化频繁地改变刀间距。因此,通常情况下每种尺寸的刀具都有设定好的标准的刀间距。表 2-10 为根据国内外试验和工程经验总结得到的不同直径刀具的基本刀间距及其容许线速度。

各种刀具的基本刀间距与容许线速度　　　　　　表 2-10

| 刀具尺寸(in) | 12 | 15.5 | 17 | 19 |
|---|---|---|---|---|
| 刀圈外径(mm) | 305 | 394 | 432 | 483 |
| 刀具荷载(kN) | 125 | 176 | 216 | 314 |
| 正面刀刀间距(mm) | 65~75 | 75~85 | 80~90 | 90~100 |
| 允许线速度(m/min) | 75 | 130 | 150 | 180 |

17in 滚刀刀间距一般在 80~90mm,但根据不同的岩性会有所差异。土压平衡盾构滚刀在盘上的径向位置见表 2-11。

土压平衡盾构滚刀在刀盘上的径向位置　　　　　　表 2-11

| 刀号 | 距中心距离(m) | 刀号 | 距中心距离(m) | 刀号 | 距中心距离(m) | 刀号 | 距中心距离(m) |
|---|---|---|---|---|---|---|---|
| 1 | 0.07 | 11 | 1 | 21 | 2 | 31 | 2.783 |
| 2 | 0.16 | 12 | 1.1 | 22 | 2.1 | 32 | 2.841 |
| 3 | 0.25 | 13 | 1.2 | 23 | 2.2 | 33 | 2.897 |
| 4 | 0.34 | 14 | 1.3 | 24 | 2.3 | 34 | 2.953 |
| 5 | 0.435 | 15 | 1.4 | 25 | 2.39 | 35 | 3.001 |
| 6 | 0.545 | 16 | 1.5 | 26 | 2.47 | 36 | 3.046 |
| 7 | 0.615 | 17 | 1.6 | 27 | 2.55 | 37 | 3.082 |
| 8 | 0.705 | 18 | 1.7 | 28 | 2.61 | 38 | 3.111 |
| 9 | 0.8 | 19 | 1.8 | 29 | 2.67 | 39 | 3.130 |
| 10 | 0.9 | 20 | 1.9 | 30 | 2.722 | 40 | 3.14 |

### 三、刀具选择及布置

滚刀破岩是依靠刀具滚动产生冲击压碎和剪切碾碎的作用达到破碎岩石的目的。滚刀的类型、数量、布置方式、位置、超前量根据岩层的强度和整体性、掘进距离、含砂量等特点确定。

**1. 双刃中心滚刀**

中心滚刀由于靠近刀盘中心,转动半径小,刀圈在转动的同时伴有滑动,易发生刀圈偏磨现象。同时由于靠近刀盘中心,渣土排除不畅,易造成渣土对中心滚刀的刀圈、刀体的重复磨损。

**2. 单刃滚刀**

土压平衡盾构选用17in单刃盘形滚刀作为主要刀具类型,布置了32把单刃滚刀,每把刀可以承受250kN的推力,可开挖抗压强度达200MPa的岩石。

在富水砂卵石地层,地层对卵石缺少约束力,且由于卵石的抗压强度较高,滚刀只能部分破碎卵石,不能对卵石进行有效破碎。全部采用盘形滚刀在砂卵地层中施工是不适宜的,极易发生部分滚刀被松散的卵石卡住,从而使滚刀不能产生自转而严重偏磨。如采用滚刀与其他刀具组合,对滚刀采取保护措施,可发挥滚刀破碎大粒径漂石的作用。

**3. 双刃滚刀**

在砂卵石地层中以剥落破岩为主,双刃滚刀受力面积大,有利于增大扭矩,同时刀毂暴露面积减少,有利于保护刀毂。为进行不同类型刀具的适应性试验,泥水盾构采用双刃滚刀作为主要的破岩刀具,刀盘上共布置了13把双刃滚刀。

**4. 贝壳刀、羊角刀**

贝壳刀、羊角刀适宜切削强度较低的岩石,通常超前切刀布置,先行切削地层,先对卵石进行冲击和撕裂,对卵石进行部分破碎并解除地层对卵石的约束力,然后由超前量较小的切刀切削剩余部分。

贝壳刀、羊角刀在软土地层中的掘进效率比滚刀高,但对地层的适应性不强,在卵石的冲击下,易造成合金块的崩裂甚至脱落,进而失去切削功能。必须选用加强型羊角刀、贝壳刀,选用的合金块应具有好的耐磨性及抗冲击韧性,与刀体的焊接要可靠。贝壳刀、羊角刀与滚刀可以互换。

**5. 齿刀**

齿刀是软土刀具,安插在刀盘开口槽的两侧。其切削原理是盾构向前推进的同时,切刀随刀盘旋转对开挖面土体发生轴向(沿隧道前进方向)剪切以及径向(刀盘旋转切线方向)切削,在刀盘的转动下,通过刀刃以及刀头部分插入到地层内部,像犁子犁地那样切削地层。

泥水平衡盾构采用传统的小齿刀设计。土压平衡盾构齿刀为宽250mm新型齿刀,通过4个水平安装的螺栓连接在刀盘上,露出刀盘的距离较短,使齿刀更加牢固,能够承受更高的撞击力,耐磨性能得到加强。

**6. 刮刀**

刮刀安装在刀盘的边缘排渣口的两侧部分,通过刀盘转动产生的刮削作用将被滚刀碾压过的岩面修整平,减小滚刀下次碾压时因不平引起的冲击。由于刀盘可双向旋转,刮刀采用背向布置,见图2-37。一般选用优质合金块通过焊接镶嵌在刀体中,不易发生合金块的崩裂与脱落,使用寿命长。

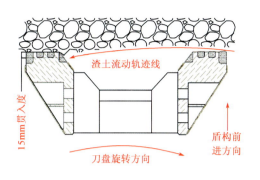
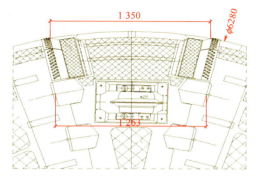

图2-37　刮刀布置(尺寸单位:mm)

# 第九节　不同类型刀具的应用

## 一、刀具失效形式

1. 滚刀的失效形式

滚刀是盾构主要的破岩刀具。盾构掘进时滚刀在自转的同时随着刀盘公转,始终滚动并伴有滑动运动,形成滚动摩擦和滑动摩擦,刀刃两侧的砂卵石对刀圈进行冲刷、碰撞。在掘进过程中,滚刀刀刃的均匀磨损是一种正常的失效形式,仅需要更换刀圈即可,其他部分均可继续使用,如图2-38所示。砂卵石地层中滚刀刀刃的磨损主要表现在宽度上的"尖状"磨损,与硬岩中滚刀的端面高度磨损不同。刀圈没有达到磨损极限但因其他原因造成刀具损坏的失效形式属于非正常失效,主要包括刀圈偏磨(图2-39～图2-41)、刀圈断裂、刀圈崩块、密封失效、轴承损坏及卡死等。

图2-38　刀圈均匀磨损　　　　　　　　图2-39　双刃刀偏磨

(1)刀圈偏磨

刀刃被磨出一条或者几条弦的磨损即弦磨,这是滚刀只做公转运动而不做自转运动或者间歇性自转造成的。刀圈的弦磨主要是轴承损坏、刀具的启动扭矩过大、刀具漏油进泥砂、刀盘结泥饼刀具被糊住及硬物卡住等因素引起滚刀不能正常转动而造成的。另外,在砂卵石地层中,由于开挖面过于松散,抗力不足,不能提供足够的转动力矩,也是刀圈发生偏磨的一个重要原因。

图 2-40　单刃刀圈偏磨　　　　　　　　图 2-41　双刃刀体损坏

在掘进过程中,刀具弦磨而未及时发现是非常危险的。一把滚刀的弦磨失效会造成相邻的刀具因过载而失效,从而迅速向周边扩展,甚至造成刀盘的严重磨损,所以掘进时发现参数有异常变动时应及时检查刀具。

(2)刀圈断裂

在掘进过程中,滚刀刀圈常会出现崩刃、开裂和脱落,往往先出现崩刃或开裂。如果不及时更换就会造成刀圈的脱落,从而造成刀体的报废和相邻刀具的损坏。刀圈的断裂是不正常的,主要与刀圈的材质、工艺、刀具选择、地质条件有关。卵石碰撞或脱落的刀盘部件(如齿刀等),会导致刀圈局部过载而使刀圈应力集中、发生断裂;或由于滚刀偏磨,一段刀圈逐渐磨损殆尽,亦会发生断裂,见图 2-42。

图 2-42　刀圈断裂

(3)刀体变形

掘进时滚刀刀体始终被砂卵石包裹,刀体与砂卵石接触持续磨损,甚至卵石与刀体发生碰撞冲击,如果刀体材料硬度偏低就会造成刀体变形,使滚刀转动扭矩过大或者滚刀卡死无法转动,导致刀具的偏磨、损坏,见图 2-43。

图 2-43 刀体变形

(4)浮动密封损坏及漏油

滚刀的浮动密封由金属环和橡胶圈组成。刀具装配质量不佳、刀体温度过高、轴承损坏等原因会造成浮动密封过早损坏,导致刀体内的润滑油漏出。如图 2-44 所示,泥砂进入刀体进而加快刀具轴承的损坏,最后导致刀具无法转动,从而使刀圈出现弦磨。

图 2-44 浮动密封损坏漏油

(5)轴承损坏

轴承是刀具的重要组件,对刀具运转的可靠性和刀具的消耗具有特别重要的影响。轴承的正常使用寿命在 900h 左右,实际使用中由于各种因素的影响会造成轴承过早损坏而丧失承载能力。其主要损坏形式有剥离、烧伤、擦伤。刀具使用过程中轴承损坏会造成刀具的弦磨。轴承的剥离见图 2-45。

2. 齿刀的磨损形式

齿刀除了切刮渣土以外,还有保护刀盘、防止刀盘面板磨损的作用。目前生产的齿刀在切削面上镶嵌高强度合金齿、合金柱、合金块等。齿刀的磨损形式有以下几种:

(1)合金崩裂

齿刀的切削面上镶嵌的合金高度基本上高于母体约 10mm,并且合金的硬度都比较高(约 70HRC),受到强冲击后容易崩裂、掉块,见图 2-46。合金的损坏使刀具的母体直接接触砂卵石,导致刀具使用寿命大打折扣。选择镶嵌合金的性能尤其重要,要软硬适中。

(2)合金脱落

图 2-45　轴承损坏

从使用效果来看,齿刀上镶嵌的合金并非因为自身硬度不高而导致磨损,大多数是因为刀具的母体材料硬度不够,母体磨损使合金的镶入度越来越浅,最后导致合金的脱落,见图 2-47。合金脱落毫无疑问将加快刀具磨损直至报废。

图 2-46　合金齿崩裂　　　　　　　　图 2-47　合金齿脱落

(3) 齿刀边角的磨损

齿刀的磨损表现在未受保护的母体上,主要是从切削面的侧面开始磨损。泥水平衡盾构的小齿刀个头较小、磨损速度比较快;土压平衡盾构的方齿刀先从靠近刀盘开口的两个角磨损,逐渐将方齿刀磨尖,见图 2-48。

a) 小齿刀磨损　　　　　　　　　　　b) 方齿刀磨损

图 2-48　齿刀的磨损

### 3. 刮刀的磨损形式

刮刀除了刮渣土外,还有保护刀盘、防止刀盘外缘磨损的作用。刮刀磨损主要发生在两块刮刀接触面上。因为两块刮刀安装接触的地方有4~6mm的间隙,在砂卵石地层中,盾构掘进时细砂能够通过这个间隙进入土舱内。这个接触面是母体最薄弱的位置,磨损往往从这里开始越磨越大,以接触面的间隙为中心磨损成为一个圆弧状,见图2-49。

a)3孔刮刀损坏　　　　　　　　b)刮刀接触面的磨损

图2-49　刮刀崩裂、磨损

### 4. 螺栓松动、断裂

(1) 螺栓松动

螺栓松动与掘进中的振动、螺纹的接触状态有关。通过操作控制,可使刀具的振动处于半可控状态,减轻冲击振动。

螺纹的接触状态基本是可控的。接触状态包括三个方面:

①螺纹面的接触压力。

②螺纹形态规则和完整程度。

③内外螺纹面间的介质条件。

螺纹的接触压力是靠预紧力(扭矩)来保证的。后两个条件主要在于通过控制维护、修理和清理质量,规定有关部件的报废标准来达到。

(2) 螺栓断裂(图2-50)

图2-50　断裂的螺栓

定位螺栓的断裂通常是受拉力或剪力作用的结果。当螺栓已经松动时,剪力作用对断裂作用影响很大。

螺栓受拉力的主要因素:
① 安装预紧力。
② 刀具滚动阻力和冲击。
③ 附加侧向力。

螺栓断裂发生的部位,主要在刀盖里的螺纹头部和托架—刀座间的结合面处的螺栓尾部。螺栓断裂是受拉及疲劳裂纹的发生发展最终导致的结果。这与螺栓在长度方向上的最大应力截面位置及易产生应力集中的一般破坏条件相吻合。

在托架—刀座结合面处的断裂,可能与剪力作用相关,也与疲劳裂纹有关。剪力破坏时,一般定位螺栓同时破坏。

## 二、盾构刀具消耗统计

泥水平衡盾构掘进两个区间,累计1 832m,换刀16次,最短换刀距离27m,最长216m,平均114.5m。土压平衡盾构掘进施工4个区间,累计3067.93m,换刀15次,最短换刀距离36.3m,最长494.2m,平均204.5m。盾构刀具消耗情况见表2-12。

**盾构刀具消耗情况** 表2-12

| 名称 | 单位 | 中心滚刀 | 中心羊角刀 | 单刃滚刀 | 双刃滚刀 | 刮刀 | 齿刀 | 贝壳刀 |
|---|---|---|---|---|---|---|---|---|
| 土压平衡盾构 | 把 | 23 | 29 | 292 | 5 | 87 | 140 | 15 |
| 泥水平衡盾构 | 把 | 20 | 30 | 0 | 140 | 144 | 401 | 0 |

泥水平衡盾构比土压平衡盾构掘进里程短,但换刀次数多,刀具损耗数量大。究其原因,除了盾构的适应性外,刀具的选型也有一定的不足,尤其泥水平衡盾构的刮刀和齿刀与土压平衡盾构的刮刀和齿刀差别比较大。

1. 刀具更换情况统计

刀具更换情况统计详见表2-13、表2-14。

**泥水平衡盾构刀具更换统计表** 表2-13

| 区间 | 序号 | 换刀位置 | 掘进距离(m) | 更换原因 | 更换数量 中心刀 | 更换数量 正滚刀 | 更换数量 边滚刀 | 备注 |
|---|---|---|---|---|---|---|---|---|
| 火车南站—桐梓林区间 | 1 | YDK14+294.0 | 215.9 | C D | 4 | 9 | 4 | 两把中心刀更换为中心羊角刀 |
| | 2 | YDK14+078.0 | 216.0 | C D | 6 | 9 | 4 | 中心刀全部使用滚刀 |
| | 3 | YDK13+975.0 | 103.0 | B F G | 6 | 9 | 4 | |
| | 4 | YDK13+812.5 | 162.5 | B F | 0 | 9 | 4 | |
| | 5 | YDK13+622.0 | 190.5 | B E | 0 | 7 | 4 | |
| | 6 | YDK13+566.4 | 55.6 | B | 6 | 9 | 4 | 区间隧道贯通 |

续上表

| 区间 | 序号 | 换刀位置 | 掘进距离（m） | 更换原因 | 更换数量 中心刀 | 更换数量 正滚刀 | 更换数量 边滚刀 | 备注 |
|---|---|---|---|---|---|---|---|---|
| 桐梓林站—倪家桥站区间 | 7 | YDK13+296.9 | 107.5 | B | 2 | 2 | 3 | |
| | 8 | YDK13+269.9 | 27 | B | 6 | 0 | 0 | 中心滚刀更换为中心羊角刀 |
| | 9 | YDK13+203.8 | 66.1 | B | 0 | 1 | 2 | |
| | 10 | YDK13+172.3 | 31.5 | B | 0 | 1 | 0 | 碎石机修理，同步检查 |
| | 11 | YDK13+142.9 | 29.4 | B | 0 | 6 | 4 | 按计划换刀 |
| | 12 | YDK13+026.8 | 116.1 | B | 0 | 5 | 2 | |
| | 13 | YDK12+965.2 | 61.6 | B | 6 | 4 | 3 | 中心刀使用羊角刀 |
| | 14 | YDK12+888.7 | 76.5 | B | 4 | 3 | 2 | 中心刀使用羊角刀 |
| | 15 | YDK12+783.7 | 105 | B | 0 | 1 | 0 | 碎石机修理，同步检查 |
| | 16 | YDK12+701.2 | 82.5 | B | 2 | 2 | 4 | 中心刀使用羊角刀 |
| | 17 | YDK12+564.7 | 136.5 | B | 2 | 2 | 4 | 中心刀使用羊角刀 |
| | 18 | YDK12+515.9 | 48.8 | B | 6 | 9 | 4 | 区间隧道贯通 |
| 合计 | | | | | 50 | 88 | 52 | |

注：A-刀具选型不当；B-均匀磨损；C-特殊地层造成的大面积更换；D-弦磨；E-刀圈断裂；F-刀具支架磨损；G-刀具轴承密封损坏。

**土压平衡盾构刀具更换统计表**　　　　　　　　　　　　　　　　　　表2-14

| 区间 | 序号 | 换刀位置 | 掘进距离（m） | 更换原因 | 更换数量 中心刀 | 更换数量 正滚刀 | 更换数量 边滚刀 | 备注 |
|---|---|---|---|---|---|---|---|---|
| 火车南站—桐梓林区间 | 1 | ZDK14+393.0 | 116.9 | B D | 0 | 5 | 4 | 两把中心刀为羊角刀 |
| | 2 | ZDK14+250.0 | 143.0 | B D | 4 | 22 | 8 | 两把中心刀为羊角刀 |
| | 3 | ZDK14+069.0 | 181.0 | B F G | 4 | 12 | 0 | 中心刀全部更换为滚刀 |
| | 4 | ZDK13+900.4 | 168.6 | B F | 1 | 3 | 3 | |
| | 5 | ZDK13+774.8 | 125.6 | B E | 4 | 22 | 7 | 其中8把正滚刀为试验用撕裂刀 |
| | 6 | ZDK13+632.4 | 142.4 | B | 0 | 6 | 0 | 将6把试验用的撕裂刀更换为正滚刀 |
| | 7 | ZDK13+566.4 | 66 | B | 4 | 24 | 8 | 区间隧道贯通 |
| 桐梓站—倪家桥站区间 | 8 | ZDK12+910.2 | 494.2 | B F | 4 | 24 | 8 | 中心滚刀更换为羊角刀，6把正滚刀更换为撕裂刀 |
| | 9 | ZDK12+760.1 | 150.1 | B A | 0 | 2 | 0 | 两把撕裂刀更换为滚刀 |
| | 10 | ZDK12+679.0 | 81.1 | B A | 3 | 5 | 4 | 两把中心羊角刀更换为滚刀，4把撕裂刀更换为滚刀 |
| | 11 | ZDK12+515.9 | 163.1 | B | 4 | 24 | 8 | 区间隧道贯通 |

续上表

| 区间 | 序号 | 换刀位置 | 掘进距离（m） | 更换原因 | 更换数量 中心刀 | 更换数量 正滚刀 | 更换数量 边滚刀 | 备注 |
|---|---|---|---|---|---|---|---|---|
| 倪家桥—省体育馆区间 左线 | 12 | ZDK12+240.6 | 111.8 | B | 4 | 3 | 4 | 中心滚刀更换为中心羊角刀 |
| | 13 | ZDK12+081.5 | 159.1 | B | 0 | 5 | 2 | |
| | 14 | ZDK11+892.4 | 189.1 | B | 4 | 2 | 4 | 中心羊角刀更换为中心滚刀 |
| | 15 | ZDK12+856.1 | 36.3 | B | 4 | 24 | 8 | 区间隧道贯通 |
| 倪家桥—省体育馆区间 右线 | 16 | YDK12+165.8 | 186.6 | BF | 4 | 0 | 0 | 中心滚刀更换为中心羊角刀 |
| | 17 | YDK12+041.2 | 124.6 | B | 0 | 7 | 4 | |
| | 18 | YDK11+897.1 | 144.1 | B | 4 | 20 | 8 | 两把中心羊角刀更换为中心滚刀 |
| | 19 | YDK11+612.1 | 285.0 | B | 4 | 24 | 8 | 区间隧道贯通 |
| 合计 | | | | | 52 | 234 | 88 | |

注：同表2-13。

**2. 两台盾构刀具消耗差异的分析**

泥水平衡盾构与土压平衡盾构刀具消耗的差异与刀具的选型有着必然的联系。

(1)泥水平衡盾构使用的双刃滚刀,由于滚刀量比较少,加上泥水平衡盾构出渣不畅,卵石在泥水舱堆积持续磨损刀具,掘进速度比较慢,每掘进一环刀盘转动时间是土压平衡盾构刀盘转动时间的2～3倍,刀具在卵石中磨损时间较长;土压平衡盾构滚刀数量多,掘进速度快,刀具受砂卵石持续磨损时间短,使得土压平衡盾构滚刀的消耗数量比泥水平衡盾构要小。

(2)泥水平衡盾构的刮刀与土压平衡盾构的刮刀除了形体上的差异以外,固定螺栓的数量相差比较大。泥水平衡盾构的刮刀主要弊端是固定螺栓数量少,在刀盘转动时刮刀受到强冲击导致3颗螺栓全部断裂,刮刀掉落,处理断在刀座内的螺栓特别困难,停机时间长,给施工带来的风险比较大。土压平衡盾构的刮刀除了形体比泥水平衡盾构的刮刀大之外,刀具的固定螺栓也增加至6颗或8颗,不仅仅增加了刀具的使用寿命,也防止了在盾构掘进中由于受到强冲击螺栓断裂的情况发生,换刀容易,减少了盾构停机时间,降低了施工风险。

(3)泥水平衡盾构使用的是尖头小齿刀,安装方式是插嵌式;土压平衡盾构使用的是加宽方齿刀,安装方式是4孔螺栓固定。泥水平衡盾构的小齿刀因为个头较小,抗磨损能力要比土压平衡盾构的方齿刀差得多,并且泥水平衡盾构的小齿刀是插嵌式,变形严重时根本无法拆卸,给换刀工作带来了难度;而土压平衡盾构的方齿刀就不存在这种问题,个头大、使用寿命长、拆装方便,能够满足长距离换刀条件,保证施工的快速、安全进行。

## 三、不同类型刀具（除滚刀外）的试验

由于砂卵石地层的特殊性,工程初期对刀具的选型、检查和更换情况认识不足,导致刀具的损耗相当大。经过对新型刀具及不同厂家刀具的试验、总结、分析,优化刀具的选型和布置,提高了刀具的使用寿命,降低了工程成本。

**1. 中心羊角刀的试验分析**

对于中心滚刀的磨损消耗,初步分析认为可能是刀体的硬度不够。在提高刀体硬度并在刀体上加焊耐磨层后,滚刀的使用效果仍很不乐观,刀体仍然有一定程度的磨损。后来不断尝试用中心羊角刀代替中心滚刀使用,取得了意想不到的效果。由于刀具切削的砂卵石通过两个刀头之间的间隙流向土舱,正常磨损的中心羊角刀是一边刀头低一边刀头高。表 2-15 是连续 3 次在中心刀刀位安装中心滚刀和中心羊角刀的试验结果。

中心刀刀位安装不同刀具的试验结果　　表 2-15

| 序号 | 刀具安装布置 | 掘进长度(m) | 使 用 效 果 |
|---|---|---|---|
| 1 | 4 个中心刀刀位全部安装中心滚刀 | 192 | 4 把中心刀刀体均有不同程度的磨损,其中 1 把刀体磨损漏油,刀圈磨损 12～17mm,如图 2-51 所示 |
| 2 | 1 号 3 号、5 号 7 号安装中心羊角刀,2 号 4 号、6 号 8 号安装中心滚刀 | 205 | 两把中心滚刀刀体磨损严重,中心羊角刀 2 个刀头内侧磨损较严重,如图 2-52 所示 |
| 3 | 4 个刀位全部安装中心羊角刀 | 235 | 4 把羊角刀刀头一个高一个低,属于正常磨损,如图 2-53 所示 |

从试验结果可以看出,刀盘中心位置安装的不同类型刀具的磨损形式有明显的区别:中心位置全部安装中心滚刀,相当于减少了刀盘的开口率,在掘进过程中刀盘中心部位的砂卵石不能及时地通过刀盘开口流进土舱,中心滚刀刀体与砂卵石长时间接触摩擦,在刀盘转动和刀具自转时不断地磨损刀体,使刀体磨损严重(图 2-51);当中心部位安装两把中心滚刀和两把中心羊角刀时,由于羊角刀的结构等于变相增大了刀盘的开口率,在掘进时刀盘中心部位的砂卵石通过两个刀头之间的间隙流进土舱,导致两个刀头内侧磨损严重(图 2-52),两把中心滚刀刀体轻微磨损;当中心刀位全部安装中心羊角刀时,出渣变得更加通畅,中心羊角刀刀头正常磨损(图 2-53)。试验证明,在砂卵石地层用中心羊角刀代替中心滚刀是必要的。

图 2-51　中心滚刀刀体正常磨损

图 2-52　中心羊角刀内侧磨损

图 2-53　中心羊角刀正常磨损

## 2. 贝壳刀的试验分析

根据国外相近地质条件下的施工经验,联系国内刀具生产厂家试制了几种贝壳刀用于试验,试验刀具共掘进231m。山东天工提供的两把同型贝壳刀见图2-54。安装在15号刀位上的刀头磨损高度5~7mm,刀头一端合金块崩裂严重;安装在10号刀位的刀头仅有轻微磨损,不过合金与合金之间的母体有3~4mm的磨损。YL刀具厂提供的A、B型两把贝壳刀见图2-55。安装在13号刀位的A型刀刀头磨损约80mm,安装在9号刀位上的B型刀刀头磨损约30mm。

a)新贝壳刀

b)磨损的贝壳刀(15号刀位)

c)磨损的贝壳刀(10号刀位)

图2-54 山东天工贝壳刀

a)B型新贝壳刀

b)磨损的A型贝壳刀

c)磨损的B型贝壳刀

图2-55 YL刀具厂贝壳刀

山东天工生产的贝壳刀使用效果比较好,其刀头的尺寸比较大,刀头上镶嵌的合金从传统的镶嵌合金齿或者合金柱改变为镶嵌合金块,合金镶嵌深度较深不易掉落,刀头母体材料硬度较高,在砂卵石地层中刀头比较耐磨。

## 3. 罗威特(LOVAT)撕裂刀的试验分析

土压平衡盾构在距刀盘中心1.4m的15号刀位安装了一把LOVAT撕裂刀,到盾构机贯通时共掘进235.5m。撕裂刀刀头磨损量为90mm,周边滚刀刀圈磨损量为16~23mm,撕裂刀刀头高度已低于其周边滚刀刀圈的高度,见图2-56。

从LOVAT撕裂刀的试验情况来看,刀头磨损严重,刀头高度比其旁边的滚刀刀圈要低。原因如下:

(1)LOVAT撕裂刀刀头镶嵌的合金数量较多,但是部分合金较小,试验效果不明显。

(2)刀头过小,强度不够。

(3)合金镶入度不够,合金容易掉落。

(4)由于刀头上的合金已完全磨耗,难以确认合金的性能,初步分析是合金受砂卵石冲击后崩裂,合金崩裂后加快刀头母体的磨损速度,刀头母体磨损到一定程度时合金完全掉落,加之刀头又小,所以刀头磨损速度较快。

a)新撕裂刀　　　　　　　b)磨损的撕裂刀　　　　　　c)撕裂刀与滚刀对比

图 2-56　LOVAT 撕裂刀

## 四、滚刀的对比试验

刀具使用寿命除了与刀具性能有关外,地层因素也是影响刀具使用寿命的关键。不同地层中对刀具的性能、选型有不同的要求,选择适应地层的刀具会相对提高刀具的使用寿命,反之则会造成刀具使用寿命降低。

### 1. 刀具总体质量对比

工程前期,由于对地层因素的估计不足,造成了刀具的大量弦磨、刀圈断裂等情况。很多厂家提供的刀具在国内其他地层使用效果都比较好,但是在砂卵石地层试验后效果很不理想。表 2-16 是工程初期国内外厂家的刀具的使用情况。

不同厂家刀具的使用情况统计表　　　　表 2-16

| 厂家 | 刀具形式 | 型号及主要性能 | 成都使用情况 | 其他城市使用情况 |
|---|---|---|---|---|
| 澳大利亚黑金刚 | 双刃重型滚刀 | 17in,重型,刀圈硬度约 65HRC,刀体硬度 36~40HRC | 刀圈出现崩块、断裂 | 广州、深圳、山岭隧道使用效果良好 |
| 意大利庞万力 | 单刃滚刀 | 17in,标准,刀圈硬度约 56HRC,刀体硬度 38~42HRC | 使用情况良好 | 广州、深圳、北京使用效果良好 |
| HW 刀具 | 单刃滚刀 | 17in,标准,刀体硬度约 32HRC,刀圈硬度 58~63HRC | 刀体变形、端盖抱死造成漏油、偏磨,刀圈不耐磨 | 广州、上海、南京、山岭隧道使用效果较好 |
| 成都探矿 | 单刃滚刀 | 17in,标准,刀体硬度 35HRC,刀圈硬度 54~56HRC,无防尘密封,国产浮动密封 | 刀具漏油,更换密封后效果良好 | 无 |
| YL 刀具 | 双刃滚刀 | 17in,标准,刀体硬度 35~40HRC,刀圈硬度约 56HRC | 刀体受冲击后变形 | 广州、深圳、山岭隧道使用效果较好 |

从表 2-16 中可以看出,不少厂家的刀具在山岭隧道和其他城市使用效果都比较好,由于不适应富水砂卵石地层,刀具的使用寿命大打折扣。在富水砂卵石地层中,要求滚刀刀体抗冲击、耐磨损;刀圈受冲击后应能够防止崩裂、断裂;地下水丰富,卵石含量高,要求刀具的密封性

能要好。

**2. 进口滚刀与国产滚刀的对比试验**

目前国内盾构刀具生产厂家越来越多,刀具的质量、性能也在不断提高。某些国内厂家生产的刀具已能够满足盾构施工的需要,并且在价格、供货周期和售后服务上要优于进口刀具。据调查,进口滚刀的价格比国产的要高23.8%,供货周期是国产刀具的2~3倍。

国产滚刀刀具存在的问题主要是刀体硬度偏低、刀体容易磨损、受冲击易变形等。单从刀圈性能看,成都探矿机械厂生产的刀圈完全满足砂卵石地层的使用需求。对国内部分知名厂家的滚刀刀具、刀圈做了跟踪试验(刀具使用时安装在相同或相邻刀位上),并与进口刀具、刀圈进行了对比,见表2-17、表2-18。

进口滚刀与国产滚刀使用情况对比　　　　　　　表2-17

| 序号 | 刀具编号 | 厂家名称 | 掘进距离(m) | 维修次数 | 维修费用(元/次) | 使用后状况 | 备注 |
|---|---|---|---|---|---|---|---|
| 1 | D2886 | 庞万力 | 472 | 1 | 800 | 待修 | 情况良好 |
| 2 | D1018 | 庞万力 | 472 | 1 | 1 300 | 待修 | 情况良好 |
| 3 | D2898 | 庞万力 | 472 | 1 | 1 300 | 待修 | 情况良好 |
| 4 | 07279 | HW刀具 | 472 | 2 | 3 000 | 已修好备用 | 刀体磨薄 |
| 5 | 07306 | HW刀具 | 472 | 1 | 1 100 | 刀体变形无法拆卸 | 报废 |
| 6 | 07277 | HW刀具 | 472 | 2 | 4 500 | 已修好备用 | 预计再用两次 |
| 7 | 070906 | 成都探矿 | 145 | 1 | 2 000 | 已修好备用 | 情况良好 |
| 8 | 070915 | 成都探矿 | 472 | 2 | 5 500 | 需换轴承、全套密封 | 预计再用两次 |

进口刀圈与国产刀圈的使用情况对比　　　　　　　表2-18

| 序号 | 厂家名称 | 掘进长度(m) | 检查时磨损量(mm) | 备注 |
|---|---|---|---|---|
| 1 | 庞万力 | 251 | 高度磨损25 | 达到预计要求 |
| 2 | 庞万力 | 180 | 高度磨损12 | 仍可以掘进50~60m |
| 3 | 黑金刚 | 213 | 高度磨损27 | 比预计效果差 |
| 4 | 黑金刚 | 176 | 高度磨损17 | 刀圈比较脆,有崩块 |
| 5 | HW刀具 | 180 | 高度磨损25 | 刀圈硬度、耐磨度不够 |
| 6 | HW刀具 | 176 | 高度磨损23 | 刀圈硬度、耐磨度不够 |
| 7 | 成都探矿 | 223 | 高度磨损26 | 刀圈达到要求 |
| 8 | 成都探矿 | 192 | 高度磨损16 | 刀圈质量较好 |

从上表可以看出,进口滚刀的整刀使用效果要明显优于国产整刀,特别是进口刀具使用寿命长、维修成本低,重复维修使用的价值要高于国产刀具。

**五、刀具的优化改进**

针对砂卵石地层刀具的磨损形式,积极和厂家沟通探索、研究,在刀具改型上提出了很多有益的建议,同时在滚刀的维修上总结出了保护刀体的方法。

## 1. 提高刀具整体耐磨性

通过在金属组织中加入 CR、W、V、Mo 等合金元素,结合合理的热处理工艺,得到碳化物硬质相,从而提高刀具的耐磨性。

## 2. 刮刀、齿刀合金镶嵌形式的改进

对于刮刀、齿刀侧面的磨损、母体硬度不高导致母体磨损合金掉落和合金硬度过高受冲击易崩裂等问题,和刀具厂家沟通后改变了刮刀、齿刀的设计形式,母体上镶嵌的合金由以前的合金齿、合金柱更换为 20mm×20mm×30mm 或 20mm×30mm×30mm 的合金块,见图 2-57、图 2-58。在齿刀刀座的背面焊接了两个背向(长×宽=100mm×60mm)的保护刀,其形状类似于先行刀,通过保护齿刀刀座而间接保护齿刀的后角,增加其耐磨性,见图 2-59。

图 2-57 改进后的方齿刀

图 2-58 改进后的刮刀

图 2-59 齿刀刀座的保护

试验安装了一盘新型强化刀,掘进 503m 没有更换刀具,到达后检查发现刮刀、齿刀的状况良好,合金基本没有磨损,仅有个别合金崩裂,但不影响再次使用,见图 2-60、图 2-61。

图 2-60 磨损后的方齿刀

图 2-61 磨损后的刮刀

## 3. 刀体防磨损改进

在砂卵石地层中刀具非正常磨损的一个重要原因是滚刀支架磨损造成刀具漏油、进砂、弦磨等,这主要是由于刀具支架的耐磨性能不够造成的。对滚刀刀体磨损、变形,除了提高刀体的硬度外,在刀具支架及滚刀刀体上加焊耐磨层来提高刀体的使用寿命。选用 UTPDUR600 焊丝,焊丝硬度 56~58HRC,堆敷金属硬度高、韧性好、抗裂能力强。

试验堆焊条形耐磨层,刀体两端堆焊的耐磨层高度为 5mm,宽度为 4mm,两条靠边缘的耐磨层距刀体端部 4mm,内侧的两条耐磨层距挡圈和刀圈边为 4mm,两端耐磨层之间的距离为 15mm。试用后发现这种堆焊方式没有很好地保护刀体,主要原因是滚刀在转动的过程中与卵石接触摩擦,在两条耐磨层之间的 15mm 空隙处没有阻挡保护刀体的措施,造成刀体上加焊的耐磨层之间磨损比较严重,见图 2-62。

a)堆焊耐磨层的刀具　　　　　　　　　　　　b)耐磨层磨损后

图 2-62　条形耐磨层

试验堆焊波浪形耐磨层,堆焊耐磨层的高度仍为 5mm,宽度为 4mm,两条靠边缘的耐磨层距刀体端部 4mm,内侧的两条耐磨层距挡圈和刀圈边为 4mm,波浪形线段沿滚刀转动方向两点之间的垂直距离为 30mm。这种焊接方式比直线条焊接方式复杂,但使用效果较好,不仅很好地保护了刀体,并且耐磨层本身磨损量也比较小,见图 2-63。

a)堆焊波浪形耐磨层　　　　　　　　　　　　b)耐磨层磨损后

图 2-63　波浪形耐磨层

另外,尝试在刀体两端镶嵌合金柱。因为刀体上要镶嵌合金,所以刀体的硬度必然不能过高。在使用过程中,镶嵌合金柱会因为刀体的持续磨损而导致镶嵌深度变浅,直至刀体磨损变形甚至合金柱脱落,见图 2-64。

在刀体上加焊耐磨层必须注意以下几点:

(1)选择合适材质的耐磨焊丝或者焊条,满足焊接材料之间的互熔性及耐磨性。

(2)焊接之前清理打磨刀体表面,保持焊接面清洁。

(3)必须在刀圈安装后、轴承密封安装之前加焊耐磨层。焊接时一定要防护,避免电火花飞溅在刀圈上;引焊时要用引弧板引弧,禁止在刀体上直接引弧。另外,焊接时禁止长时间连续焊接,避免刀体因局部受热而变形。

a) 镶嵌合金柱的刀具

b) 使用后效果

图 2-64　镶嵌合金柱

## 4. 滚刀刀刃宽度的改进

在硬岩地层中掘进时,为了滚压破岩,刀刃宽度宜窄,这样易贯入岩层。砂卵石地层中滚刀主要以剥落破岩为主,滚压破岩为辅,刀刃一般先磨尖再磨低,刀刃大多是被卵石反复碰撞摩擦损耗的。增加刀刃的宽度,使其和掌子面接触的面积增加,相应的掌子面提供给刀圈的摩擦力也增加了,使之有足够大的力矩传到滚刀,从而有效延长刀具的使用寿命。通过试验发现,同一厂家相同材料不同宽度的刀圈使用寿命差距比较大,最终将刀圈宽度从标准的 16mm 增加到 30mm,刀具易偏磨的缺点得到明显改善。表 2-19 是不同宽度的滚刀刀圈的试验情况。图 2-65、图 2-66 是宽度 16mm 和 30mm 的新刀圈。

**不同宽度的滚刀刀圈试验情况**　　表 2-19

| 刀　号 | 刀圈宽度(mm) | 安 装 刀 位 | 掘进长度(m) | 检 查 情 况 |
|---|---|---|---|---|
| D1 027 | 16 | 16 号 | 187.5 | 刀圈高度磨损约 16mm |
| 07 321 | 16 | 23 号 | 187.5 | 刀圈高度磨损约 17.5mm |
| D2 843 | 16 | 31 号 | 187.5 | 刀圈高度磨损约 21mm |
| D2 673 | 30 | 17 号 | 187.5 | 刀圈高度磨损约 7.5mm |
| 07 256 | 30 | 26 号 | 187.5 | 刀圈高度磨损约 11mm |
| 07 273 | 30 | 35 号 | 187.5 | 刀圈高度磨损约 13mm |

图 2-65　16mm 宽新刀圈

图 2-66　30mm 宽新刀圈

5. 刀具选型及性能改进

砂卵石地层的特殊性要求刀具选型和性能与常规地层不同,通过对刀具的跟踪调查和多种刀具的选型试验,得出以下结论:

(1)正滚刀选型及性能

正滚刀以单刃滚刀为主,刀体硬度应不低于45HRC,要求抗冲击、耐磨;刀圈硬度在54~56HRC,硬度超过60HRC后受冲击后易崩裂或断裂。

在正滚刀刀位上可以安装少量的贝壳刀代替滚刀使用,安装数量不宜超过12把,安装半径最好在2.1m以内。贝壳刀的选型取决于其刀头的性能。目前国内以山东天工生产的贝壳刀使用效果最好。贝壳刀不宜在泥层中使用,避免刀盘结泥饼。

(2)中心滚刀选型及性能

中心滚刀一般只在盾构始发和到达破除洞门围护结构时使用,正常掘进时以中心羊角刀代替中心滚刀为主,使用效果良好。

中心羊角刀刀头尺寸不宜小于220mm×120mm×90mm,刀头上镶嵌的合金硬度不宜超过80HRC,合金选用长方体大合金。

(3)刮刀、齿刀的选型

刀具母体硬度热处理后不低于35HRC。母体上镶嵌的合金硬度不低于55HRC,合金选用大块状长条合金。

# 第十节 刀具检查、更换

## 一、刀具更换的理论研究

刀具更换主要依据两方面的判断:一是刀具是否适应被掘进的地层岩性;二是刀具的磨损量是否达到了设计磨损量和刀具是否损坏。对于前者,一般结合工程地质剖面图进行初步分析,通过渣土情况判断刀具的适应性,必要时可以开舱进行验证。盾构掘进开挖的渣土情况根据围岩的龟裂状态及岩石种类而不同。在比较硬的龟裂少的岩层中,渣土主要由刀刃部粉碎的岩粒和刀具间剥离的岩片组成。岩石越硬,剥离的岩片越薄。在龟裂多的岩层中,渣土多呈带有棱角的块状岩片,岩片大小与围岩的龟裂状况有关,一般在数十厘米内。在风化岩层中,渣土中细粒成分增多,剥离的岩片减少。

对刀具磨损量的分析,首先是结合不同地层掘进时的刀具基本磨损量和掘进效率进行判断,然后通过开舱进行检测验证,以此作为刀具更换的依据。关系到盾构法成败的最关键因素是掘进速度和刀具消耗量。

掘进速度 $v_0$:

$$v_0 = v \times \eta \tag{2-2}$$

式中:$v$——设计纯掘进速度;

$\eta$——掘进效率。

纯掘进速度:

$$v = r \times v_{\text{cutter}} \tag{2-3}$$

式中：$r$——刀具贯入度；

$v_{\text{cutter}}$——刀盘转速。

通过刀具的运行距离寿命与纯掘进速度算出刀具在一环距离内的开挖体积寿命,然后用该值除以隧道开挖体积即可得出刀具的消耗量。刀具贯入量及刀具运行距离寿命是决定盾构掘进速度和刀具消耗量的基本因素。

## 二、刀具检查

进入泥水舱或土舱的目的：一是为了检查刀盘和刀具,必要时更换刀具；二是可以直观准确地检查掌子面的地质情况,为下一步施工作业提供相应准确的技术参数。检查内容如下：

### 1. 刀具外观检查

检查刀盘上所有刀具螺栓是否有脱落或松动现象；检查滚刀挡圈是否断裂或脱落,若挡圈脱落,还应检查刀圈是否发生移位；检查滚刀刀圈是否完好,有无裂纹、断裂及弦磨现象；检查滚刀刀体是否漏油或轴承有无损坏；检查齿刀、刮刀有无断齿、松动、严重磨损或脱落现象。

### 2. 刀圈磨损量的测量

在滚刀刀圈没有断裂和损坏的前提下,正确测量滚刀刀圈的磨损量是掌握刀具状况进行刀具更换的依据。刀圈磨损量测量采用特制的模板进行。

## 三、刀具更换原则

正确及时地更换刀具,可以减少刀具的非正常损坏及意外停机换刀时间,达到提高设备利用率、降低刀具损耗的目的。刀具更换遵循"合理、批量、快速"的原则。

### 1. 合理原则

刀具更换的"合理"原则主要有两方面：一是刀具类型与地质的适应性；二是刀具更换计划的合理性。

根据地质情况及刀具使用时间预估刀具磨损量,提出合理的刀具更换计划。正常磨损换刀的极限值：双刃中心滚刀25mm,正滚刀25mm,边滚刀20mm。非正常损坏换刀主要指以下情况：滚刀挡圈断裂或脱落、滚刀刀圈断裂或偏磨、滚刀刀体漏油或轴承损坏、齿刀及扇形刮刀断齿或脱落。

刀圈磨损应在可控范围内,新旧刀具刀圈安装过渡合理,刀具磨损量偏差控制在10mm内,防止刀具局部受力造成意外损坏。

### 2. 批量原则

为了保证刀具破岩的效率,减少刀具更换频率,有计划地进行批量换刀,具体为边刀批量、正滚刀批量、中心刀批量、刮刀切刀批量。

### 3. 快速原则

由于刀具更换在近似密闭的舱内进行,地质的不可预测因素客观存在,为了保证换刀人员和机械设备的安全,换刀必须快速有效。

### 四、刀具更换程序

在富水砂卵石地层开舱换刀,掌子面土体稳定性差,砂卵石地层遇水易坍塌。在该地质条件下,可采用常压进舱和带压进舱两种方式实现进舱换刀作业,其中常压进舱方式必须对换刀位置进行降水并辅以注浆、旋喷、人工挖孔桩或灌注桩等加固措施,否则难以保证换刀处掌子面的稳定。

**1. 总体规划**

加强对施工地质情况的了解,在制订刀具及刀具配件计划时,充分估计到特殊区段对刀具的破坏程度;制订换刀计划时,及时有效地与土木工程师、主司机沟通,确定最佳的开舱地点。初步提出刀具更换方案的同时,提前做好设备、材料的准备,人员的培训等。

**2. 设备物资供应**

准备好风动吊机、倒链、风动扳手等工具,充分的设备与材料的准备是实现快速完成换刀任务的根本保证。

开舱换刀前对盾构机各个系统的检查和调试是很重要的工作。做好风水电等各个方面的协调工作,保证换刀过程中必要的良好的工作环境。

**3. 人员培训**

培训一批技术熟练、身体素质较好的换刀工人是保证换刀质量和速度的前提。培训的内容主要包括:

(1)换刀工具的操作及维修。

(2)各种类型刀具更换的安全操作规程。

(3)刀具在刀盘上的布置,具有对刀具使用状态做出合理判断的能力。

(4)具备对紧急情况的应对能力。

**4. 成立紧急救援小组**

换刀作业是一种非常危险的作业程序,必须成立紧急救援小组,做好意外事故发生时的紧急处理,形成制度,引起全员注意。

**5. 开舱审批**

开舱技术方案由机电总工和土木总工确认,报项目经理签发,并经监理工程师和业主审批同意后方可实施。责任落实到人,严格按既定开舱程序进行。

### 五、刀具更换作业

**1. 刀盘清理**

打开舱门后,先向渣舱内输送高压风 5~10min,用以给刀盘降温和输送氧气;然后用水将刀盘冲洗干净,特别是需要更换的刀位。同时,螺旋输送机将渣舱内的渣出至主轴承以下的位置,以便于检查中心部位的刀具。

**2. 刀具拆除**

刀盘冲洗干净后,利用大扭矩的风动扳手将需更换刀具的螺栓拆下,并将刀具运送出渣舱,同时将需安装的新刀具吊到位。

3. 刀具安装

（1）安装精度

在清洁刀具时，特别要注意螺栓孔和螺栓的清洁。一般情况下，刀座螺栓孔、刀具螺栓先用高压水冲洗，再用钢丝刷将螺纹刷干净，最后用高压风吹干或用毛巾擦干。

对采用割除等方法而遭到损伤的接触面要进行修复、打磨。对刀孔、刀具所有装配表面先用高压水冲洗，而后用高压风吹干、吹净。对刀具在运输过程中造成的装配表面的毛刺，必须进行打磨处理。

（2）预紧力

螺栓的紧固力矩不允许超过或低于其额定值，必须严格按照刀具螺栓的紧固力矩紧固螺栓。螺栓的拧紧力矩见表2-20。

刀具螺栓的拧紧力矩表　　　　表2-20

| 螺栓规格 | 级别 | | | |
|---|---|---|---|---|
| | 5.6 | 8.8 | 10.9 | 12.9 |
| | 扭矩（N·m） | | | |
| M6 | 4.3 | 9.9 | 14 | 16.5 |
| M8 | 10.5 | 24 | 34 | 40 |
| M10 | 21 | 44 | 64 | 75 |
| M20 | 165 | 360 | 520 | 600 |
| M24 | 285 | 630 | 890 | 1 050 |
| M30 | 570 | 1 250 | 1 800 | 2 100 |
| M33 | 780 | 1 700 | 2 400 | 2 800 |
| M42 | 1 550 | 3 450 | 4 900 | 5 800 |
| M48 | 2 400 | 5 200 | 7 400 | 8 700 |

（3）整体检查

完成刀具更换后，转动并检查刀盘，观察每把刀具的转动情况，确认相邻刀位的刀具磨损量相差不超过10mm。

（4）试掘进

检查确认土舱内没有人员、换刀工具或者其他物品后关闭舱门，准备掘进。刀盘低速空转10～15min，直到刀盘扭矩值很小且没有大的变化后，逐渐加大推力，并保持1～2环的低推力推进。根据掘进情况和渣土状态选取合适的掘进参数，防止刀具过载造成损坏。

换刀完成恢复掘进后，若出现主机震动较大、刀盘内有异响、刀盘扭矩突然增大或者变化不稳定、螺旋输送机突然过载、渣土温度和物理性能改变等现象，必须立即停机及时分析处理。

# 第十一节　刀　具　维　修

据统计，刀具使用费用约占盾构施工配件总成本的30%以上。刀具维修的技术含量较高，在现场成立专业刀具维修小组是非常必要的。

## 一、刀具维修的关键技术

1. 刀圈的正确安装

滚刀刀圈一般采用特殊钢种,硬度、韧性、耐磨性、刚性等力学性能要求良好。对于17in($\phi$432mm)刀圈,刀圈内径与刀体的配合直径一般在285mm左右,过盈配合量一般在0.24~0.30mm之间。

刀圈采用热装工艺,即将刀圈在工业烤箱内加热到200℃左右,加热2h,然后套装于刀体正确位置。

2. 轴承的检查及预紧度的调整

轴承失效以滚动体和内外圈滚道点蚀为主,刀具密封失效引起润滑油的泄漏,可能导致轴承的烧蚀,盾构机掘进参数的不合理调整(如推力的突然增大),引起轴承滚子散架或破碎等。

一般采用调整两轴承之间隔圈厚度的方法调整刀具轴承预紧度,从而保证刀具的启动力矩和回转力矩在规定值之内。

3. 密封的安装及气密性的检查

密封安装前进行清洁和研磨,注意密封表面的配合光洁度和平面度在规定要求之内。

刀具维修完毕后应进行刀具的气密性检查,即向刀体内通入规定气压的压缩空气,在规定的时间内保压效果应该符合规定要求。

## 二、刀具检测

把刀盘上拆下的刀具清洗干净,观察刀具是否出现漏油、渗油,端盖是否松动等现象,然后检测刀具的扭矩,做好记录后,测量刀圈磨损量,对于刀圈磨损量小于12mm的刀具检查维修后可以作过渡刀使用,安装在低刀位上。

## 三、刀具维修

1. 更换刀圈

(1)切割刀圈。

(2)清洁刀圈的安装面、挡圈槽,抽检刀圈及刀体的主要尺寸。

(3)刀圈加热控制温度在200℃左右,保温时间不少于2h。

(4)焊接刀具挡圈时一定要注意防护,避免电火花飞溅在刀圈上;引焊时要用引弧板引弧,禁止在刀体上直接引弧。

2. 刀具的解体

(1)拆除端盖,简单检查润滑油的油质情况,清洗密封后检查密封的磨损情况。

(2)拆除刀轴。

(3)拆卸轴承,检查刀体内侧轴承结合面的磨损情况,清洗轴承后检查轴承磨损,分析轴承的使用情况。

3．刀具组装（图 2-67）

（1）将刀轴垂直放置在刀轴定位元件中。

（2）将用油脂涂过的密封元件塞入刀轴的沟槽中。

（3）将端盖装在刀轴上，用相应的螺栓紧固后将刀轴从刀轴定位元件中取出放置在安装支架上，端盖朝下。

（4）将轴承内圈加热后滑装到刀轴上，注意刀轴的加热温度不超过100℃。

（5）将浮动密封从上部压入刀体中，将刀体装在轴承内圈上，利用专用工具将浮动密封压到端盖中。

（6）将第2个轴承内圈加热安装到刀轴上，同理装上浮动密封，安装好刀轴上的O形圈及刀体内侧的密封后将端盖安装到刀体上。

（7）注入刀具润滑油，检测调试刀具扭矩，转动刀具观察刀具运转情况。

a)刀圈加热

b)安装刀圈

c)安装轴承

d)安装刀体

e)检测刀具扭矩

f)加气检测刀具密封

图 2-67　刀具组装图

## 四、刀具的标记存放

刀具维修后统一放置在阴凉的地方，避免暴晒、淋雨，应明确记录更换的配件，并对未更换的配件寿命进行估计记录。刀具的编号及上次安装刀位、磨损情况也应注明，以利于下次对该刀具的安装位置做出正确的判断。

刀具维修是节约刀具使用成本的直接手段。建立刀具台账，详细记录及统计刀具在养、用、管、修各个环节中的具体状态，能够更好地掌握在不同地层刀具及刀具配件的消耗量，为工程单价建立分析数字化依据，以利于工程的成本管理。

# 第十二节　两种类型盾构机的应用效果比较及选型建议

## 一、盾构机实际应用效果比较

为探索研究不同类型的盾构机在富水砂卵石地层的适应性,成都地铁 1 号线一期工程盾构 4 标右线隧道采用泥水平衡盾构机,左线隧道采用土压平衡盾构机。两台设备的应用效果对比如下:

1. 设备性能对比

(1)刀盘设计

8 台盾构机均采用面板式刀盘,对开挖面起到良好的支撑作用。

土压盾构机刀盘开口率在 25% ~ 28%,刀盘正面焊接了格栅状耐磨材料,轮缘外周焊接了 3 道耐磨条,提高了刀盘的耐磨损性能。刀盘开口率相对较小,不利于卵石顺利进舱,造成卵石的多次破碎,增大了对刀盘面板的磨损,另外刀盘轮缘磨损比较严重。由于刀盘采用中心支承方式,刀盘中心部位无开口,在泥岩中掘进时易形成泥饼,造成中心刀具磨损严重。刀盘总体使用效果较好,耐磨性需要进一步提高。

泥水平衡盾构因掌子面前方泥水成膜的原因,其刀盘、刀具的耐磨性理论上比土压平衡盾构要好,但由于卵石粒径大,排渣不畅,造成卵石在刀盘前方堆积,刀盘、刀具磨损和异常损坏严重。排泥管的磨耗比较严重,需要采取耐磨措施。

(2)刀具

泥水盾构配置 6 把双刃中心滚刀、13 把双刃滚刀、64 把小齿刀、16 把刮刀;土压平衡盾构配置 4 把双刃中心滚刀、32 把双刃滚刀、28 把宽齿刀、8 把刮刀。双刃滚刀使用效果较好。泥水平衡盾构利用泥浆携渣、护壁,更有利于保护刀具,但实际上泥水平衡盾构刀具消耗远大于土压平衡盾构,主要原因是排渣效率低,卵石不能顺利进入泥水舱,在刀盘前方反复破碎,增加了刀具的磨损破坏。

(3)刀盘驱动扭矩

泥水平衡盾构刀盘驱动扭矩 3 050kN·m,脱困扭矩 3 500kN·m。由于砂卵石地层渗透性强,泥浆极易冒出地面,开挖面坍塌的卵石堆满泥水舱。由于刀盘脱困扭矩明显不足,刀盘被卡难以转动,只能加固地层后人工清舱,影响了掘进效率的发挥。土压平衡盾构刀盘扭矩 6 000kN·m,脱困扭矩达到 7 150kN·m,施工中未发生刀盘被卡现象。

(4)排渣效率

从统计数据看,泥水平衡盾构每循环纯掘进时间只有 40 ~ 60min。由于砂卵石地层排渣效率低,循环出渣时间较长,每环掘进一般耗时 2.5 ~ 3.5h,甚至达到 5 ~ 7h。施工中不断调整泥浆配比,并增加了排渣泵,但是效果一直不甚理想。

土压平衡盾构采用双螺旋设计,可以有效避免富水地层掘进时的喷涌现象。由于隧道埋深浅,水压较低,大多数标段只保留了 1 号螺旋机,未再安装 2 号螺旋机。螺旋机最大出土量达 285m³/h,每环掘进时间 40 ~ 60min,排渣效率较高。

## 2. 地表沉降控制

在松散的砂卵石地层中,在刀盘前方对卵石进行有效破碎非常困难,且刀具破碎卵石时产生的震动和扰动易造成卵石层进一步密实,易引起地面沉降。但掘进参数选择合理,建立了良好的压力平衡,地面沉降得到了有效控制。

从监测数据分析,泥水平衡盾构地表沉降控制效果比土压平衡盾构好,在通过重要建(构)筑物时安全可靠性较高。盾构在卵石层中掘进时,泥水平衡盾构引起隧道中线地表沉降基本在 -4~-14mm 之间,多数沉降稳定在 -6~-10mm 之间;土压平衡盾构隧道中线地表沉降变化基本都在 -8~-20mm 之间,多数沉降稳定在 -10~-15mm 之间。

## 3. 掘进效果对比

泥水平衡盾构自 2007 年 1 月 21 日始发,累计掘进 1 832m,单月最高掘进 234m,月平均进尺仅 79.6m(图 2-68),使施工面临着很大的困难。

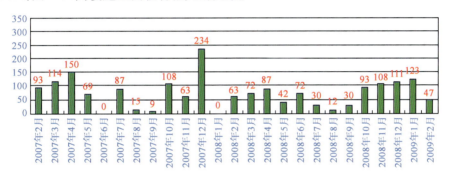

图 2-68 泥水盾构月掘进长度(单位:m)

土压平衡盾构机 2007 年 9 月 8 日始发,经历桐梓林站、倪家桥站两次过站,提前半年实现了左线隧道贯通,于 2008 年 9 月 3 日到达省体育馆站。这是成都地铁 1 号线首条贯通的盾构隧道。累计掘进 2 327m,最高日掘进 24m、周掘进 118.5m、月掘进 357m,平均月进度 237m,其中火桐区间 200.4m/月,桐倪区间 253.9m/月,倪省区间 248.1m/月(图 2-69),大大高于 150m/月的设计要求。

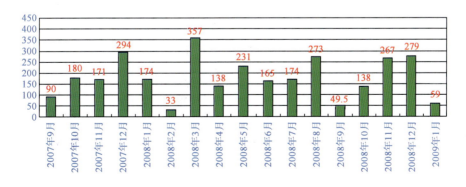

图 2-69 土压盾构月掘进长度(单位:m)

**4. 经济指标比较**

泥水平衡盾构对地层稳定性的控制较好,在通过重要建(构)筑物时有其独特的优越性,但工艺复杂且辅助设备多,尤其是需要配置专门的泥水处理设备,占地面积大,施工投入大。泥水平衡盾构每米掘进成本比土压平衡盾构约高38%。

**5. 综合评价**

泥水平衡盾构在施工初期性能发挥比较稳定,在过古河道时刀盘严重磨损,刀盘修复结束恢复掘进后,由于卵石粒径增大,且掌子面经常发生坍塌,造成刀盘被卡,因为脱困扭矩不足,无法顺利脱困,只能人工加固地层然后清舱,严重制约了盾构的正常掘进。

从成都地铁1号线一期工程的实践看,土压平衡盾构在富水砂卵石地层的适应性优于泥水平衡盾构。

## 二、盾构机选型建议

优先推荐采用土压平衡盾构施工,特别是在卵石粒径大、含量高及有大粒径漂石存在的成都市中心及西部、北部地区。在成都市南部、东部地区,由于细颗粒含量较多,且卵石层中有黏土存在,卵石粒径相对较小,出现大粒径漂石的可能性较小,同时施工场地较宽敞,有布置泥水分离站的场地,可以采用泥水平衡盾构进行施工。在地面沉降要求不高、邻近无大型地表及地下结构物且具有降水条件的区间可以考虑采用敞开式盾构。

**1. 土压平衡盾构的改进建议**

土压平衡盾构的不足主要是刀盘刀具的过度磨损,可以尝试从以下方面进行改进。

(1)卵石以排为主,破碎为辅。

刀盘采用中间支承方式,辐条加小面板式结构,刀盘开口率增加到35%左右,同时加大刀盘中心部位的开口。

采用直径900mm轴式螺旋输送机,节距630mm,螺旋带高度340mm,可以直接排放大部分卵石。预留二级螺旋机接口,分段设置检查窗口,以便及时检查修复磨损的螺旋机叶片。

(2)卵石不破碎,直接排放。

采用辐条式刀盘,开口率在65%左右,带式螺旋机排渣。日本在这方面成功经验较多,日立盾构机采用直径1 000mm的带式螺旋机,可以输送725mm×670mm的卵石;直径845mm的带式螺旋机,可以输送630mm×570mm的卵石,即使在含大漂石的砂卵石地层中也完全适用。但成都地铁地下水位较高,带式螺旋机不易形成土塞效应,实际效果还有待于验证。

(3)大幅提高刀盘、螺旋机的耐磨性能。

(4)加快适合砂卵石地层的刀具的研发工作。LOVAT盾构有采用重型撕裂刀进行砂卵石地层施工的成功经验。该刀具在成都地铁盾构4标试用时,仅掘进200m就报废,效果一般。

**2. 泥水平衡盾构的改进建议**

泥水平衡盾构对地表沉降的控制较好,但扭矩不足造成刀盘多次被卡,脱困时间较长;排渣效率低下,制约了设备整体性能的发挥。

(1)建议脱困扭矩至少增加到5 500kN·m,在发生掌子面局部坍塌堵塞泥水舱时,可以顺利脱困,尽量避免采用地表加固地层后人工清舱脱困的方法。

(2)由于排渣效率低,刀盘前方的卵石无法顺利进入泥水舱,在刀盘前方多次破碎,造成刀盘刀具的过度磨损。采用工作面破碎+卵石分级的方式,盘形滚刀将卵石在刀盘前方破碎之后,利用在气压舱与排泥管之间设置的旋转式分级器进行卵石分级处理,将粒径大于 50~70mm 的卵石分离出来,采用矿车等运输工具运至洞外。

3.敞开式盾构的适应性分析

敞开式盾构的优点是:对盾构设备的要求较低,可实现国产化;可形成矩形、马蹄形等多种断面形式;砂卵石、漂石等对开挖的制约小。但敞开式盾构在富水砂卵石地层掘进的前提是需沿线大范围地面降水;同时为了保障沿线上方建筑的安全,以及防止掌子面的失稳,采用预注浆和超前管棚等辅助施工措施是必要的。由于需要沿线大范围地面降水,将在区间隧道周围产生很大的降水漏斗,周围的水环境将受到严重的不利影响,甚至会导致地面绿化带的枯死。市区范围内摸底河、西郊河、府河、沙河、锦江均属川西平原岷江水系,具丰富的地表径流,是本地区地下水、地表水、河水之间相互转换的主要途径和渠道,如何顺利降水是一难题。

如地质及周围环境条件允许降水,可采用带活动前檐的敞开式盾构。对于洞外大范围施工降水造成地下管线及周边建筑物影响的问题,必须认真进行调查及分析研究,在富水砂卵石地层采用敞开式盾构需要慎重考虑。

# 第十三节 国产盾构刀具的研发及应用

## 一、成都探矿机械厂盾构滚刀产品研究及应用

成都探矿机械厂成立于1956年,是中国首家生产先进钻具的专业厂。成探钻具是各类气动、液动、电动、内燃凿岩机的必备钻具,广泛使用于冶金、煤炭、铁路、地铁、水利、电力等行业,产品远销美洲、欧洲、澳洲及东南亚等十多个国家和地区。

"成探"是中国凿岩钻具的著名商标,先后荣获国家技术进步三等奖、国家新优秀产品"金龙奖"、地矿部"重大科技成果一等奖"、铁道部"重大科技发明奖"。成都探矿机械厂1998年通过了 ISO 9002 质量体系认证,2003 年通过了基于 ISO 9001:2000 标准的 QMS 认证,取得了 ISO 9000 标准和英国皇冠标志国际标准认证证书。

1.盾构刀具产品

(1)滚刀

滚刀的设计充分考虑到具体地质条件,对刀圈材料、制造工艺、装配工艺、整刀参数等进行相应的调整,使滚刀性能更具有针对性。

①单刃滚刀(图 2-70),多用于破碎单轴抗压强度较高的硬岩。

窄刃刀圈刃口宽度 19~21mm,在高压下嵌入岩层,达到切削岩层的目的,适用于花岗岩、玄武岩等完整岩层。宽刃刀圈刃口宽度 25~30mm,适用于砂卵石地层的掘进,以碰撞和挤压来达到切剥落岩层的目的。

单刃滚刀分为轴式和端盖式,轴式适用于海瑞克盾构机,盖式的适用于 Wirth 和 NFM 盾构机。

②双刃滚刀(图 2-71),多用于破碎单轴抗压强度较低的软岩。

③10in 三刃滚刀(图 2-72)、8in 滚刀、仿形刀,多适用于小型非开挖盾构机、城市管网小型隧道掘进。这三类小型滚刀刀圈和刀体是整体加工而成,提高了抗压抗冲击强度。

图 2-70　17in 单刃滚刀　　　　图 2-71　17in 双刃滚刀　　　　图 2-72　10in 三刃滚刀

(2) 中心刀

中心刀安装在刀盘中间部位。中心滚刀适用于硬岩地层,中心羊角刀适用于松软地层。中心滚刀靠近刀盘中心,转动半径小,对刀具结构改进后,降低了刀圈偏磨的概率。

(3) 刮刀、切刀与先行撕裂刀

刮刀、切刀与先行撕裂刀见图 2-73 ~ 图 2-75。

图 2-73　刮刀　　　　　　　　图 2-74　切刀　　　　　　　　图 2-75　先行撕裂刀

先行撕裂刀主要用于在软土地层中掘进时来代替滚刀。刮刀、切刀刀刃部焊接有耐磨合金块作为切削刃,在软土地层中的掘进效率比滚刀高,但对地层的适应性不强,在岩石冲击下易造成合金块的崩裂甚至脱落。刮刀母体改为锻造,选用具有好的耐磨性及抗冲击韧性的合金块,与刀体焊接牢固,不易发生合金崩裂及脱落现象。

(4) 刀圈

各种型号刀圈见图 2-76。

a)钢刀圈　　　　　　　　b)防磨格栅刀圈　　　　　　　　c)合金齿刀圈

图 2-76　刀圈

2. 盾构刀具的研发与改进

(1)滚刀刃口宽度的改进

根据砂卵石地层刀圈磨损快的特点,成都探矿机械厂最先在市场上对滚刀刀圈做了加宽处理,将刀圈宽度从 20mm 增加至 30mm。砂卵石地层要求滚刀及刮刀具有较强的韧性,即较强的抗冲撞能力,对刀具切削能力要求不是特别高。刃口加宽滚刀在北京铁路直径线、深圳地铁、成都地铁等项目得到广泛应用,大大提高了刀圈的耐磨性和滚刀的使用寿命,使滚刀使用寿命提高了 40% 以上。

(2)滚刀刀圈材质的选择

刀圈材质最初选用 H13(4Cr5MoSiAi)。H13 具有很强的韧性及较强的耐磨性,在成都、深圳、广州等地铁工程中取得了很好的应用成绩。为提高刀圈的耐磨性,刀圈材质改为 5Cr5SiMnV1,将刀圈硬度从 54~56HRC 提高到了 58~62HRC,滚刀寿命提高了 30% 以上。

(3)力矩的调整

砂卵石地层对盾构刀具进行磨蚀的同时,伴随着刀具的冲击和挤压,卵石对刀具的摩擦力不是很大,也不均匀,因此滚刀力矩宜偏小。在保证滚刀密封的前提下,将滚刀力矩调低至 20~30N·m,有利于滚刀在掘进过程中的转动,从而规避滚刀偏磨事件的发生。这一改进在成都、北京、深圳等地铁工程得到了广泛应用,并取得了理想效果。

## 二、山东天工刀具在盾构领域的应用

山东天工岩土工程设备有限公司位于山东省聊城市,是集岩土工程刀具产品研发、生产、经营为一体的专业化高新技术企业(图 2-77)。公司具有完善的质量保证体系(ISO 9001),先进、科学的管理制度(全面推行"5S"管理),拥有精良的装备仪器、先进的制造工艺、完备的检验手段和不断进取的创新体制,产品除满足国内需求外,远销日本、美国、澳大利亚、南美以及中东等海外市场,广泛应用于高速公路、城市轨道交通、煤炭、冶金、水利工程等行业。

图 2-77　厂容厂貌

公司拥有各类盾构刀具的完整解决方案,产品在盾构施工领域处于领先地位。截至目前该公司已开发了不同类型、规格的盾构刀具 500 多种,在上海、北京、天津、深圳、沈阳、成都、南京、杭州、武汉、广州、西安、香港等地铁、隧道工程中发挥着重要作用,并取得了良好的效果。

1. 刀具分类

依据不同的盾构施工工况,采取有针对性的研发设计,制造适应各工况的刀具。

(1)滚刀

滚刀按安装位置和功能分为有中心滚刀、正滚刀和仿形滚刀,按安装形式分为有轴式和端盖式滚刀,按结构形式分为单刃、双刃、三刃、二联、三联和偏刃滚刀,按刀刃形式分为全钢、镶合金和加焊耐磨层刀圈。根据舱内压力情况,还可增设压力平衡装置。

(2)切削刀

该公司生产的切削刀有中心刀、正刀、先行刀、边缘刮刀和刀盘保护刀。其中中心刀有组合鱼尾刀、焊接鱼尾刀和羊角刀,正刀有方形正刀和异形正刀,先行刀有贝形刀、单层条刀和双层条刀,分普通型和强化型,刀盘保护刀有环形和条形保护刀(图2-78)。

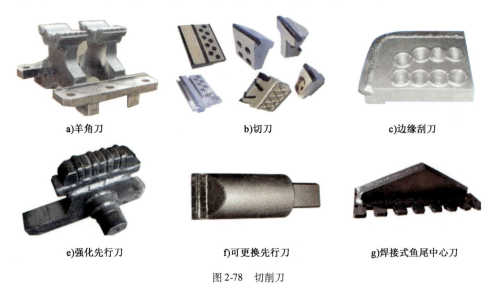

图2-78 切削刀

2. 应用实例

针对不同的地质条件、施工方法,进行刀具合理设计与布置,及时有效地解决了许多盾构施工中盾构刀具的难题。在确保盾构施工顺利进行的同时,也得到隧道施工建设者认可和赞誉。

(1)南京长江过江隧道

隧道穿越泥质粉砂黏土、粉质黏土、粉土、粉砂、粉细砂、密实粉细砂、密实状砾砂、圆砾等复杂多变的地层。该地层软硬不均、透水性强、水压大于0.65MPa。掘进1 400m到达江底时,225把刀具因磨损全部报废。隧道施工一度受阻。天工公司提出的强耐磨、抗冲击刀具,仅用71把可更换刀具完成了剩余600多米的掘进任务,成为南京长江过江隧道胜利贯通的"功臣"之一。

(2)成都地铁盾构隧道

地层以砂卵石为主,其中夹杂着粉质黏土和漂石,刀具使用寿命将大大降低,全盘刀具一次性连续掘进仅为100多米。针对成都的地质状况,开发了焊接式和可更换式强化先行刀。刀具两端采用强化合金,刀体截面较小,将掌子面的刮削破碎改为了剥割分离然后刮刀配合清渣的刀盘刀具配置理念,并配合高强度高耐磨刮刀和特制滚刀,有效地解决了结泥块和漂石破碎问题,实现连续掘进300m以上。此项改进不仅降低了掘进成本,而且还缩短了掘进时间,为施工的顺利进行提供了保证。

(3)北京铁路地下直径线

由于原设计刀具不适应北京地质结构,盾构机推行67m后受阻。山东天工与中铁隧道集团研发、生产了高耐磨刮刀和可更换的先行刀,并改进刀具布置结构,连续推进了1 800m。

### 三、聊城瑞钻盾构刀具产品研发及使用

聊城瑞钻工程刀具有限公司是盾构刀具、煤截齿、旋挖齿、斗齿的专业生产厂家。产品广泛应用于隧道、地铁、水利、公路、冶金、煤矿、地矿等行业,畅销二十多个省、市、自治区并进入日本、美国、阿联酋、巴西、澳大利亚等海外市场。研发生产的滚刀及面刀适用于海瑞克、三菱、维尔特、小松、罗宾斯、川崎、日立、石川岛等盾构机与TBM设备,可根据用户要求加工定做盾构刀具,同时提供刀具配件及维修服务。

1. 滚刀系列产品

设计生产的滚刀采用原装进口美国铁姆肯HH224335圆锥滚子轴承和意大利GNL金属密封圈,大直径的高品质轴承足以应对高达200MPa以上的硬岩,GNL高品质密封圈有效地提高了滚刀的耐压性能。刀圈选用独家特制合金模具钢材,增加了刀刃的宽度;尤其是热处理方面,应用了最先进的硬度分区处理工艺,使刀圈刃部硬度高达57~59HRC,而环内硬度为38~42HRC。既保证了刃部有足够的强度和耐磨性能,又保证了刀圈在切削200MPa以上的硬岩时不至于因硬度过高而断裂,在北京、深圳、成都等地铁工程中得到广泛应用。单刃滚刀见图2-79。

图2-79 单刃滚刀

双刃滚刀见图2-80。

2. 滚刀压力平衡装置的开发

泥水平衡盾构机埋深达20m以上,压力远远超过滚刀密封所能承受的压力。公司专门设计了滚刀压力平衡装置(图2-81)。该装置在0.25MPa压力时可启动发挥作用,促使滚刀刀体内的压力达到与外部压力相平衡,从而解决因压力过大、密封承受不了而向滚刀内部渗透泥浆的问题。实践证明,该装置足以应对1.5MPa以上的外部压力。这种特殊设计的滚刀在甘肃引水隧道(NFM-TBM机)、广深港客运专线(海瑞克大直径泥水平衡盾构机)等项目得到成功应用。

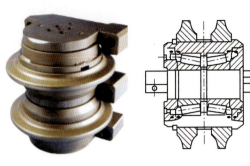
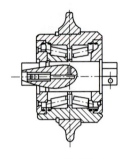

图 2-80　双刃滚刀　　　　　　　图 2-81　压力平衡滚刀

**3. 刮刀、切刀与先行撕裂刀产品**

重点改进了刀具的刀刃外形及切削角度,增大了圆角过渡,并且着重加强了对刀具背角面的保护,以应对刀盘反向旋转时渣土碎石流动对刀具背角面的冲击磨损。刀具选用了台湾春保钨钢的超粗颗粒高耐磨抗冲击的 KE13 牌号硬质合金。该合金以最先进的冷等静压工艺制造,采用四排合金设计,从多个方面提高了刀具应对岩石的抗崩性能和耐磨性能,在成都(海瑞克机型)、北京(小松机型)、沈阳(小松机型、NFM 机型)等地铁工程的砂卵石地层得到了成功的应用。

刮刀、撕裂刀及贝壳刀见图 2-82。

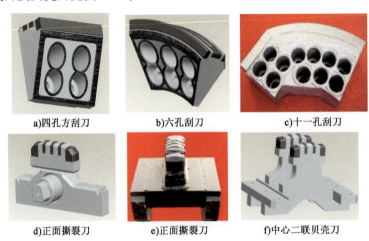

a)四孔方刮刀　　b)六孔刮刀　　c)十一孔刮刀
d)正面撕裂刀　　e)正面撕裂刀　　f)中心二联贝壳刀

图 2-82　刮刀、撕裂刀及贝壳刀照片

# 第三章　盾构井端头地层加固

## 第一节　盾构始发到达的土工问题

盾构始发是指盾构由工作井出来从加固土体进入原状土区段的过程。盾构到达是指盾构由原状土进入加固土体区段并进入工作井的过程。盾构始发到达主要有以下土工问题。

1. *端头加固效果不好*

端头土体加固效果不好是盾构始发或到达过程中经常遇到的问题。必须根据端头土体的工程地质、水文地质和周围环境情况选择合理的加固方法，同时要加强过程控制，特别是要严格控制一些基本参数。对于加固区与工作井间形成的间隙要采取其他方式进行补充加固处理。

2. *始发时洞门土体失稳*

盾构始发时洞门土体失稳主要表现为土体坍塌和水土流失，主要原因也是端头加固效果不好所致。在小范围失稳的情况下可采用边破除洞门混凝土、边喷素混凝土的方法对土体临空面进行封闭。如果土体坍塌失稳情况严重，则必须立即封闭洞门重新加固。

3. *始发后盾构"叩头"*

盾构始发推进抵达掌子面及脱离加固区时，由于盾构下半部土体受到扰动，承载力降低，容易出现盾构"叩头"的现象。通常采用抬高盾构始发姿态、合理安装始发基座以及快速通过的方法尽量避免"叩头"或减少"叩头"的影响。

4. *洞门密封效果不好*

洞门密封的目的是在盾构始发到达阶段减少土体流失。洞门密封效果不好时可及时调整壁后注浆的配合比，使注浆后尽早封闭，也可采取在洞门密封外侧向洞门密封内部注快凝双液浆的办法解决。

5. *端头土体加固长度不足*

土体加固方案、加固范围、效果等对始发和到达端的地层沉降影响大，加固方案应根据地质条件而定。当端头井为砂性土层时，加固长度应大于盾构主机长度，否则盾构始发时，当刀盘从加固区进入隧道的原状土区时，盾尾还位于隧道土体外，隧道中的水土会通过洞门与盾壳外周的间隙流失,从而引起地表塌陷;到达时,当刀盘从加固区破土后,其盾尾还在隧道内的原状土区,流塑状的原状土仍会通过洞门与盾壳的间隙处从刀盘四周流失,从而引起地表塌陷。

盾构施工中,应重点控制盾构始发到达段地层沉降。始发到达段沉降大于正常掘进段的原因是,在盾构始发到达阶段,土舱压力处于不断调整阶段,始发时土压在逐渐增大,到达时土压则减小,在土压调整过程中,未能建立真正意义上的土压平衡,因而必然引起部分地层损失。

# 第二节 三重管高压旋喷桩与袖阀管注浆法

## 一、适用地层

1. 广州地区复合地层

地层从上到下依次为〈3-2〉冲积—洪积砂层、〈5Z-2〉变质岩硬塑或稍密残积土、〈6Z-2〉混合岩全风化带、〈7Z-2〉混合岩强风化带。广州地区地层纵断面图见图3-1。

2. 深圳地区地层

地层自上到下依次为素填土(粉质黏土)、砾砂、砾质黏土、全风化粗粒花岗岩、中风化粗粒花岗岩、微风化花岗岩。深圳地区地层纵断面图见图3-2。

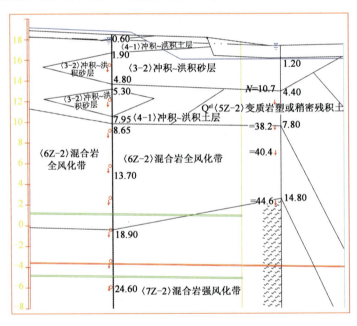

图3-1 广州地区合地层纵断面图(高程单位:m)

## 二、加固总体方案

加固总体方案采用旋喷桩与袖阀管注浆相结合的加固工艺。为截断周边地下水对加固区的侧向补给,并约束浆液远渗,保证对加固区域进行充分的压密及劈裂注浆,提高地层的自稳能力及止水能力,在加固区域外围设一圈三重管旋喷桩进行封闭,在旋喷桩加固区域内采用袖阀管压密注浆。

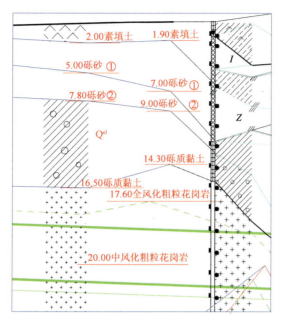

图3-2　深圳地区地层纵断面图(高程单位:m)

旋喷桩采用 $\phi$800mm 三重管,桩距800mm,围护桩圈梁距相邻旋喷桩中心为300mm。袖阀管注浆孔间距1 200mm,三排梅花形布置。加固范围为竖向隧道结构底板以下2～3m,顶板以上6m;平面隧道结构外约3m,纵向6m。旋喷桩与袖阀管注浆具体孔位见图3-3。

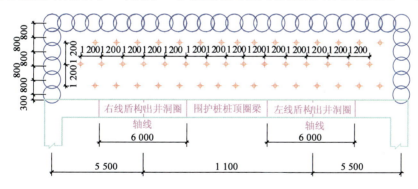

图3-3　三重管高压旋喷桩与袖阀管注浆示意图(尺寸单位:mm)
○-三重管旋喷桩; ✛-注浆孔

## 三、主要技术参数

1. 三重管旋喷桩施工技术参数

用液压钻机钻孔,孔径130mm。旋喷桩施工技术参数表见表3-1。

三重管旋喷桩技术参数表　　　　　表3-1

| 序　号 | 项目名称 | | 技术参数 |
|---|---|---|---|
| 1 | 高压水 | 水压(MPa) | 28~40 |
| 2 | 压缩空气 | 气压(MPa) | 0.5~0.7 |
| 3 | 水泥浆 | 水灰比 | 1 |
| | | 浆量(L/min) | 40~70 |
| 4 | 提升速度(cm/min) | | 7~10 |
| 5 | 低压水泥浆液流(MPa) | | >1 |

**2. 袖阀管注浆技术参数**

袖阀管注浆技术参数表见表3-2。

袖阀管注浆技术参数表　　　　　表3-2

| 序　号 | 项目名称 | 技术参数 | 备　注 |
|---|---|---|---|
| 1 | 浆液配合比 | 水泥∶水∶膨润土=150∶150∶5 | 质量比 |
| 2 | 注浆压力(MPa) | 0.5~0.8 | 工作油压 |
| 3 | 注浆速度(L/min) | 10~15 | 根据具体情况调整 |
| 4 | 注浆量(L) | 160 | 每步距0.5m |

成孔直径90~110mm,封壳料采用水灰比为1.5的水泥浆掺入10%~15%的黏性土制成。袖阀管分点出浆孔间距33.3cm,底部接封堵器,端部露出地面并盖顶盖,须分段注水下插。袖阀管由φ48mm硬质塑料管制成。埋入袖阀管后孔口50cm用干水泥或稠水泥浆封口。

注浆管道连接好后,将注浆管芯由上而下插入袖阀管内至最下一个出浆点。注浆采用双液泵分别自下而上逐点进行。当注浆管芯下至最下一个出浆点后,便可对该点进行注浆。该点完成后提至其上部点进行注浆,逐点上提完成。难于灌注且压力较大时,采用终压注入,达到压力后稳压少许时间即可。

# 第三节　压密注浆法

## 一、适用地层

压密注浆法适用于北京地区地层。地层结构自上而下依次为人工堆积层(成分为杂填土,稍密~中密)、第四纪新近沉积层(成分为粉土,中密)、第四纪全新世冲洪积层(成分为粉质黏土、粉土粉细砂,密实)、第四纪晚更新世冲积层(成分为卵石圆砾、中粗砂,密实)、第四纪全新世洪积层(成分为粉质黏土、粉土粉细砂,密实)。端头加固区域地层主要为卵石层,夹杂部分粉质黏土层。北京地区地层纵断面图见图3-4。

## 二、加固总体方案

加固总体方案采用压密注浆工艺,注浆孔横、竖间距800mm,梅花形交错布置。按桩理论浆液扩散半径,每个孔浆液咬合 200mm。加固范围如下:平面加固宽度至隧道轮廓线外 3m,加固长度为端头围护结构向外 8m;加固深度为整个隧道断面范围及隧道顶部 3m 范围和隧道底板下 3m 范围。

### 三、主要技术参数

1. 浆液配置

采用 1∶1 的水泥浆—水玻璃双液浆,水泥浆液配比为水泥∶水 =1∶1,现场使用时可根据凝固时间需要调整配合比。水玻璃稀释到 30Be′,水泥浆拌和要充分,每桶料浆液拌和时间不得少于 3min。

2. 注浆参数

(1)注浆终压:0.3MPa。

(2)注浆分段:每孔注浆时,以 1m 为一段进行后退式注浆。

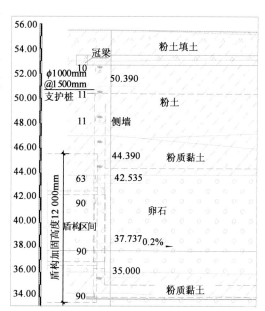

图 3-4　北京地区地层纵断面图(高程单位:m)

(3)注浆时根据不同序孔分别采用注浆量控制和压力控制方式:

① 1 序孔施工时采用注浆量控制。封底时浆液总量控制在 0.5m³ 以内,封底后采用分段注浆,分段长度控制在 1m 以内,单段注浆量控制在 0.4m³ 左右。

② 2 序孔施工时采用以注浆压力控制方法。为了保证既达到注浆效果,又不浪费材料,2 序孔注浆压力根据土层的性质及其埋深确定,实际浆液压力控制在 0.2 ~0.3MPa。

### 四、施工技术要求

1. 钻孔

孔位偏差不得大于 10cm。钻孔时应严格控制垂直度和孔深,钻孔垂直度偏差不得大于 1%,孔深偏差不大于 20cm。严格控制钻杆提升速度,每次提升不大于 200mm,匀速上升。提升出来后的钻杆应及时清洗,以备后用。

2. 浆液配比

按设计和现场值班工程师提供的配合比拌制好浆液,保证水泥浆液的配制质量。

3. 注浆

注浆时应密切关注浆液流量,当压力突然上升、下降或地面溢浆时,应立即停止注浆。必须查明异常原因,采取必要的措施(调节注浆参数、移位、打斜孔等方式)方可继续注浆。采用压力控制时,严格将浆液压力控制在 0.15 ~0.3MPa 之间。

4. 双液混合

双液注浆一般把浆液的凝固时间控制在 30 ~60s。主要根据注浆要求和作用的不同,通过调整浆液的配合比和水泥液的相对密度,来调整浆液的凝固时间。

### 5. 芯管上提

注浆芯管的上提一般是在压力升高、达到注浆量时进行，所以要求上提芯管用力均匀、及时快速，并按一定的步距进行。

## 第四节　水平冻结法

### 一、适用地层

#### 1. 南京地区地层

地层从上到下依次为①-1 杂填土、①-2b2-3 稍密～中密素填土、②-1b2-3 可塑～软塑粉质黏土、②-2b4 流塑淤泥质粉质黏土、②-3b2-3 软塑～可塑粉质黏土、③-1b1-2 可塑～硬塑粉质黏土。区间地段土层属弱～微透水性，其赋水性不强。但①-1 层杂填土局部有空隙较大，与排水管道连通性较好，存在较强的透水性；其次②-2b4 层淤泥质粉质黏土中有薄层粉土分布，水平向地下水渗透性要好于垂直方向，构成地下水水平渗透的通道，使该段土层具有薄层状水平弱透水性。隧道所处地层主要为②-2b4 流塑状淤泥质粉质黏土层、②-3b2-3 粉质黏土。南京地区地层纵断面图见图 3-5。

#### 2. 苏州地区地层

地层自上到下依次为素填土、黏土层、粉质黏土层、粉土夹粉砂层、粉质黏土层。盾构隧道全断面除顶上 2～3m 为④3 粉砂层外，其余均为④5 粉质黏土层，灰色。④3 粉砂层为微承压水，透水性及赋水性中等～较好，渗透系数 $k = 1.75 \times 10^{3} \mathrm{cm/s}$。苏州地区地层纵断面图见图 3-6。

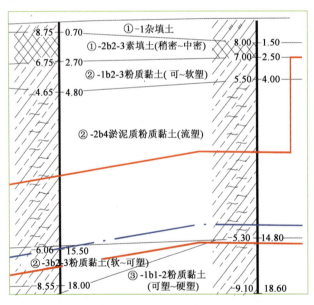

图 3-5　南京地区地层纵断面图（高程单位：m）

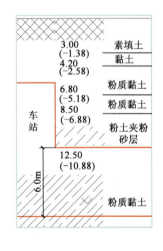

图 3-6　苏州地区地层纵断面图（高程单位：m）

### 3. 上海地区地层

灰色砂质粉土层，易发生流沙；灰色淤泥质粉质黏土层，饱和、流塑，属高压缩性土；灰色淤泥质黏土层，饱和、流塑～软塑，夹少量薄层粉砂，属高压缩性土；灰色黏土层，很湿，软塑～可塑，受扰动后沉降大，属高偏中压缩性土；灰色粉质土层，很湿，软塑，受扰动后沉降大，局部夹薄层粉砂，属中压缩性土。

## 二、加固总体方案

加固总体方案采用盾构井内钻孔水平冻结的加固工艺。

圆柱体冻结孔沿开洞口 $\phi7.5m$ 圆形布置，开孔间距为 0.76m（弧长），长度为 6.4m。圆柱体水平冻结孔图见图 3-7。

板块冻结孔沿开洞口 $\phi5.1m$、$\phi2.7m$ 圆形布置，开孔间距为 1.14～1.21m（弧长），冻结孔长度按 2.5m 和 2.8m 相间布置。开洞口中心布设 1 个冻结孔，冻结孔长度 2.8m。冻结孔施工平面图见图 3-8。

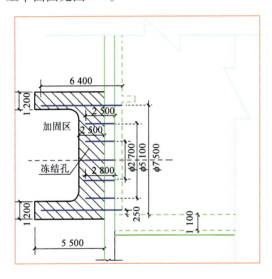

图 3-7 圆柱体水平冻结孔图（尺寸单位：mm）

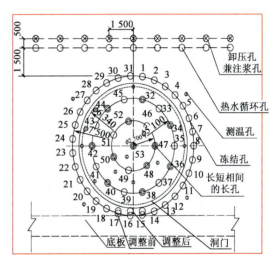

图 3-8 冻结孔施工平面图（尺寸单位：mm）

## 三、主要技术参数

### 1. 测温孔、卸压孔等布置

为测量冻结帷幕不同部位的温度发展状况，布置 12 个测温孔，深度为 2.5m，测温孔管材选用 $\phi32mm\times3.5mm$、20 号低碳钢无缝钢管。

距上部最外圈冻结孔 1.5m 和 2.0m 处分别水平布置 9 个热水循环孔和卸压孔兼注浆孔，间距 1.5m，深度为 5m，热水循环孔采用 $\phi89mm\times8mm$ 无缝钢管，卸压孔采用 $\phi32mm\times3mm$ 无缝钢管。

### 2. 钻孔施工

(1) 定位开孔及孔口管安装

首先确定孔位,再用开孔器(配金刚石钻头取芯)按设计角度开孔,开孔直径150mm;当开到深度600mm时,安装孔口管,用膨胀螺丝上紧后装上DN150mm闸阀;再将闸阀打开,用开孔器从闸阀内开孔,开孔直径为112mm,一直将混凝土墙开穿;如地层内的水砂流量大,应及时关好闸门。

(2)孔口密封装置安装

用螺丝将孔口装置装在闸阀上,注意加好密封垫片。钻孔孔口密封装置图见图3-9。

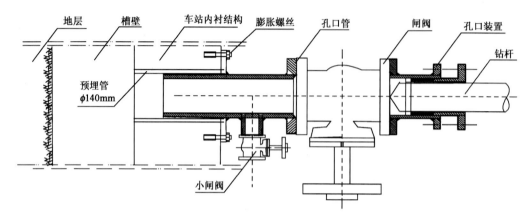

图3-9 钻孔孔口密封装置图

(3)冻结孔施工

选用MD-50型锚杆钻机,钻机扭矩2 000N·m,推力17kN。采用无泥浆钻进。当钻进没有进尺时,调整施工工艺进行泥浆钻进;同时打开孔口装置上旁通阀门,观察出水、出砂情况。

利用经纬仪结合灯光对每个成孔进行测斜,偏斜率控制在100mm以内,不宜内偏。

(4)密封试验

向成孔管内注水进行冻结管密封试验,试验压力控制在0.8MPa,15min内压力无变化为合格。

3. 制冷设计

(1)冻结参数确定

积极冻结期盐水温度为-28~-30℃,维护冻结期温度为-25~-28℃。

外围冻结孔终孔间距$L_{max}$≤1 000mm,冻结帷幕交圈时间为20d,达到设计厚度时间为30d。为确保安全,中间冻结板块较外围冻结孔提前冻结10d,需冻结40d。积极冻结时间总共为40d。

(2)需冷量和冷冻机选型

选用W-YSLGF300Ⅱ型螺杆机组一台套,设计工况制冷量为$3.66 \times 10^5$kJ,电动机功率100kW。

(3)冻结系统辅助设备

盐水循环泵选用IS125-100~200型1台,流量200m³/h,电动机功率30kW。

冷却水循环选用IS125-100~200C型1台,流量200m³/h,电动机功率30kW。冷却塔选用NBL-50型2台,补充新鲜水15m³/h。

(4)管路选择

冻结管选用 φ89mm×8mm、20 号低碳钢无缝钢管,丝扣连接,另加手工电弧焊焊接。单根长度 1～1.5m。供液管选用 φ38mm 钢管,采用焊接连接。盐水干管和集配液圈选用 φ159mm×6mm 无缝钢管。冷却水管选用 φ133mm×4.5mm 无缝钢管。测温孔管选用 φ32mm×3.5mm 无缝钢管。

(5)用电负荷及其他

总用电负荷约 200kW/h,冷冻机油选用 N46 冷冻机油,制冷剂选用氟利昂 R-22,冷媒剂选用氯化钙溶液。

## 四、拔管和盾构始发的安全保证措施

### 1. 拔管

第一次破槽壁 0.5m 结束,通过探孔分析,冻土帷幕与槽壁胶结良好后,盾构靠近冻结板板时,槽壁完全破除,即可拔管。

(1)拔管顺序

拔盾构始发口内的 3 圈孔,先拔第三圈,同时第二圈、第一圈孔继续冷冻。第三圈孔拔完后开始拔第二圈孔,拔第二圈孔时要间隔拔除,未拔除的相邻孔继续冷冻。拔第一圈孔时要间隔拔除,未拔除的相邻孔继续冷冻。

(2)拔管方法

用热盐水循环解冻 5～8min 后,利用手拉葫芦拉出。如拔出有困难,可先用两个 10t 千斤顶架设在槽壁上,水平向外顶推冻结管。

### 2. 破壁及盾构穿越冻结区的保证措施

(1)温度控制

为了保证盾构能够顺利推进,盾构外周的冻土温度必须得到有效的控制。冻土温度通过测温孔测得。控制盾构外周的冻土温度不低于 -5℃ 并接近 0℃,以水能保证呈固态为宜(此时冻土抗剪强度不高于 1MPa,所需总推力不大于 30 000kN)。

(2)打设槽壁探孔

通过测温孔观测计算,确认冻结帷幕达到设计厚度及强度。当槽壁破壁厚度还剩下不小于 300mm 时,在洞门上打若干探孔,以判断冻土与槽壁的胶结情况。探孔在两测温孔之间布置,按照各探孔的布置在洞门上定点;然后用风镐进行凿孔,孔径 400mm,孔深在 200～400mm;探孔打好后,即可用电锤穿透孔内剩下槽壁;最终探孔进入冻土内深度控制在 10～15cm。采用高精度的温度计或测温仪进行量测,各探孔实测温度必须低于 -2℃。

(3)槽壁凿除

当通过探孔实测温度判断冻结帷幕与槽壁完全胶结后,方可将槽壁全部破除,然后拔管。拔管时间不宜超过 1d,以防冻结帷幕融化,影响其强度。

槽壁破除须采用分层分块进行,防止破坏冻结器,影响冻结效果。

为防止冻结加固体因暴露时间过长而融化,保证盾构始发时的安全,在冻结达到设计要求、盾构机安装调试完成、安装好橡胶帘布板并破完第一层槽壁后开始拔管。在施工条件允许的情况下,待最后一层槽壁钢筋破除后再进行拔管,拔管时槽壁采用保温措施,从下向上拔起。

(4)冻结效果的监测及完成的参数指标

①在设计的积极冻结期间内,盐水去路温度应稳定地保持在 -25～-30℃以下,积极冻结期运转时间应保证超过10d。

②设计要求各冻结孔组的回路温差不超过1.5℃,盐水循环系统去回路温差不超过2℃。

③盐水系统循环总流量在积极冻结期间达到设计值。

④设计要求,加固冻土有效厚度大于或等于设计厚度(1.2m/2m),冻结壁有效冻土平均温度要达到 -10℃及以下。

⑤盾构出洞前先在洞口开10个探测观察口,无大量水流出且温度在 -5℃以下。

### 五、对地面环境的保护措施

1. 预注浆

在钻孔施工期间,利用孔口管上的旁通阀,对盾构始发口范围内的土层进行注浆加固,以控制地面沉降。

2. 冻胀控制

在每个卸压孔的端部均安装一个量程为1.2MPa的压力表,冻结期间根据压力表显示的读数,定时释放冻胀压力。当压力表显示的读数达到0.25MPa时,打开卸压孔阀门释放压力,直至压力表读数与原始地压相等。

3. 跟踪注浆控制融沉

根据以往经验,融沉注浆总量一般为冻土体积的15%左右。经计算,该区域注浆体积约为30m$^3$,采取以下方法进行跟踪注浆控制融沉:

(1)盾构始发后利用卸压孔进行跟踪注浆,控制融沉。

(2)利用管片上注浆孔(在始发区域8环管片上设置注浆孔,每环10个)进行跟踪注浆,减少融沉。

(3)注浆压力一般为0.2～0.5MPa。注浆材料选用单浆液,水灰比为0.6,即水:混合物 = 1:1.7。其中混合物包括水泥、粉煤灰、膨润土,膨润土占混合物的5%,水泥和粉煤灰的配比为2:3。

## 第五节 单重管高压旋喷桩结合三轴搅拌桩法

### 一、适用地层

1. 杭州地区地层

地层从上到下依次为①层填土、②1砂质土、②2层黏质粉土夹砂质粉土、②3、②4层砂质粉土、③1层粉砂、③2层砂质粉土、⑤层(淤泥质)粉质黏土。杭州地区地层纵断面图见图3-10。

2. 南京地区地层

地层自上到下依次为:杂填土、素填土、淤泥质粉质黏土、粉细砂,弱渗透性,无水。南京地区地层纵断面图见图 3-11。

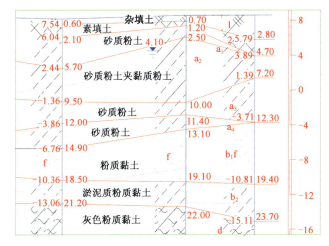

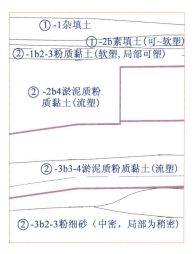

图 3-10　杭州地区地层纵断面图

图 3-11　南京地区地层纵断面图

3. 上海地区地层

隧道穿越的地层主要为②3-1 砂质粉土、④淤泥质粉质黏土、⑤1-1 黏土。

## 二、加固总体方案

加固总体方案采用三轴搅拌桩+单重管高压旋喷桩的加固工艺。端头土体采用三轴搅拌桩进行加固，桩径 850mm，桩间距 600mm，咬合 250mm。车站围护结构与加固土体之间的缝隙采用单重管高压旋喷桩进行补强，旋喷桩桩径 600mm，桩间距 400mm，咬合 200mm。单重管高压旋喷桩与三轴搅拌桩加固示意图见图 3-12。

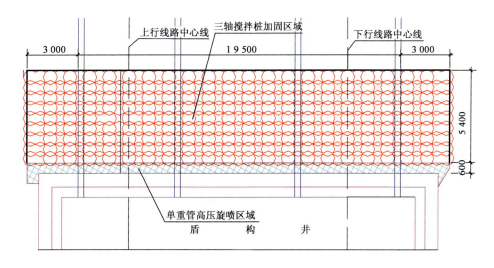

图 3-12　单重管旋喷桩与三轴搅拌桩加固示意图(尺寸单位:mm)

地基加固强度指标，无侧限抗压强度标准值 $q_u = 0.8 \sim 1.2\text{MPa}$，渗透系数 $k < 1 \times 10^{-8}\text{cm/s}$。加固范围为车站围护结构外侧纵向 6m，盾构隧道结构线外侧各扩宽 3m。

### 三、主要技术参数

**1. 三轴搅拌桩施工参数**

搅拌下沉速度小于 1m/min。钻进至桩底高程后,边进行搅拌边压入水泥浆液;在浆液进入土体内后,钻头在原地喷浆搅拌 30s;然后提升搅拌,边提升搅拌边压入浆液。泵送压力为 1.5~2.5MPa,供浆流量 140~160L/min。三轴搅拌桩技术参数表见表 3-3。

将搅拌头自桩端反转匀速提升搅拌,提升搅拌速度小于 0.5m/min,并连续喷入水泥浆,提升至桩顶,不关闭动力头及灰浆泵。完成提升搅拌喷浆后,操作搅拌头重复钻进搅拌,钻进搅拌速度小于 1m/min,至设计高程后停止下沉操作,原地喷浆 15s 后,将搅拌头自桩端反转匀速提升搅拌,并继续喷入水泥浆,搅拌提升至直至地面。

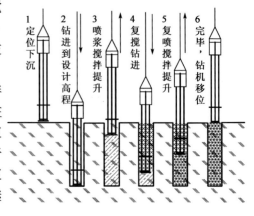

图 3-13 三轴搅拌桩施工示意图

三轴搅拌桩施工示意图见图 3-13。

三轴搅拌桩质量标准见表 3-4。

**三轴搅拌桩技术参数表** 表 3-3

| 序 号 | 项目名称 | 技术参数 |
|---|---|---|
| 1 | 水泥掺入比 | 18%(加固区),7%~8%(空搅区) |
| 2 | 供浆流量(L/min) | 140~160 |
| 3 | 水:水泥(质量比) | 1.5~2.5 |
| 4 | 泵送压力(MPa) | 1.5~2.5 |
| 5 | 下沉速度(m/min) | <1 |
| 6 | 提升速度(m/min) | ≤0.5 |
| 7 | 28d 无侧限抗压强度(MPa) | ≥0.8 |

**三轴搅拌桩施工的质量标准** 表 3-4

| 序 号 | 项目名称 | 质量标准 |
|---|---|---|
| 1 | 桩的垂直度允许偏差 | 1/200 |
| 2 | 桩位偏差(mm) | ≤50 |
| 3 | 水泥强度及抗渗性 | 达到设计要求 |
| 4 | 成桩深度(mm) | +100,-0 |

**2. 单重管高压旋喷桩施工参数**

在钻机钻到设计深度后,插入旋喷管,接通注浆泵,然后由下向上旋喷,同时将泥浆清理排出。喷射时,先应达到预定的喷射压力、喷浆后再匀速提升旋喷管。为保证桩底端的质量,喷嘴下沉到设计深度时,在原位置旋转 10s 左右,待孔口冒浆正常后再旋喷提升。冒浆量应控制在 10%～25%之间。

单重管旋喷桩技术参数见表 3-5。

**单重管旋喷桩技术参数表** 表 3-5

| 序 号 | 项 目 名 称 | 技 术 参 数 |
|---|---|---|
| 1 | 水泥掺入量(kg/m) | 200～250 |
| 2 | 水泥浆压力(MPa) | 20～40 |
| 3 | 排土量(L/min) | 60～100 |
| 4 | 水灰比 | 1 |
| 5 | 浆液流量(L/min) | 80 |
| 6 | 旋喷管提升速度(cm/min) | 10～20 |
| 7 | 旋转速度(r/min) | 10～20 |

其中旋喷管提升速度可在钻杆旁立一直尺进行测定，旋转速度可在钻杆上沿竖直方向画一条线进行测定。在旋喷提升过程中，可根据不同的土层及时调整旋喷参数。

旋喷提升到设计桩顶高程时停止旋喷，提升钻头出孔口，清洗注浆泵及输送管道；然后将钻机移位，回灌浆液。

旋喷桩施工技术检查表见表 3-6。

**旋喷桩施工技术检查表** 表 3-6

| 序 号 | 项 目 名 称 | 技 术 标 准 | 检 查 方 法 |
|---|---|---|---|
| 1 | 钻孔垂直度允许偏差 | ≤1.5% | 实测 |
| 2 | 钻孔位置允许偏差(mm) | ≤50 | 尺量 |
| 3 | 钻孔深度允许偏差(mm) | ±200mm | 尺量 |
| 4 | 桩体直径允许偏差(mm) | ≤50mm | 开挖后尺量 |
| 5 | 桩身中心允许偏差 | ≤0.2D | 实测 |
| 6 | 水泥浆液初凝时间(h) | ≤20 | 计时 |

注：$D$ 为直径。

# 第六节 双重管旋喷桩法

## 一、适用地层

1. 西安地区地层

地层从上到下依次为 1-1 杂填土、1-2 素填土、3-1-1 新黄土、3-2-1 古黄土、4-1-2 老黄土、4-4 粉质黏土。西安地区地质纵断面图见图 3-14。

2. 北京地区地层

地层自上到下依次为素填土(粉质黏土)、粗细砂、淤泥质粉质黏土、中砂、卵石、砂质黏性土、卵石。北京地区地质纵断面图见图 3-15。

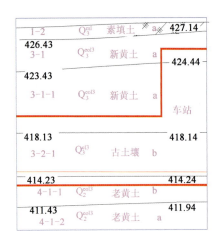
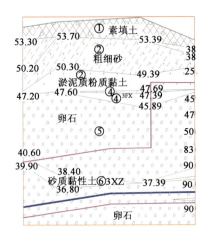

图 3-14 西安地区地质纵断面图(高程单位:m)　　图 3-15 北京地区地质纵断面图(高程单位:m)

## 二、加固总体方案

加固总体方案采用双重管旋喷桩加固工艺。旋喷桩钻孔孔径 400mm,定喷后形成直径的 800mm 水泥桩,间距 800mm,梅花形布置。

北京地区加固长度为围护结构沿掘进方向 6m,范围为隧道衬砌轮廓线外左右两侧 3.0m,顶板以上 3.0m 至底板以下 3.0m。

西安地区加固长度为端头沿掘进方向 8m,范围为隧道衬砌轮廓线外左右两侧 3.0m,顶板以上 3.0m 至底板以下 3.0m。

旋喷桩平面示意图见图 3-16。

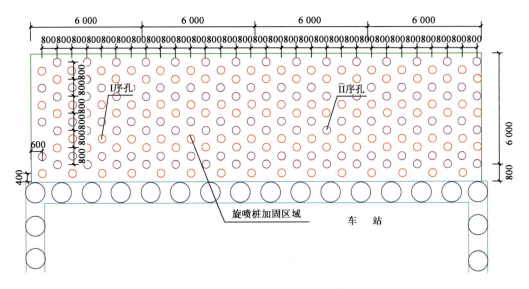

图 3-16 旋喷桩加固平面示意图(尺寸单位:mm)

## 三、主要技术参数

采用潜孔钻机钻孔,孔径400mm。旋喷注浆技术参数见表3-7。

高压旋喷注浆技术参数表　　　　表3-7

| 项目名称 | | 技术参数 |
| --- | --- | --- |
| 压缩空气 | 气压(MPa) | 0.5～0.7 |
| | 流量(L/min) | 360 |
| 水泥浆 | 压力(MPa) | 22～25 |
| | 水灰比 | 0.8～1 |
| | 浆量(L/min) | 30～50 |
| | 密度(g/cm³) | 1.5 |
| | 回浆密度(g/cm³) | ≥1.2 |
| | 水泥掺量(kg/m) | 225 |
| 旋转速度(r/min) | | 8～10 |
| 提升速度(cm/min) | | 8～12 |

在插入旋喷管前先检查高压水和空气喷射情况,各部位密封应封闭;插入后先做高压射水试验,合格后方可喷射浆液。喷射时,先应达到预定的喷射压力、喷射量后再逐渐提升注浆管,按由下而上的顺序进行喷射注浆,注浆管分段提升的搭接长度不小于200mm。喷到桩高后迅速拔出注浆管,用清水冲洗管路,防止凝固堵塞。相邻两桩施工间隔时间不小于48h。

Ⅰ序孔采用注浆量控制。封底时浆液总量控制在0.5m³以内,封底后采用分段注浆,分段长度控制在1m以内,单段注浆量控制在0.4m³左右。

Ⅱ序孔采用压力控制。为了保证既达到注浆效果,又不浪费材料,注浆压力根据土层的性质及其埋深确定,实际浆液压力控制在10～20MPa。

注浆结束以压力达标、注浆量达设计量双重指标进行控制。即:当注浆压力达到10～20MPa或者注浆量达到设计量时均可结束注浆。成桩后测桩压力$q_u$≥1.2MPa。

# 第七节　降水结合玻璃纤维筋挖孔桩法

富水砂卵石地层中,为确保进出洞作业安全,传统做法是先在盾构端头井附近区域进行人工降水,然后施作盾构端井钢筋混凝土围护桩并用注浆等措施对桩后的土体进行加固。在盾构机进出洞前,由于盾构机无法直接切削围护桩中钢筋,需先人工破除盾构机穿越范围内盾构端头井围护桩并切割其中的钢筋。在此过程中,盾构机始发、到达部位的作业环境恶劣,同时由于破除桩体使土体暴露,极易出现土体失稳、基坑坍塌,导致地表下沉并造成地下管线和附近建筑物损坏等事故,特别在埋深较大的情形下危险性更大,容易造成人身伤亡事故。

成都地铁1号线工程开展了许多卓有成效的研究,采用玻璃纤维筋(Glass Fiber Reinforced Plas Tics,以下简称GFRP)围护桩替代传统的钢筋混凝土围护桩(图3-17)。盾构进出洞时,可以直接破除桩体(图3-18),有效地规避了传统施工方法的作业风险;同时还具有保护环境、提高工效和节省工程投资的优点。这在国内尚属首次并且得到成功运用,其研究成果也填补了国内地铁设计领域中的一项空白。

a)盾构端头井GFRP桩施工

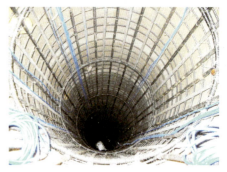
b)GFRP桩入孔后的情况

图 3-17 GFRP 施工图片

a)泥水盾构破碎的GFRP

b)土压盾构直接切削GFRP桩

图 3-18 切削破除后的 GFRP

## 一、计算参数的选定

### 1. 抗拉强度设计值及弹性模量

根据玻璃纤维筋拉拔试验,可测试出玻璃纤维筋的极限抗拉承载力 $F_u$,从而根据式(3-1)～式(3-7)计算出极限抗拉强度值、抗拉强度标准值、抗拉强度设计值以及弹性模量。对不同直径的样本试验值进行汇总,见表3-8。

不同直径玻璃纤维筋试验结果表　　　表 3-8

| 直径<br>(mm) | 样本数 | 有效直径<br>(mm) | 抗拉强度<br>平均值$f_u$<br>(MPa) | 抗拉强度<br>标准值$f_{fu}^*$<br>(MPa) | 抗拉强度<br>设计值$f_{fu}$<br>(MPa) | 弹性模量<br>$E$<br>(GPa) | 极限应变<br>平均值$\varepsilon_u$<br>(%) | 极限应变<br>标准值$\varepsilon_{fu}^*$<br>(%) | 极限应变<br>设计值$\varepsilon_{fu}$<br>(%) |
|---|---|---|---|---|---|---|---|---|---|
| 10 | 11 | 9.7 | 520.1 | 490.8 | 343.5 | 30.8 | 2.07 | 1.87 | 1.31 |
| 12 | 6 | 11.7 | 540.9 | 497.2 | 348.1 | 33.0 | 2.18 | 2.03 | 1.42 |
| 16 | 9 | 15.6 | 485.45 | 482.6 | 313.79 | 34.5 | 2.08 | 1.57 | 1.21 |

续上表

| 直径<br>(mm) | 样本数 | 有效直径<br>(mm) | 抗拉强度平均值 $f_u$<br>(MPa) | 抗拉强度标准值 $f_{fu}^*$<br>(MPa) | 抗拉强度设计值 $f_{fu}$<br>(MPa) | 弹性模量 $E$<br>(GPa) | 极限应变平均值 $\varepsilon_u$<br>(%) | 极限应变标准值 $\varepsilon_{fu}^*$<br>(%) | 极限应变设计值 $\varepsilon_{fu}$<br>(%) |
|---|---|---|---|---|---|---|---|---|---|
| 18 | 3 | 17.6 | 511.7 | 460.6 | 322.4 | 36.3 | 2.07 | 1.10 | 0.77 |
| 22 | 16 | 21.5 | 644.5 | 507.5 | 355.2 | 32.1 | 2.04 | 1.13 | 0.79 |
| 25 | 18 | 24.5 | 665.5 | 577.5 | 404.3 | 34.5 | 2.02 | 0.89 | 0.63 |

$$f_u = \frac{F_u}{A} \tag{3-1}$$

$$EA = \frac{\Delta F}{\Delta \varepsilon} \tag{3-2}$$

$$E = \alpha \cdot \frac{L}{A} \tag{3-3}$$

$$f_{fu} = C_E \cdot f_{fu}^* \tag{3-4}$$

$$f_{fu}^* = f_u - 3f_\sigma \tag{3-5}$$

$$\varepsilon_{fu} = C_E \cdot \varepsilon_{fu}^* \tag{3-6}$$

$$\varepsilon_{fu}^* = \varepsilon_u - 3\varepsilon_\sigma \tag{3-7}$$

式中：$F_u$——极限抗拉承载力；

$f_{fu}$——抗拉强度设计值；

$f_{fu}^*$——抗拉强度标准值；

$\varepsilon_{fu}$——极限应变设计值；

$\varepsilon_{fu}^*$——极限应变标准值；

$A$——单根纤维筋名义横截面面积；

$E$——杨氏弹性模量；

$EA$——单根纤维筋的拉伸刚度；

$\alpha$——试验荷载—应变曲线在拉伸承载力为20%~60%时的斜率；

$\Delta F, \Delta \varepsilon$——在拉伸承载力为20%~60%时对应的荷载、应变之差；

$L$——纤维筋测试区原始长度；

$C_E$——工作条件系数，参照欧美经验和围护桩的工作环境取0.7；

$f_u, \varepsilon_u$——样本极限强度、极限应变的平均值；

$f_\sigma, \varepsilon_\sigma$——样本极限强度、极限应变的标准差。

通过对玻璃纤维筋抗拉强度、弹性模量和极限应变的统计分析，并考虑到纤维筋强度的离散性和产品质量的不断稳定和提高，在进行盾构端头井围护桩计算时，玻璃纤维筋的抗拉强度标准值 $f_{fu}^*$ 取500MPa（保证率不小于99.87%），抗拉强度设计值为350MPa，弹性模量 $E_f$ 为34GPa。

**2. 锚固长度**

(1) 理论公式

国外一些试验结果表明,GFRP 筋与混凝土的黏结机理类似于钢筋与混凝土。GFRP 基本锚固长度计算公式如下:

$$l_{bf} = \frac{d \cdot f_{fu}}{K_1} \tag{3-8}$$

式中:$K_1$——常数,取 18.5。

根据美国 ACI318—M96 和加拿大 CASA23.3—94 标准,对于普通混凝土,基本锚固长度还应乘以 1.08~1.38 的锚筋位置修正系数 $K_2$(本次计算取 1.20)。

另外根据试验,混凝土保护层厚度取 2 倍 GFRP 筋直径所测得的黏结强度与混凝土保护层厚度为 1 倍直径的黏结强度的比值范围是 1.2~1.5,因此,基本锚固长度还应乘以混凝土保护层厚度修正系数 $K_3$(1.2~1.5),结合试验具体情况,本次取 1.5。即:

$$l_{bf} = \frac{d \cdot f_{fu}}{K_1} \cdot K_2 \cdot K_3 \tag{3-9}$$

根据我国现行《混凝土结构设计规范》(GB 50010—2002),受拉钢筋的锚固长度的计算公式为:

$$l_a = \alpha \cdot f_y / f_t \cdot d \tag{3-10}$$

式中:$l_a$——受拉钢筋的锚固长度;
$\alpha$——钢筋的外形系数;
$f_y$——普通钢筋的抗拉强度设计值;
$f_t$——混凝土轴心抗拉强度设计值;
$d$——钢筋的公称直径。

由式(3-9)和式(3-10)得出玻璃纤维筋与钢筋基本锚固长度之比为:

$$\frac{l_{bf}}{l_a} = \frac{f_{fu} \cdot f_t \cdot K_4 \cdot K_5}{K_3 \cdot f_y \cdot \alpha} \tag{3-11}$$

对于 C30 混凝土,$\phi$22mm 的 GFRP 筋和普通钢筋,有:

$$\frac{l_{bf}}{l_a} = \frac{350 \times 1.43 \times 1.20 \times 1.50}{18.5 \times 300 \times 0.14} = 1.16 \tag{3-12}$$

(2) 试验情况及结果

对直径 10mm、12mm、22mm、25mm 的 GFRP 螺纹筋,分别按 150mm、200mm 和 250mm 三种不同锚固深度进行了锚固力试验,并与直径 22mm 的 HPB335 月牙普通钢筋锚进行了试验对比。试验中筋材锚固部分采用 C30 混凝土,自由端粘贴钢管。

根据试验结果,对于直径 10mm、12mm 的 GFRP,在三种锚固深度下,均被拉断,而直径 25mm、22mm 的玻璃纤维筋,在三种不同锚固深度下的试验综合结果见表 3-9。

通过 GFRP 与同直径 22mm 的钢筋 C30 混凝土锚固试验结果比较,在埋深 200mm 的情况下,钢筋都被拔出,此时钢筋对应的锚固黏结力为 17.31MPa。玻璃纤维筋被拔出的情况,对应的黏结力在 14.14~17.07MPa 之间。钢筋与 GFRP 锚固力之比在 1.0~1.2 之间。

φ25mm 和 φ22mm 玻璃纤维筋(钢筋)锚固力试验结果　　　　　　　表 3-9

| 筋材直径(mm)及类型 | 锚固深度(mm) | 破坏时油压(MPa) | 拉力(kN) | 黏结力(MPa) | 锚固破坏形态 | 对应筋材应力(MPa) |
|---|---|---|---|---|---|---|
| 25-GFRP | 150 | 22.0 | 193.12 | ≥15.49 | 混凝土破坏 | 429.5 |
| 25-GFRP | 200 | 36.0 | 297.6 | ≥19.0 | 纤维筋拉断 | 661.8 |
| 25-GFRP | 250 | 36.0 | 285.7 | ≥15.20 | 纤维筋拉断 | 635.41 |
| 22-GFRP | 150 | 18.0 | 142.9 | 14.63 | 纤维筋拔出 | 423.51 |
| 22-GFRP | 200 | 28.0 | 222.2 | 17.07 | 纤维筋拔出 | 658.80 |
| 22-GFRP | 200 | 26.0 | 206.3 | 15.85 | 混凝土破坏 | 611.74 |
| 22-GFRP | 250 | 26.0 | 230.15 | ≥14.14 | 纤维筋拉断 | 682.31 |
| 22-Steel | 200 | 28.0 | 225.38 | 17.31 | 钢筋拔出 | 668.21 |

注:钢筋类型栏后缀为"GFRP"表示玻璃纤维筋,后缀为"Steel"表示钢筋。

由于 GFRP 抗拉强度离散性较大,需要大样本去测定其锚固长度。在实际应用中,应采用较大的安全系数来保证 GFRP 与混凝土的黏结可靠性。结合理论推导公式,建议 GFRP 基本锚固长度按取同直径钢筋锚固长度的 1.2 倍。

3. 最小配筋率

根据纯弯梁的破坏模式,以及与现行钢筋混凝土设计规范的衔接,提出了 GFRP 最小配筋率的计算公式,见式(3-13)~式(3-15);并结合试验情况,列出了几种直径 GFRP 的最小配筋率,见表 3-10。

C30 玻璃纤维筋混凝土的最小配筋率　　　　　　　表 3-10

| 直径 $d$ (mm) | 有效直径 $d_b$ (mm) | 系数 $\alpha_1$ | 系数 $\beta_1$ | 混凝土抗压强度设计值 $f_c$ (MPa) | 纤维筋抗拉强度设计值 $f_{fu}$ (MPa) | 混凝土的极限应变 $\varepsilon_{cu}$ (%) | 拉应变设计值 $\varepsilon_{fu}$ (%) | 最小配筋率 $\rho_{fb}$ (%) |
|---|---|---|---|---|---|---|---|---|
| 10 | 9.7 | 0.85 | 0.80 | 14.3 | 343.5 | 0.33 | 1.31 | 0.57 |
| 12 | 11.7 | 0.85 | 0.80 | 14.3 | 348.1 | 0.33 | 1.42 | 0.53 |
| 18 | 17.6 | 0.85 | 0.80 | 14.3 | 322.4 | 0.33 | 0.77 | 0.90 |
| 22 | 21.5 | 0.85 | 0.80 | 14.3 | 355.2 | 0.33 | 0.79 | 0.80 |
| 25 | 24.5 | 0.85 | 0.80 | 14.3 | 404.3 | 0.33 | 0.63 | 0.83 |

配筋率:
$$\rho_f = \frac{A_f}{bh_0} \tag{3-13}$$

最小配筋率:
$$\rho_{fb} = \alpha_1 \cdot \beta_1 \cdot \frac{f_c}{f_{fu}} \cdot \frac{\varepsilon_{cu}}{\varepsilon_{cu} + \varepsilon_{fu}} \tag{3-14}$$

式中:$A_f$——玻璃纤维筋的面积;

　　　$b$——截面宽度;

　　　$h_0$——截面有效高度;

　　　$\alpha_1$——混凝土平均应力与混凝土强度的比值,建议值为 0.85;

　　　$\beta_1$——混凝土受压区等效应力高度与中心轴高度的比值,取值范围 0.85~0.65,建议值为 0.80；

$f_c$——混凝土抗压强度设计值；

$\varepsilon_{cu}$——混凝土的极限压应变。

## 二、GFRP 圆形围护桩的计算方法

由于盾构端头井围护桩属于确保盾构进出洞期间的一种临时地下结构，结合《地铁设计规范》(GB 50157—2003)等有关国家标准要求，在设计时，只需对其进行承载力能力极限状态进行设计，而无需进行正常使用极限状态进行设计。在实际设计过程中，偏于保守将 GFRP 围护桩按照纯弯构件进行正截面受弯、斜截面抗剪的计算和配筋。其中正截面弯曲应力主要由纵向主筋承担，而斜截面抗剪应力主要由横向箍筋承担。

根据研究成果，GFRP 筋圆形围护桩承载力能力极限状态设计时采用的计算公式如下：

1. 正截面受弯承载力计算

玻璃纤维筋圆形截面承载力设计按现行《混凝土结构设计规范》(GB 50010—2002)第 7.2.6 条有关圆形截面受弯构件的正截面受弯承载力计算公式进行，但应对弯矩设计值乘以不少于 1.4 的修正系数。

2. 斜截面受剪承载力计算

玻璃纤维筋混凝土结构斜截面受剪承载力设计值 $V_f$ 可按式(3-15)~式(3-19)计算：

$$V_f \leq V_{fc} + V_{fv} \tag{3-15}$$

$$V_{fc} = \alpha_c V_c \tag{3-16}$$

$$V_{fv} = \frac{A_{fv} f_{fv} b_0}{s} \tag{3-17}$$

$$f_{fv} = 0.002 E_f \leq f_{fb} \tag{3-18}$$

$$f_{fb} = \left(0.05 \frac{r_b}{d} + 0.3\right) f_{fu} \leq f_{fu} \tag{3-19}$$

式中：$V_f$——斜截面受剪承载力设计值；

$V_{fc}$——构件斜截面上混凝土的受剪承载力设计值；

$V_{fv}$——构件斜截面上箍筋的受剪承载力设计值；

$\alpha_c$——构件中玻璃纤维筋对混凝土的受剪承载力影响系数，对于 C30 混凝土构件 $\alpha_c$ 值的参考值范围是 0.6~0.7；

$V_c$——普通钢筋混凝土构件斜截面上混凝土的受剪承载力设计值，按现行《混凝土结构设计规范》(GB 50010—2002)的规定计算；

$A_{fv}$——玻璃纤维箍筋的面积；

$s$——沿构件长度方向的箍筋间距；

$b_0$——玻璃纤维筋圆形箍筋桩的等效高度，对于围护桩可以对应现行《混凝土结构设计规范》(GB 50010—2002)的有关部分取值；

$r_b$——玻璃纤维箍筋的弯曲半径；

$f_{fb}$——玻璃纤维筋弯曲段的抗拉强度；

$f_{fu}$——玻璃纤维筋的抗拉强度设计值；

$E_f$——玻璃纤维筋的弹性模量。

### 三、工程设计及现场测试情况

成都地铁1号线一期工程盾构端头井基本为地下二层三跨钢筋混凝土框架结构形式,结构底板位于埋深 14~18m 的富水砂卵石地层中,围护桩采用钢筋混凝土人工挖孔灌注桩(桩径 1 200mm,桩间距 2.4m)和 GFRP 混凝土人工挖孔灌注桩(洞门端墙附近)相结合的形式。

在先期结合作科研的一些站点(如火车南站和后子门盾构井),GFRP 混凝土桩采用疏排布置,桩的竖向和横向受力钢筋全部采用 GFRP;而在后面设计的工点,结合前期科研测试成果、现场施工情况和经济性考虑,将桩由疏排改为密排,桩的竖向和横向受力钢筋只在洞门范围附近采用 GFRP,在洞门上部和下部均采用普通钢筋。目前,盾构端头井围护桩的具体布置和配筋基本见图3-19。

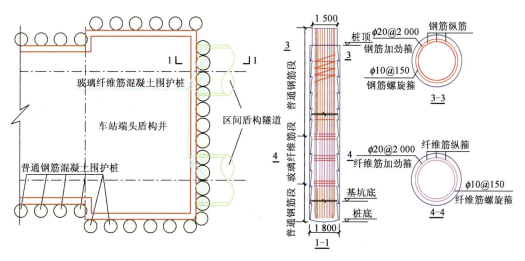

图 3-19 典型工程设计实例图(尺寸单位:mm)

火车南站和后子门的围护桩现场实测数据表明,GFRP 围护桩在施工过程中,和钢筋围护桩弯矩值的变化趋势基本一致,最大弯矩都出现在最不利工况处(即基坑开挖到底和拆除横撑这两个特殊工况之间)。但是在最不利工况时所产生的最大弯矩没有超过 200kN·m,火车南站的最大弯矩仅是设计弯矩的 8%,后子门最大弯矩是设计弯矩的 11%,火车南站设计轴力为 680kN,实测最大轴力为 336kN,是设计值的 49%;后子门设计轴力为 675kN,实测最大轴力为 250kN,是设计轴力的 37%。究其原因,主要是测试内力数据是通过在降水条件下测得的应变读数为初始值计算到的,而设计内力值除了考虑水压力,还考虑了围护桩灌注混凝土后相对于初始值的应变增量的计算内力。

采用玻璃纤维筋桩替代传统盾构端头井洞门端墙处的钢筋桩,避免了盾构进出洞时人工凿除围护桩的复杂工序和影响人身安全健康的危险因素;另外,在渗水性较差的地层(如黏土、黄土、泥岩等)中施工,不需要对桩后土体进行加固,还可以减少地面施工对地面交通和周边环境的影响。因此具有良好的社会综合效益。

# 第四章 盾构施工控制

## 第一节 盾构掘进控制

在盾构掘进过程中,根据监测成果调整、修正,并合理匹配盾构掘进参数,如泥水舱压力、土舱压力、泥浆相对密度和黏度、出渣量、盾构姿态修正和纠偏量、注浆参数等,建立有效的泥水/土压平衡,同时确保同步注浆效果,减小对地层的扰动及减少地层的损失,以控制地面的沉降和隆起,保证盾构推进速度快、隧道管片拼装质量好。

### 一、泥水舱压力、土舱压力控制

1. 泥水舱压力控制

泥水平衡盾构主要通过控制泥水舱压力实现泥水平衡掘进。富水砂卵石地层中,泥水压力的设定根据地质情况和隧道埋深情况,采取水土分算的经验公式计算并结合地表监测相结合的方法来确定。

经验公式为:

$$P_\mathrm{a} = \frac{1}{2}\gamma_\mathrm{s}H^2K_0' + \frac{1}{2}\gamma_\mathrm{w}H_\mathrm{w} \tag{4-1}$$

式中:$P_\mathrm{a}$——泥水压力;

$K_0'$——土的静止侧向压力系数;

$\gamma_\mathrm{s}$——土体的平均重度,$kN/m^3$;

$H$——隧道埋深,m;

$\gamma_\mathrm{w}$——水的重度,$kN/m^3$;

$H_\mathrm{w}$——地下水位距隧道顶部的距离。

泥水平衡盾构机在掘进施工中泥水压力的设定值,应根据盾构埋深、所在位置的土层状况以及监测数据进行不断的调整才能达到最佳。

2. 土舱压力控制

土压平衡盾构是靠土舱压力 $P$ 来平衡掌子面前方土压和静止水压的。设刀盘中心地层静水压力、土压力之和为 $P_0$,则 $P = K \cdot P_0$,$K$ 一般取 $1.0 \sim 1.3$。其 $P$ 值应满足关系式:正面土

体主动土压力 + 水压 + 总摩擦力 < P < 正面土体被动土压力 + 水压 + 总摩擦力。如土舱压力 P 设置过大,则会引起盾构刀盘前方土体隆起;如土舱压力 P 设置过小,又会引起盾构刀盘前方土体坍塌等。一般来说,土舱压力 P 的调整应根据掘进过程中地质、埋深及地表沉降监测信息,通过维持开挖土量与排土量的平衡来实现,可通过设定掘进速度、调整排土量或设定排土量、调整掘进速度两条途径来达到。

根据地表沉降监测结果,对施工土压力及时进行总结调整,得出比较合理的施工土压力值。考虑到砂卵石透气性比较好,在掘进停机时,土舱内压力高于设定压力。

## 二、推进速度

为保证盾构始发时不发生过度旋转和反力架的安全,始发时推进速度控制在 20mm/min 以内,在盾尾脱离盾构井端墙后可逐步提高到 40mm/min,正常掘进控制在 60~70mm/min。

## 三、渣土改良

每环泡沫剂用量和地质条件有很大关系。富水砂卵石地层用量取 35~40L。对于泥岩地层一般在 50~60L。成都地铁 1 号线盾构 4 标采用每环加入 $6m^3$ 膨润土泥浆,取得了很好的效果。

防止刀盘特别是中心部位结泥饼的措施如下:

1. 加强渣土改良

盾构在含泥岩或砂层的卵石地层掘进时,通过刀盘前部中心部位布置的数个泡沫注入孔,选择比较大的泡沫原液加入比例及增加泡沫的注入量,减小渣土的黏附性,降低泥饼产生的概率。

2. 合理配置刀具

采用滚刀与齿刀混合破岩或全齿刀破岩的刀具配置模式,达到在泥岩及含砂层的地层中掘进时,增大刀盘开口率,防止刀盘结泥饼。

3. 及时发现、及时处理

加强盾构掘进时的地质预测和渣土管理,密切注意开挖面的地质情况和刀盘的工作状态。发现刀盘扭矩增大、出渣困难、推进速度变小、渣温升高等现象时,及时采取措施处理,避免泥饼将刀盘糊死。

4. 加水系统改进

在加泡沫的基础上,对加水系统进行改进。在刀盘中心部位左右两侧,各加两根高压水管,掘进时开启,既改良了渣土,同时冲洗了刀盘中心部位,保证刀盘中心不结泥饼。

## 四、泥浆质量、出渣量控制

泥水平衡盾构掘进施工中,良好性能的泥浆有助于在掌子面形成泥膜。泥膜对维持掌子面地层的稳定性起着决定性的作用,泥浆性能应根据盾构机穿越地层的工程地质进行相应的调整。对泥水平衡盾构施工来说,主要通过控制泥浆的相对密度和黏度,并对进出泥浆相对密度、黏度进行不间断监控。

对土压平衡盾构施工来说,盾构掘进过程中的每环出渣量可根据试掘进段所取得的参数进行控制。出渣量控制可通过推进速度与螺旋输送机转速来实现。在掘进过程中,为了使土舱压力波动较小,必须使挖土量和排土量保持一种平衡关系,以尽量减小盾构施工对地层的扰动,防止超挖的发生,从而减小地表沉降。土舱压力表现较为稳定,有利于地表沉降控制。在卵石层中出渣量每环(环宽1.5m)拟控制在$58m^3 \pm 1m^3$,在泥岩中出渣量每环(环宽1.5m)拟控制在$64m^3 \pm 1m^3$。在控制出土体积的同时,用45t门吊电子秤对每环渣土进行称量,由质量和体积对渣土进行双重控制。一般来说,在同等条件(泥水舱压力/土舱压力、注浆量等)下,出渣量大、出渣量异常的地段,其地表沉降相应也较大,反之则相对较小。

### 五、盾构姿态控制

盾构姿态包括纵向、水平及自身的转角三个参数。影响盾构姿态的因素有:出土量的多少、覆土厚度的大小、推进时盾壳周围的注浆情况、开挖面土层的分布情况、千斤顶作用力的分布情况等。

盾构前进的轨迹一般为蛇形。要保持盾构按设计轴线掘进,必须在推进过程中及时对盾构姿态进行修正和纠偏。调整姿态遵循"量小、勤纠"原则,每环姿态调整量在10mm以内。蛇行修正及纠偏时应缓慢进行,如修正过程过急,蛇行反而更加明显;同时在施工过程中要做到勤测勤纠,避免因纠偏量过大引起过多的超挖,影响周围土体的稳定,以便更好地控制地层位移。

盾构位于始发台上时尽量不要进行姿态调整,盾尾拖出始发台后根据实际姿态进行调整;在始发、到达掘进时,严格控制盾构机的各组液压缸压力不大于7MPa,盾构机总推力小于1 000kN。

### 六、同步注浆控制

盾构推进中的同步注浆是填充土体与管片圆环间的建筑间隙和控制地表沉降的主要手段,也是盾构推进施工中的一道重要工序。盾构推进施工中的注浆,选择和易性好、泌水性小,且具有一定强度的浆液进行及时、均匀、足量压注,确保建筑空隙得以及时和足量的充填。

注浆量的确定是以管片背部建筑空隙量为基础并结合地层、线路线形及掘进方式等考虑适当的饱满系数,以保证达到充填密实的目的。注浆量与盾构掘进时扰动地层范围有关系。扰动范围是变量,一般情况下充填系数为1.3~1.8;在裂隙水比较发育或地下水量大的岩层地段,充填系数一般取1.5~2.5。

在富水砂卵石地层中,地下水十分丰富,其实际充填系数为1.5~1.8,注浆压力控制在0.3~0.4MPa,注浆效果较好。

对注浆后的管片抽样检查管片背后注浆的情况,发现注浆不饱满,及时进行二次补充注浆。在始发、到达、过建筑物和联络通道等特殊地段,使用加强型砂浆,保证同步注浆效果。

### 七、管片拼装质量控制

1. 影响管片选型的主要因素

(1)隧道设计线路

隧道设计线路各要素的特征原则上决定了管片拼装成环后横断面的走向,也在总量上限制了管片的综合类型分布。直线地段原则上安装标准环管片,转弯环仅在调整线路纵向坡度以及盾构机掘进过程中纠偏时使用。曲线地段线路的曲线要素、纵向坡度的大小、不同衬砌环和组合特征(楔形量、锥度、偏移量等)决定了要安装的管片类型。

线路所要求提供的圆心角:

$$\alpha = \frac{180°L}{\pi R} \tag{4-2}$$

式中:$L$——线路中心线的长度;

$R$——线路曲线半径。

K 块(封顶块)不同位置时管片锥度的计算:

$$\beta = 2\mathrm{arccot}(\delta \times \cos\theta/2D) \tag{4-3}$$

式中:$\beta$——管片成环后的锥度,标准环为 0;

$\delta$——转弯环楔形量,即封顶块位于 12 点时转弯环管片水平方向内外宽度差;

$D$——管片外径;

$\theta$——K 块所在位置对应的角度,见表 4-1。

封顶块位于不同点位时对应的角度　　　　　　表 4-1

| 封顶块位置 | 9 点 | 10 点 | 12 点 | 1 点 | 2 点 |
|---|---|---|---|---|---|
| $\theta$ | 54° | 18° | 0° | -18° | -54° |

标准环和转弯环的组合满足转弯环管片提供的锥度 $\beta$ 和线路圆曲线所需要的圆心角 $\alpha$ 相等,使管片拟合隧道线路。

例如:以 400m 转弯曲线计算,圆曲线长 $L = 187.227$m;圆曲线半径 $R = 400$m。

圆曲线长 $L$ 所产生的圆心角 $\alpha = 180°L/(\pi R) = 26.83°$,1 环转弯环管片产生的圆心角(拼装 1 点或者 10 点)$\theta = 18°$。

$\beta = 2\mathrm{arccot}(\delta \times \cos\theta/2D) = 0.3451°$

400m 圆曲线所需要的转弯环为:$X = \alpha/\beta = 78.7$ 环,取 79 环

400m 圆曲线需要拼装数量为:$N = L/1.2 = 156.02$ 环,取 156 环

标准管片为:$B = N - X = 156 - 79 = 77$ 环

即标准环:转弯环 = 1:1

根据管片结构设计图(图 4-1)计算:

①K 块在 1 点和 10 点时,管片调整偏移量是水平 36.1mm,向上或者向下 11.7mm(左转 1 点和右转 10 点时为上,左转 10 点和右转 1 点时为下)。

②K 块在 2 点和 9 点时,管片调整偏移量是水平 22.3mm,向上或者向下 30.7mm(左转 2 点和右转 9 点时为上,左转 9 点和右转 2 点时为下)。

③K 块在 3 点和 8 点时,管片调整偏移量向上或者向下 38mm(左转 3 点和右转 8 点时为上;左转 8 点和右转 3 点时为下),相当于调节垂直角度。

④此处 K 的点位,1 点是以正上方为准右转 18°的点位,每 36°一个点位,将圆周平分为 10 个点位。

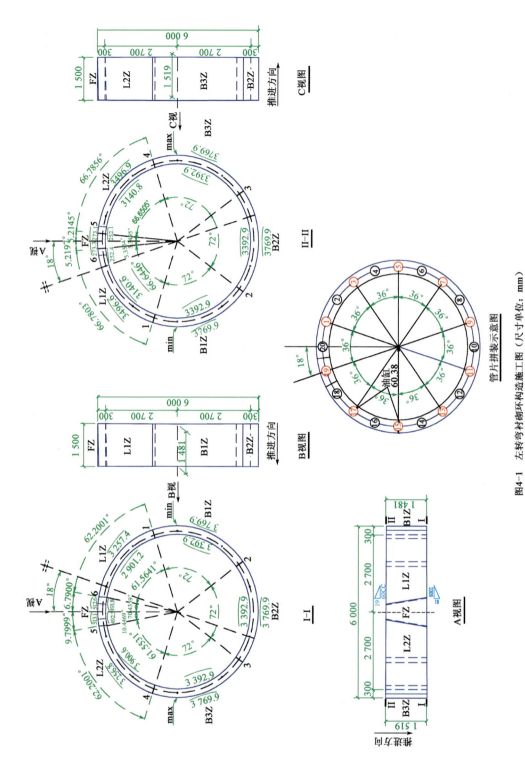

图4-1 左转弯衬砌环构造施工图（尺寸单位：mm）

注：本图管片拼装示意图中K块可以拼装在1、3、5、7、9、11、13、15、17、19号位置，具体拼装位置根据现场具体情况确定。

(2)盾构机姿态

盾构姿态在某种程度上决定了管片选型。管片选型时一定要考虑盾构机的趋势、盾构机在水平和竖直方向偏移中线的程度,以及完成盾构机纠偏所需要的管片环数。

比如盾构在竖直方向偏移中线16mm,每环L10使下一环向下低头4mm,则最少需要4环L10才能调整过来,但注意要和线路的水平特性、盾构机上下趋势等相结合。

(3)盾尾间隙

管片安装是在盾尾壳体的支护下完成的,安装完的管片处于盾尾的正中央,即管片外壁和盾尾内壁之间的空隙是匀均的。

盾尾姿态也限制了管片选型。因盾尾台阶45mm,如果管处片选型不注意盾尾姿态,使盾尾间隙不大于45mm,盾尾就会擦着管片,使盾构在掘进的过程中摩擦力增大,降低掘进速度,严重时压破管片边角甚至管片。不同厂家的盾构盾尾间隙是不同的,一般管片均匀处于盾尾中时,盾尾间隙为75mm。单侧盾尾间隙在60mm左右时,就要开始装转弯环调整。盾尾与管片关系见图4-2。

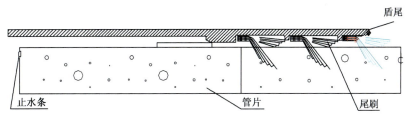

图4-2 盾尾与管片关系图

(4)工程地质条件

盾构掘进范围内地质软硬不均,掘进时方向控制困难,甚至盾构机自行低头或抬头,使掘进偏离隧道中心线,直接影响到管片选型。在砂卵石地层或上部卵石下部泥岩地层更要认真进行管片选型。

2.管片选型的基本原则和方法

(1)拟合线路

管片选型基本上是在隧道线路要素的指导下进行的。特别是在曲线地段,实际上是以直线(最短直线长度为一环管片的宽度)来代替设计的曲线,应该先计算出具体的管片类型组合;然后结合实际掘进线形进行管片选型。

(2)管片适应盾尾间隙

盾尾和盾构机中体连接的铰接液压缸的不均匀伸缩,是造成盾尾间隙不均匀的直接原因。施工过程中要观察铰接液压缸行程差,过大时主司机要及时调整,使盾尾顺应管片,必要时可以人工手动控制,调节液压缸行程。

管片成圆度不好也会导致盾尾间隙不均匀。在管片选型时,尽可能平缓地过渡到设计轴线,安装管片时及时复紧连接螺栓,为下一环管片的选型和安装创造条件。

(3)结合盾构机姿态

管片选型要结合盾构机姿态。如果盾构机左右或上下液压缸行程差很大,使盾构机偏离隧道轴线趋势过大甚至偏离中心,要控制盾构沿隧道中线掘进是困难的。此时推进液压缸的撑靴无法和管片紧密接触而形成线接触,使推力在管片上分解出一个接近于径向的分力,此分力通过管片及连接螺栓传递到前一环甚至后几环,如果这个分力超过了管片混凝土的抗剪极限,管片就会破损。在实际的施工中,这种情况发生得很多。

盾构机推进过程中液压缸行程差过大,也是造成小半径曲线隧道超挖过大的一个重要原因,使隧道背衬注浆在管片四周厚度不均,影响管片的结构稳定并造成防水效果差等。

在管片选型时要尽可能地缩小液压缸行程差,并且考虑每掘进完一环后线路所形成的液压缸行程差,从而预测下几环的管片类型。

(4)结合特殊管片的要求进行管片选型

区间隧道长度大于 600m 时,上下行隧道间设有联络通道,以便在列车发生火灾等意外事故时,乘客能就地下车,并通过通道安全疏散至另一条平行隧道内。在联络通道和隧道连接处往往是一些特殊要求的管片。管片选型时要结合特殊管片的要求,进行合理的选型。

(5)与盾构机操作司机协调

盾构主司机要了解工程地质情况和线路走向,以及安装的管片所能够提供的偏移量等,从而尽可能按理论计算的管片组合来掘进。

当盾构掘进方向偏离中线较大时,管片选型的土木工程师要和主司机共同研究制订纠偏方案。

衬砌环任意位置宽度的计算公式:

$$J = L \pm r \cdot \delta \cdot \sin\theta/D \qquad (4\text{-}4)$$

式中:$J$——衬砌环特定位置宽度;

$L$——衬砌环基本宽度;

$r$——特定位置所在弧面半径;

$\delta$——衬砌环楔形量,标准环 $\delta=0$;

$\theta$——特定位置与铅垂线夹角;

$D$——衬砌环外径。

3. 管片拼装施工质量控制

(1)严格进场管片的检查,破损、裂缝的管片不得使用。将管片表面进行彻底清洁,确保止水条及软木衬垫粘贴牢固。吊装管片下井和隧道内运输时注意保护管片和止水条,以免损坏。

(2)管片安装前清理管片安装区的污泥、污水等,保证安装区及管片相接面的清洁。

(3)管片安装时必须运用管片安装机的微调装置将待装的管片与已安装管片块的内弧面纵面调整到平顺相接以减小错台。调整时动作要平稳,避免管片碰撞破损。严禁非管片安装位置的推进液压缸与管片安装位置的推进液压缸同时收缩。

(4)为防止已拼装管片错台,要做到第一块管片与前一环的管片接触紧密,两管片的弧面要横向水平、两个连接螺栓孔三角必须对齐;先顶紧液压缸,再穿螺栓,最后松开管片安装机。

(5)为防止已拼装管片破损,顶液压缸的顺序为:先中间后两边,先单缸再双缸,待 K 块装好后,必须从1~20号整体检查一遍所有液压缸是否顶紧,确保管片均匀受力。

(6)为防止已拼装管片漏水,止水条用专用胶水正确粘贴牢固,如发现已粘贴好的止水条不密实后须立即处理。为防止管片错台导致管片纵缝、环缝漏水,要求对管片连接螺栓进行两次紧固:第一次在K块装完后立刻紧固;第二次在下一环掘进500mm时紧固。

(7)为防止管片螺栓孔内PVC管破损或掉落,严禁用铁锤猛击管片连接螺栓。

(8)同步注浆压力必须得到有效控制,注浆压力不得超过限值。

### 八、测量和量测控制

监控量测是盾构法施工的重要工序之一。

(1)地面监测采用每天早、晚两次,过建筑(构)物时加强监测次数,确保盾构顺利通过;每天下午对当天掘进的管片进行姿态和高程测量,确保管片姿态满足设计要求;测量的沉降结果及时反馈到主机室值班工程师,做好信息沟通,以便调整掘进参数。

(2)掘进时派专人对地表进行巡查,发现情况及时与值班工程师联系,采取相应的措施。

(3)为了保证导向系统的准确性、确保盾构机沿着正确的方向掘进,需周期性地对SLS-T导向系统的数据进行人工测量校核,人工检测频率为每周一次。

(4)当盾构掘进中停机24h以上时,在恢复掘进之前需对盾构机姿态进行测量复核。

## 第二节 盾构始发掘进控制

### 一、盾构始发方向确定

盾构始发方向是指盾构始发时盾构机摆放位置的方向,是保证始发掘进后成型隧道满足设计和规范要求的重要因素。盾构在直线上始发比较简单;在曲线上始发时,掘进轴线控制、管片拼装精度及拼装质量的控制比较重要。

以 $R=400\text{m}$ 的圆曲线上始发为例,在始发初期,为了提供足够的推力并保持反力架、负环管片稳定,盾构机必须沿直线推进;当盾体完全进入隧道后,利用调节分组液压缸的推力和铰接系统开始转弯。盾体长度8.75m,同时考虑洞门的宽度,盾构机始发后直线推进的距离达10m,隧道轴线与设计轴线将产生较大偏差;当直线推进10m后,开始进行纠偏,纠偏曲线与设计轴线也会有一定的偏差,所以确定的始发方向必须同时保证两个偏差的累加不超过设计和规范要求。经综合考虑,采用割线始发,见图4-3。根据在线路图上模拟和计算复核,盾构机始发方向与始发井结构面成89°时,盾构机直线推进10m后,与设计轴线最大偏差31mm,满足规范设计要求。

### 二、端头加固措施

根据施工经验、地质条件及周边环境,对端头地层进行加固处理。

在富水砂卵石层,旋喷桩、袖阀管注浆都无法起到很好的作用。通过成都地铁1号线、2号线的探索,提前对端头进行降水,降低地下水水位,同时辅助在端头位置沿隧道中线打设跟踪注浆管,盾构通过后及时注浆,填充地层空隙,可有效保证盾构始发的安全。

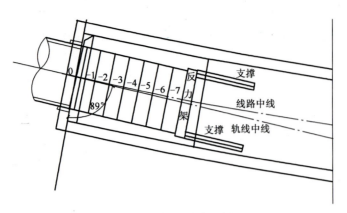

图 4-3 盾构始发方向示意图

## 三、延伸洞门、密封橡胶安装

洞门密封对于防止泥水及注浆浆液渗漏起着关键的作用。如果发生渗漏,极易造成地表沉降,严重时可能导致洞门坍塌。根据洞门的长度,需要凿除 500mm 围护桩,刀盘才能完成进入到密封橡胶圈内,保证盾构始发时的密封保压要求。考虑地下水位高的特点及始发阶段尽早建立泥水压力平衡的要求,洞门密封采用外接延长洞门的形式(长度 500～600mm),延长洞门内有两道盾构密封刷,同时对盾构密封刷进行充涂油脂。外部为 1 道帘布橡胶加折页压板,防止帘布橡胶在注浆压力作用下导致外翻。减少了凿除围护桩可能造成的风险,保证了盾构始发的安全;延长洞门环焊接和反力架定位加固同时作业,极大地节约了施工时间,见图 4-4。

a)安装洞门密封

b)管片安装后的洞门密封

图 4-4 洞门密封

为保证封堵住洞门密封的空隙,充入泥水前,在盾构机泥水舱内注入预拌的膏状黄黏土浆液,用量约为 5t 黄黏土。

安装洞门密封橡胶时,螺栓和折页板要拧紧,牢固。盾构始发段洞门密封结构示意图见图 4-5。

## 四、始发台、反力架加固

始发台存放盾构,反力架提供盾构机推进时所需的反力,因此始发台和反力架须具有足够的刚度和强度。将反力架放在始发竖井的预留坑里,调整好位置以后,与车站结构之间用 H175 型钢间距支撑。反力架安装示意图见图 4-6。

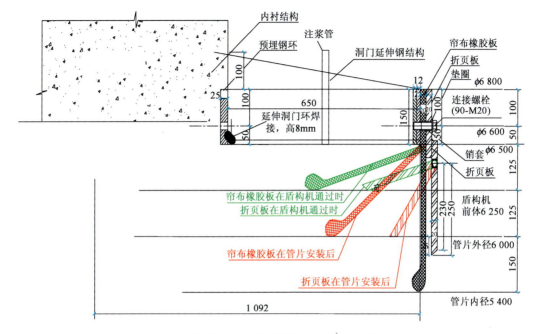

图 4-5　盾构始发段洞门密封结构示意图(尺寸单位:mm)

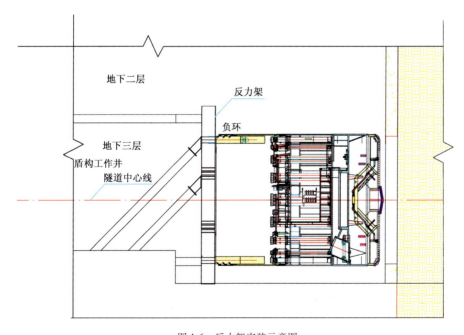

图 4-6　反力架安装示意图

(1)测量人员提前放出隧道中线位置和高程、反力架前端和后端的里程,并对值班工程师现场进行交底,始发台进行现场定位。

（2）根据测量放出的隧道中线位置和高程、反力架前端顶部和底部的里程，严格控制反力架的中线、高程、垂直度及里程。

（3）测量人员复测始发台、反力架的安装精度。

## 五、导轨安装

导轨近掌子面端距洞门掌子面最突出位置保持 800mm 的距离，以防止刀盘旋转损坏导轨，近帘布橡胶板端距帘布橡胶板距离以不损坏帘布橡胶板为准。导轨位置以始发台滑轨延伸对应的位置为准。导轨以 38kg/m 的钢轨制作。

## 六、负环拼装

### 1. 负环管片安装

在拼装负环前必须完成反力架、支撑加固，使其可以提供盾构推进时所需的反力。

始发负环管片采用满环始发，根据盾构井及洞门要求长度，确定所需负环的数量。负环管片全部采用标准环，采取错缝拼装。

负环管片只粘贴丁腈软木橡胶板（纵缝）和软木衬垫（环缝），不粘贴止水条和自黏性橡胶薄片，管片连接螺栓也不需加遇水膨胀橡胶圈，从 0 环开始必须正常使用防水材料。

### 2. 第一环负环管片的拼装

在拼装负环管片前，需在盾尾内焊接 5 根长 1 700mm、65mm 厚的槽钢，分别焊接在 5 号液压缸和 6 号液压缸之间、7 号液压缸和 8 号液压缸之间、10 号液压缸和 11 号液压缸之间、11 号液压缸和 12 号液压缸之间、14 号液压缸和 15 号液压缸之间。待盾构主机完全进入隧道，达到同步注浆条件时，将槽钢拆除。

第一环管片封顶块位置定为 10 点（封顶块向左偏移 18°）。

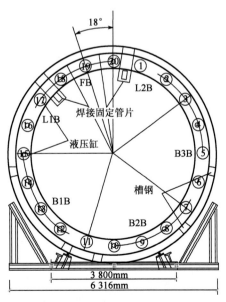

根据负环管片安装示意图（图 4-7），准确地在盾壳上标记各块管片的位置，拼装时严格按照各块管片标记位置拼装。邻接块安装时，在盾尾盾壳上焊接吊耳，拼装完 L1B 或 L2B 后用倒链固定，以支撑管片并保证施工的安全。待封顶块纵向推到位后，拆去倒链，割除吊耳，紧固封顶块与邻接块的螺栓。

### 3. 负环管片拼装注意事项

（1）在负环管片与反力架贴紧后，必须用方木或三角楔子将两者间的间隙填实，并确保填料不会脱落。

（2）负环管片环、纵缝要贴传力衬垫，0 环开始粘贴弹性密封垫，与洞门密封相对应的管片纵缝应采用自黏性橡胶将纵缝封堵，避免由纵缝漏浆。

## 七、掘进破除玻璃纤维桩

（1）盾构破除直径 1 500mm 的玻璃纤维桩围护

图 4-7 支撑槽钢布置和第一环负管片安装示意图

结构时,采用敞开式掘进模式;在桩即将破完时,逐渐建立土压。

(2)在玻璃纤维桩破除到1 000mm时,停机进舱检查刀具,并将中心双刃滚刀更换成羊角刀或贝壳刀。

(3)严格控制盾构机的各组液压缸压力差不大于7MPa,盾构机总推力小于10 000kN,刀盘扭矩小于1 650kN·m。

(4)盾构始发掘进时采取小推力、低转速,尽量减小对地层的扰动,保证洞门附近的安全。在建立土压过程中要注意观察洞门密封、始发台反力架变形、反力架支撑变形、渣土状态等情况,发现异常要及时采取应对措施。

### 八、盾构始发姿态控制

*1. 盾构始发时姿态*

由于盾构刀盘及前体较重,始发过程中容易出现盾构机"低头"的情况。始发姿态宜适当"抬头",其坡度比隧道设计坡度略大0.2%。

*2. 盾构离开始发台前姿态复核、控制*

盾构机在始发台上就位后,对盾构姿态进行认真的复核,保证盾构顺利通过洞门。

盾构在始发台上基本沿预定始发路径直线前进,必要时可通过对推进千斤顶的选择来对盾构姿态作微量调整。在此期间,盾构以低转速、匀速推进原则破除端头围护桩,确保盾构姿态的稳定。

*3. 盾构离开始发台后姿态控制*

盾构在始发台上时尽量不要进行姿态调整,盾尾离开始发台后可以通过调节盾构推进千斤顶的压力来调整盾构姿态;必要时可同时使用铰接功能来调整,以使盾构逐步沿隧道设计轴线推进。

*4. 小半径曲线掘进姿态控制*

小半径曲线($R=400m$)采用割线始发,盾构机始发方向与始发井结构面成89°,盾构机直线推进10m(盾构完全进入隧道)后,与设计轴线最大偏差31mm。在盾构主机完全进入隧道后,开始逐步调整姿态,使之逐渐进入正常掘进状态。

### 九、盾构始发注意事项

(1)始发台、反力架的安装固定必须在定位完成后进行,反力架支柱底部以钢板垫实,始发台必须通过加固挡块固定于底板上。

(2)洞门防水装置安装时必须将连接螺栓接牢固,根据实际情况对扇形压板的位置进行调整,防止帘布橡胶板外翻影响防水效果。在进行始发台加固等施工操作时,注意对帘布橡胶板的保护。

(3)负环管片安装必须确保封顶块位置、管片成圆度的精度。

(4)为防止盾构机在始发台上产生旋转,在盾构外壳上焊接防滑挡块。在防滑挡块接近洞门前及时将其割除,避免损坏帘布橡胶板。

(5)始发掘进时尤其要注意做好渣土改良,防止刀盘前方结泥饼;保持土压的稳定,确保盾构连续掘进;同步注浆采用加强型水泥砂浆,注浆要饱满,必要时进行补充注浆。

(6)在掘进过程中,派专人加强端头和反力架巡视,发现问题及时通知主司机暂停掘进,采取相应处理措施。

(7)在+2环管片安装结束后,紧固好管片连接螺栓,停止掘进,对洞门圈进行注浆。注浆时密切关注洞门密封装置的变形情况,出现漏浆时立即停止注浆,根据具体情况及时采取相应的处理措施。

## 第三节　盾构到达掘进控制

盾构到达是指盾构自区间隧道贯通前100m起,至区间隧道贯通后盾构主机前进至接收小车、后配套与盾构主机分离为止的过程。

### 一、到达端头地层加固

由于到达端头上方即为建筑物,无法采取地面加固措施,采取在洞门环上方120°范围内打设水平管棚注浆加固,确保盾构顺利到达。

### 二、测量和姿态调整

1. 盾构机姿态人工复核测量

在距离贯通面150~200m时进行包括联系测量的线路复测。洞内所有的测量控制点进行一次整体的、系统的控制测量复核,对所有控制点的坐标进行精密、准确的平差计算。

在距离贯通面100m和50m时对SLS-T导向系统进行复核测量。在盾构到站前的最后一次导向系统搬站时,充分利用贯通前150~200m时线路复测的结果,用测量二等控制点的办法精确测量测站、后视点的坐标和高程(测量经纬仪和后视棱镜的坐标和高程)。每一测量点的测量不少于8个测回。在贯通前50m时,进一步加强管片姿态监测与控制。

2. 到达洞门复核测量

为准确掌握到达洞门施工情况,在盾构贯通前300m对盾构到达洞门进行复核测量。测量项目包括:洞门中心位置偏差、洞门全圆半径等。必要时根据测量结果对洞门进行相应的处理。

3. 盾构姿态调整

根据盾构姿态测量和洞门复测结果,讨论制订盾构姿态调整方案,并逐渐将盾构姿态调整至预计的位置。确定盾构贯通姿态时,一般考虑盾构到达时施工进度较慢,盾构存在下沉的情况,贯通前30m可逐渐将盾构姿态抬高15mm。

### 三、到达段掘进施工控制

1. 距车站围护桩50m时的相应准备工作

(1)在到达前50m加强盾构机姿态和隧道线性的测量,及时纠正偏差。结合预埋洞门钢环位置,调整最后50m线路中线,确保盾构顺利出洞。

(2)盾构机出洞前安装好所有扇形压板、环形板和帘布橡胶密封板。

(3)铺设好盾构机移动托架轨道。

(4)在接受井内准备好砂袋、水泵、水管、方木、风镐等应急材料及工具。

2. 距车站围护桩约20m段的掘进

(1)根据盾构姿态测量和洞门复测结果,进一步加强盾构姿态调整,逐渐将盾构姿态调整至预计的位置。

(2)提前检查硬化地面有无裂缝、车站端墙及其他结构有无变形、裂缝等。派人24h对车站端墙及洞门处进行观察,观察人员以电话与总工程师和主司机直接联系。

(3)在加强地面监测的同时对车站端墙及洞门进行监测,监测频次每天两次以上;并及时将监测结果反馈至掘进施工现场,指导现场施工。

(4)掘进参数:土压$(0.16 \pm 0.01)$MPa,根据隧道覆土厚度等综合确定),推进速度50mm/min以内,推力14 000kN以内,刀盘转速$1.1 \sim 1.2$r/min。

3. 距车站围护桩约10m段的掘进

(1)遵循"小推力,低速度,低转速,少出土"的原则,并时刻监视密封土舱压力值。在保证顺利出渣、地表稳定的前提下逐步降低压力。若发现土压无法建立,应严格控制出渣量,以防止地表沉降。

(2)加强洞外监测,地面值班人员要及时将洞外情况反映给总工程师和主司机室,以利于根据实际情况及时调整掘进参数。

(3)掘进参数:土压$(0.14 \pm 0.01)$MPa,推进速度20mm/min以内,推力12 000kN以内,刀盘转速1.0r/min。各项参数在实际掘进施工中根据地面、车站端墙及洞门监测结果进行适当调整。

4. 盾构破玻璃纤维筋围护桩掘进

(1)洞门处围护结构为4根桩径为1 500mm的玻璃纤维筋挖孔桩。盾构在破桩时遵循"低推力、低刀盘转速,减小扰动"的原则,确保不对车站端墙造成影响。在破除玻璃纤维筋桩时,尽量用螺旋输送机出渣,以减少隧道贯通后人工清渣量。

(2)盾构进入玻璃纤维筋桩范围掘进时,由总工程师在到达洞门前统一指挥并与盾构主控室保持不间断的联系。

(3)掘进模式从土压平衡向敞开式过渡,破桩时速度10mm/min以内,推力10 000kN以内,即在保证速度的情况下尽量减小推力。各项参数在实际掘进施工中根据地面、车站端墙及洞门监测结果进行适当调整。

5. 最后5环推进拼装

隧道贯通后还需安装5环管片。由于盾构前方没有了反推力,可能造成管片与管片之间的环缝连接不紧密,容易漏水;同时注浆也受洞门密封装置密封效果影响,易产生漏浆,从而导致管片发生位移。因此,最后5环管片安装时应注意如下事项:

(1)安装管片时,液压缸推力设定为5MPa,出洞10环管片的连接螺栓要求紧固不少于3次,第一次在管片安装时,第二次在下一环安装时,最后再进行人工检查复紧,保证管片连接紧密。

(2) 最后 5 环管片推进时，同步注浆采用加强型水泥砂浆。

(3) 为保证出洞口 10 环管片的稳定，在管片 2 点、4 点、8 点、10 点四处同线的纵向螺栓处采用拉紧装置进行拉紧。

(4) 在最后一环管片安装后，推进液压缸伸出长度为 1 800mm，在盾构底部拼装 1 块标准块以提供反力使盾构能够继续推进。停机进行洞门圈注浆，打开倒数第 2 环管片的注浆孔，向管片背后注入双液浆进行止水，待注浆完成等强后盾构继续推进上接收小车。

隧道贯通照片见图 4-8。

图 4-8　隧道贯通照片

### 四、到达掘进注意事项

(1) 在到达阶段容易产生地表沉降。在该段掘进中特别要注意控制好各项掘进参数，切忌出现土压力忽高忽低、掘进忽停忽走，要保证掘进的连贯性，安全快速地通过该区域进入车站。

(2) 每推进 1 环对测量导向系统的托架及电缆进行 1 次巡查，防止托架碰撞移动、电缆拉断事故的出现，确保导向系统正常工作。

(3) 做好到达姿态控制工作。主司机必须积极配合工程部做好掘进时盾构姿态调整；值班工程师要密切关注姿态的变化，确保顺利出洞。

(4) 加强施工监控量测和环境监控观察。施工期间派专人对环境进行监控与观察，及时反馈信息；并根据监测结果，及时调整施工参数。

(5) 如果掘进过程中发现土压力、出渣量、注浆量、地表沉降等施工参数不能得到有效控制，应立即停止掘进，向总工程师、生产副经理汇报，并采取有效控制措施后，才能恢复掘进。

(6) 盾构机盾尾拖出隧道后，及时进行注浆，保证端头地层稳定。

## 第四节　地表滞后坍塌控制

### 一、坍塌机理

砂卵石地层在不受外力扰动的情况下能保持较好的稳定状态，特别是在无水的状态下。受到扰动后，在刀盘上方形成一松散带。坍塌过程如下：

（1）刀盘前上方卵石变的松散，见图4-9a）。
（2）盾构掘进产生扰动或长时间换刀时，松散卵石进入土舱在刀盘前上方造成地层损失，形成空洞，见图4-9b）。
（3）由于砂卵石地层的内摩擦角 $\varphi$（内摩擦角为35°~40°）较大，具有一定的拱效应，在拱效应的作用下，地层损失进一步向地表转移，如图4-9c)~e)，从而逐渐坍塌到地表。

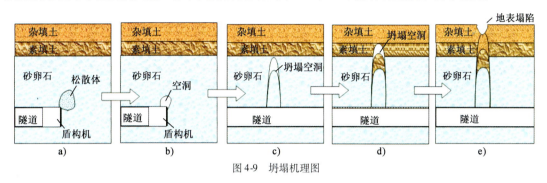

图4-9　坍塌机理图

砂卵石地层地表坍塌的显著特点是隧道上方形成空洞；砂卵石地层骨架效应较好，空洞在一定时间内可自稳；在地面荷载作用下，空洞逐步延伸至地表，造成地表塌陷，且表现为滞后性，短则一两个月，多则一年甚至两年以上，施工风险和隐患极大。

## 二、坍塌主要原因

地表坍塌原因是多方面的，主要有地质特性、设备选型和施工工艺等三方面的原因。

1. 地质特性

砂卵石地层孔隙率大，盾构掘进扰动后地层逐渐密实，造成地层损失。

局部砂卵石地层夹透镜体砂层，自稳能力差，透水性强，开挖面容易产生涌水、涌砂，造成细颗粒物质大量流失，引起开挖面失稳、地面沉降甚至塌陷。

受到沿线周边建筑物、地铁车站施工降水影响，砂卵石地层中粉细砂等细颗粒随着降水排走，卵石之间形成孔洞，地层疏松，卵石骨架受到盾构施工扰动而垮塌。

2. 设备选型

刀盘开口率小，且开口部分加焊隔栅，只允许300mm以下粒径的卵石进入土舱，卵石在刀盘前多次破碎，对地层扰动大。

刀盘中心部位没有开口，降低了卵石进入土舱的效率。

选用轴式螺旋输送机，渣土排送能力远低于带式螺旋机。

3. 施工工艺

（1）土舱压力设定不合理

隧道顶部覆土为人工填筑土、粉质黏性土，或夹带粉细砂层，自稳能力差，盾构掘进时平衡土压力过小，可能引起地面坍塌。

穿越全断面砂卵石土层，受砂卵石土层渗透率大的影响，不能建立土压平衡掘进模式；或土舱压力不稳定，容易造成地表发生沉降。

（2）出土量超标

掘进过程中出土量难以控制,造成实际出土量远大于理论出土量,地层损失过大。主要表现在以下方面:

①隧道通过范围内为高强度、大粒径的卵石、漂石(图 4-10),盾构掘进时排渣困难,卵石堆积在刀盘前方反复破碎,对地层扰动大,容易造成超挖。

②局部砂卵石地层夹透镜体砂层(图 4-11),自稳能力差,透水性强,开挖面容易产生涌水、涌砂,出土量难以控制,造成细颗粒物质大量流失,引起地面沉降甚至塌陷。

图 4-10　卵石地层的坍塌　　　　图 4-11　砂层的坍塌

③泥岩地层中掘进时,由于刀盘中心部位没有开口,渣土改良效果不好时极易结泥饼,盾构推进困难,造成出渣量难以控制,见图 4-12。

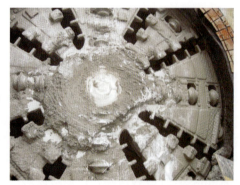

图 4-12　刀盘中心部位结泥饼

(3)同步注浆不及时或不饱满

盾构掘进过程中,如果同步注浆不及时,或者注浆量少于实际需填充的建筑空隙,也有可能引起地面沉降。

### 三、坍塌多发位置分析

1. 端头

车站施工时长期降水,地层内细颗粒流失,形成空洞,受盾构掘进扰动影响,空洞扩展造成地表沉降或坍塌。

(1)始发端头

始发端头坍塌:一是始发时盾体未全部进入地层中,不能建立土压平衡模式,工作面失稳;二是始发时推力小,掘进进度慢,出渣控制困难,造成超挖。

(2)到达端头

盾构即将到达端头时,无法建立土压平衡;另外为防止损坏车站结构,有意识地降低掘进速度,对围岩扰动时间长。

2.城市主干道

盾构掘进扰动造成地层密实或盾构掘进出渣量超标都容易形成空洞,由于砂卵石地层的自稳性能、地层维持稳定的假象,城市主干道交通流量大、超载车辆多,在地面荷载作用下,空洞逐步向地表扩展,最终形成坍塌,见图4-13。

图4-13 城市主干道坍塌照片

3.换刀位置

常压换刀时采用降水等辅助措施,砂卵石地层可以维持一定时间的稳定;当换刀时间超过地层自稳时间,刀盘上方卵石逐渐掉落形成空洞。

带压换刀时反复加压减压,多次扰动地层,造成地层松弛进而形成空洞。

4.花坛绿化带

花坛绿化带的土体疏松不密实,长期受水浸泡,盾构扰动后沉降尤其明显,见图4-14。

5.残留降水井

市政工程施工时大量降水,地层中的细小颗粒流失,造成空隙,盾构掘进时在残留降水井位置极易发生小范围坍塌,见图4-15。

图4-14 绿化带坍塌照片　　图4-15 降水井位置坍塌照片

### 6. 电缆管沟

各类市政管沟众多，普遍存在管沟下部回填不密实、疏松，盾构掘进时扰动，造成管沟位置地表沉陷，见图 4-16。

### 7. 行车道辅道和人行道

行车道辅道和人行道回填要求比主干道低，车站施工进行交通导改后，行车辅道和人行道临时成为交通主干道，在庞大的车流量作用下，地层进一步密实造成地表沉陷，见图 4-17。

图 4-16　地表沉降照片

图 4-17　道路沉降照片

## 四、坍塌防控措施

盾构 4 标过主城区排污干管、火车南站 10 股股道，盾构 3 标过锦江大桥，盾构 2 标过市经委/安监局大楼，均实现了安全可控。主要从以下方面做好地表坍塌的预防控制：

1. 加强盾构掘进参数控制，落实施工技术措施

（1）严格控制每一循环的出渣量，进行体积、质量双重控制，保证数据真实性。1.5m 幅宽管片每环出渣量控制在 $58\sim62m^3$，质量控制在 $105\sim110t$。

不同地层或互层，松散系数和密度不同，渣土改良效果不同，含水率也不同，体积和质量控制困难，必须加强数据反馈和报警制度管理，每环出渣质量由门吊司机统计后，及时反映到主机室，以便采取相应的措施。

（2）做好注浆量与出渣量的匹配，加大洞内同步注浆量。

根据出渣量和地表监测数据，对出渣多的地方和建筑物下面，盾尾通过该处时加大注浆量；地表有条件时在地表钻孔注浆；盾构通过后，在隧道内通过管片吊装孔，打设垂直注浆管加固。

同步注浆主要控制注浆压力、注浆量和砂浆的质量。对于特殊地段（建筑物下、河底管线下）改变配合比，增大水泥加入量，加快浆液凝固速度。

洞内二次补注浆各工序见图 4-18。

①注浆管加工。注浆管采用 $\phi 50mm$、壁厚 4mm 无缝钢管，每节长度初步定为 6m。根据现场钻孔情况适当调整注浆管长度，在距离管底 4m 范围内设泄浆孔，孔间距 $10\sim15cm$、呈梅花形布置 4mm 的溢浆孔，花管在下管之前将溢浆孔用贴片或者胶布粘贴封孔。

②开孔。采用隧道顶部开直孔,开孔位置避开封顶块和拼接缝,在邻接块吊装孔位置每环管片开一个孔,两孔之间距离不得小于 3m,开孔采用 Z1Z200E 工程钻机钻孔施工,工程钻机先用 φ100mm 钻头在管片上钻深 10cm,然后用 φ75mm 钻头再钻 10cm,安装单向止水阀,用堵漏材料对周边进行封堵。

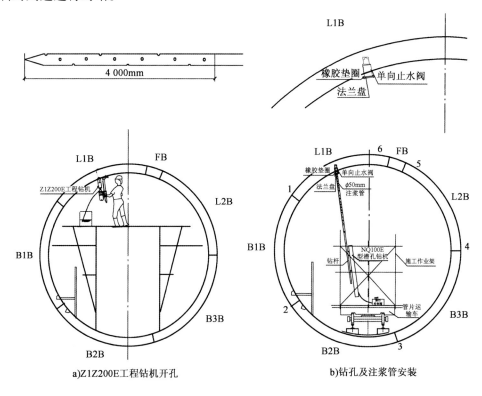

图 4-18 洞内二次补注浆各工序

③钻孔及注浆管安装。采用潜孔钻机在已开孔的位置继续钻孔,把管片钻透,插入 φ50mm 注浆管进行跟管钻进,钻孔完成后保证管片外弧面以上 2m 内注浆管不得有溢浆孔。

④注浆。预埋好注浆管后,采用单液浆进行二次补强注浆。

(3)加强特殊地层段的渣土改良,保证出渣顺畅。砂卵石地层泡沫用量在 30~35L/环,泥岩地层 40~45L/环,根据渣土改良的效果加入适量的水。

(4)必须确保施工记录真实性,建立强有力的技术管理制度。加强施工管理,特别是数据及报警流程严格界定,落实责任,层层负责。

2. 特殊地段的措施

对始发、到达端头提前采取处理措施,从成都地铁 1 号线、2 号线的施工经验看,提前注浆加固的效果很不理想,采用跟踪注浆加固,效果较好,但有一定的滞后性。

换刀等停机时间长时,刀盘处卵石变得松散或局部坍塌,盾构恢复掘进时建立土压平衡模式,同时加大同步注浆量,补充地层损失。

3. 监控量测

适当增加地中位移监测的频率,地表沉降超过 20mm 时,立即采取补充注浆等补救措施。安排专人进行 24h 不间断地表巡查,发现地表沉降等异常情况,及时采取补救措施。

4. 坍塌区回填

坍塌区域一般面积小、深度较深,采用砂石料等常规材料回填后,由于无法碾压密实,容易再次发生沉降或坍塌。对坍塌区采用低强度等级素混凝土进行回填,可有效防止二次坍塌。

# 第五章　盾构同步注浆浆液配制及施工技术

## 一、同步注浆浆液的填充机理

同步注浆是在盾构向前推进的同时向管片背部建筑空隙加压注浆材料的一种注浆方法，使注浆材料在充入建筑空隙后能保持一定的压力，从而使地面沉降控制在最小的范围。同步注浆示意图见图5-1。

注浆材料从成分上分为单液型和双液型两种。单液型浆液是在搅拌机等搅拌器中一次拌和成为流动的液体，再经过液体～固体的中间状态（流动态凝结及可塑状凝结）后固结（硬化），譬如常用的水泥砂浆类浆液。双液浆液通常是指化学注浆，即把A液（水泥类）和B液（通常是水玻璃类作硬化剂）两种浆液混合，

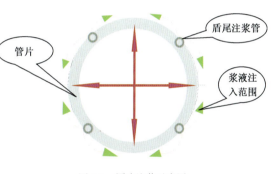

图5-1　同步注浆示意图

变成胶态溶液，混合液的黏性随时间的增长而增长，随之进入流动态固结和可塑态固结区。

单液浆液由于水泥的水化反应非常缓慢，达到固结需要几小时至几十小时不等，特别是惰性浆液固结时间更长。而双液型浆液的凝胶时间通常很短（0～60s）。按凝结时间来分，双液型浆液又可以被分为缓凝型、可塑型、瞬凝型三种类型。由于不同浆液凝结时间不一样，所以各自填充空隙的机理大相径庭。

1. 单液型浆液

如图5-2所示，由于在单液型浆液在注浆时是没有完全自立性的流体，所以具有非常平缓的倾斜（由流动性的好坏决定）充填，形成后注浆液顺次推压先注的浆液，使浆液逐渐充填到前方的形态。由于是流体状压入，浆液易流失到管片背部建筑空隙之外其他部位（比如开挖面、周围土体等）并且易受地下水影响。而最应该注入的区域，特别是管片的顶端部位却很难充填到。

2. 缓凝型浆液

缓凝型浆液的凝胶时间通常为30～60s，充填形态见图5-3。

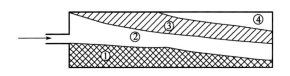 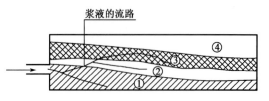

图 5-2　单液型浆液填充机理　　　　　图 5-3　缓凝型浆液填充机理
①第一批进入的浆液；②第二批注入的浆液；③第三批　①第一批进入的浆液；②第二批注入的浆液；③第三批
注入的浆液；④没有充填到的部位　　　　　　　　　　注入的浆液；④没有充填到的部位

在凝胶前，由于流动性非常好，所以和单液型浆液一样，可以实现平缓的小坡度的大范围的充填。凝胶后的浆液，在经过较短的可塑态区后，若再过渡到固结区（固体），则浆液自身就不再流动。后注入的浆液在未凝胶前顶破固结体，渗到未充填部位后固结。此后反复充填、固结、渗入，依次充填。由注入缓凝固结型浆液的模型注浆试验知道，上部实际没有被浆液全部填充。这种缓凝型浆液，由于到凝胶止的时间较长，并且黏性小，容易流失到远处，所以对限定范围特别是隧道顶部的填充以及防止向开挖的泄漏较为困难。此外，在凝胶前的一段时间里易受地下水稀释，或出现材料分离，存在固结强度不均匀等缺点；但对涌水等止水的性能良好。

3. 可塑性浆液

可塑态浆液的凝胶时间通常为 5～20s，从双液混合到固结的过程中，存在一个可塑态固结、实用有效的时间范围。充填形态见图 5-4。在可塑态固结区的保持时间内，首批注入的充填浆液①、二批注入的充填浆液②、三批注入的充填浆液③均可以被依次压送到前方，因此在可塑态固结区保持时间内，即使连续注浆暂停几分钟（小于保持时间），首批注入的浆液仍能较容易地被压送到前方。由此可以推断出，注入可塑性浆液时，随着注入（填充）范围的扩大，浆液的依次压入，能作大范围的充填。此外，由于是可塑态固结，从后面压入，逐渐向前移动直到完全填充空隙；另一方面因为可塑态黏性非常高，所以很难向周围土体中扩散。模型试验结果表明，浆液可以充填到上部的限定范围。从某泥水盾构背后注浆（浆液为可塑性浆液）的现场，拆卸管片时观察到的浆液填充的状态，尽管盾构的外径较大，并且仅为一点注浆，但仍能完全填充整个区域，且填充效果较好。

4. 瞬凝型浆液

与可塑性浆液相比，可塑态固结区的保持时间短。设想对某一限定的空洞进行充填得到的充填形态见图 5-5。

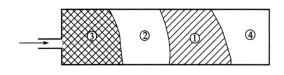 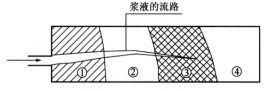

图 5-4　可塑性浆液填充机理　　　　　图 5-5　瞬凝型浆液填充机理
①第一批进入的浆液；②第二批注入的浆液；③第三批　①第一批进入的浆液；②第二批注入的浆液；③第三批
注入的浆液；④没有充填到的部位　　　　　　　　　　注入的浆液；④没有充填到的部位

首批注入浆液在凝胶时间和可塑态固结区的保持时间重合的一段时间内容易充填，但进入固结区后，固结体就不移动了，故不能同可塑态浆液被依次压送到前方。但是连续地从后面压入浆液,对首批固结体产生劈裂现象,在首批固结体的中心部位形成浆液的一个流通通路。通过该通路注入的浆液即可填充到前方。

后继注入的浆液重复与①过程完全相同的②、③两过程的同时,依次把浆液送到前方去。若观察这种类型的连续注浆,就可以看到固结的浆液被连续不断地压到前方,后继浆液是通过位于固结浆液中心部位的通路被依次压送到前方而固结的。此时若使注浆连续停止数分钟,由于通路内浆液凝固,再开机注入时,可发现注入压力猛增,致使注入成为不可能,这是上述浆液通路被闭塞的原因所致。用这种瞬凝型浆液作注浆材料,其注入(充填)范围越大,注入阻力(压力)也越大,其结果很可能导致浆液被压入阻力小的周围土体中去。由于不能取得很大的注入范围(距离),所以施工使用受到限制(大断面盾构一点注入的情况等),在进行同步注浆施工时容易造成事故。

### 二、盾构同步注浆的目的

盾构同步注浆就是在隧道内将具有适当的早期及最终强度的材料,按规定的注浆压力和注浆量在盾构推进的同时填入管片背部建筑空隙内。其目的是:

(1)尽早填充地层,减少地表沉陷量,保证周围环境的安全。
(2)确保管片衬砌的早期稳定性和间隙的密实性。
(3)作为衬砌防水的第一道防线,提供长期、均质、稳定的防水功能。
(4)作为隧道衬砌结构的加强层,使其具有耐久性和一定的强度。

同步注浆是通过同步注浆系统及盾尾的注浆管,在盾构向前推进、管片背部建筑空隙形成的同时进行,浆液在空隙形成的瞬间及时填充,从而使周围土体及时获得支撑。可有效地防止岩土的坍塌,控制地表的沉降。在地层稳定性差,采用EPB模式掘进时,同步注浆的重要性更加突出和明显。

### 三、盾构同步注浆系统

同步注浆系统为自动注浆系统,使用的注浆泵为全液压双缸双出口活塞注浆泵,该泵由电动液压泵站提供动力。浆液在搅拌站配置好以后,由砂浆运输车(带搅拌叶片)运至注浆站,通过软管抽送至砂浆存储罐内(即搅拌罐),连接好注浆管路,并在设定压力、流量后进行注浆。同步注浆设备见图5-6。

a)注浆泵及储浆罐

b)注浆控制面板

图5-6 同步注浆设备

## 四、同步注浆主要技术参数

1. 注浆压力

注浆压力必须克服地下水压力、土压力及管阻摩擦力等才能将浆液送到空隙中,达到填充作用。注浆压力不能太大,否则会对周围土层产生劈裂作用。必须以一定的压力压送浆液,才能使浆液很好地遍及管片外侧的空隙。

注浆压力通过理论分析来计算。下临界注浆压力 $P_J^s$ 必须维持土体的稳定,使之不坍塌;上临界 $P_J^x$ 必须维持土体的稳定,使之不隆起。理想的 $P_J^n$ 就落在这个范围内。若将上下临界 $P_J$ 值分别乘以及除以一个安全系数 ($n = 1.5 \sim 2.5$),就可以逐步逼近最优 $P_J^n$ 值。

根据静力学分析:

$$P_J^s = \left(\gamma - \frac{2c_u}{D}\right)h \tag{5-1}$$

$$P_J^x = \gamma H \left[ l + \frac{H}{D}\tan\left(45° - \frac{\varphi}{2}\right) - \frac{2c_u}{D} \right] \tag{5-2}$$

$$n\left(\gamma - \frac{2c_u}{D}\right)h < P_J^n < \gamma H \left[ l + \frac{H}{D}\tan\left(45° - \frac{\varphi}{2}\right) - \frac{2c_u}{D} \right]\frac{1}{n} \tag{5-3}$$

加上沿程管路阻力损失值:

$$\Delta P_\lambda = \lambda \frac{l}{d} \frac{\rho v^2}{2} \tag{5-4}$$

式中:$\lambda$——沿程阻力系数,当浆液层流时,为 $64/\text{Re}$,Re 为雷诺数;

$v$——流动速率;

$l$——浆液压入口到压出口的长度(没有包括由于管子弯曲、变截面引起的阻力损失);

$d$——管子内径。

理想的注浆压力为:

$$P_J = P_J^n + \Delta P \lambda$$

$n$ 的选取满足:

$$n = \sqrt{\frac{\gamma H \left[ l + \frac{H}{D}\tan\left(45° - \frac{\varphi}{2}\right) - \frac{2c_u}{D} \right]}{\left(\gamma - \frac{2c_u}{D}\right)h}} \tag{5-5}$$

根据以上公式分析,对富水砂卵石地层,在取 $c_u = 16\text{kPa}$,$H = 11.0\text{m}$,$\varphi = 0°$ 时,得到 $n = 2.18$,$P_J^n = 220\text{kPa}$,而 $\Delta P_\lambda = 100 \sim 200\text{kPa}$,故最佳的注浆压力为 $P_J^n = 320 \sim 420\text{kPa}$。

计算得出的注浆压力和国内外的研究成果是吻合的。实际上在成都地铁盾构施工中,注浆压力大约在 $0.3 \sim 0.4\text{MPa}$,为拱顶土压的 2 倍以上,并略大于隧道拱底的土压力。在管片背面测得的浆液压力大概为 $0.2\text{MPa}$,原因正是注浆时沿管道产生压力损耗,并且管口有扩散效应。

初期阶段,为了保证管片背部建筑空隙得到充分填充,曾特意尽可能用较高压力进行注浆,但是出现过螺栓断裂甚至管片从顶部坠落的事件。对此,目前一般设定一个稍微偏高的注浆压力并同时进行注入量的管理。

2. 注浆量

注浆量的确定是以管片背部建筑空隙量为基础并结合地层、线路线性及掘进方式等考虑适当的饱满系数,以保证达到充填密实的目的。注浆量与盾构掘进时扰动地层范围有关系,扰动范围是变量,一般情况下充填系数为 1.3~1.8;在裂隙水比较发育或地下水量大的岩层地段,充填系数一般取 1.5~2.5。

同步注浆量经验计算公式:
$$Q = V \times \lambda \tag{5-6}$$

式中:$V$——充填体积(盾构施工引起的空隙,$m^3$);
$$V = \pi(D^2 - d^2)L/4 \tag{5-7}$$

$D$——盾构切削外径;
$d$——预制管片外径;
$L$——回填注浆段长度,即预制管片衬砌每环长度;
$\lambda$——充填系数(宜取 1.3~2.5)。

在富水砂卵石地层中,地下水十分丰富,其实际充填系数为 1.5~1.8。

3. 注浆速度

根据盾构推进速度,浆液以每循环达到预计总注浆量均匀注入。从盾构开始推进的同时开始注浆,到盾构推进结束注浆完成,注浆速度由注浆泵的性能、单环注浆量确定,应与掘进速度相适应。

### 五、浆液配比及技术参数

1. 浆液配比

同步注浆材料必须选择适合于隧道地质条件和盾构形式等,应具有不发生材料离析、流动性好、注浆后体积收缩小、初期强度提高快等特点。由于盾构隧道穿越砂卵石土地层,同步注浆采用水泥砂浆,由水泥、粉煤灰、砂和水组成,外加剂为膨润土等。浆液的配比见表 5-1。

同步注浆材料配比表　　　　　表 5-1

| 水泥(kg) | 粉煤灰(kg) | 膨润土(kg) | 砂(kg) | 水(kg) | 胶化黏土(kg) |
|---|---|---|---|---|---|
| 126 | 180 | 72 | 720 | 480 | 216 |

2. 技术参数

这种浆液的凝胶时间一般为 3~10h。根据地层条件和掘进速度,通过现场试验加入促凝剂及变更配比来调整胶凝时间。

固结体强度:1d 不小于 0.2MPa,28d 不小于 2.5MPa。
浆液结石率:>95%,即固结收缩率<5%。
浆液稠度:8~12cm。
浆液稳定性:倾析率(静置沉淀后上浮水体积与总体积之比)小于 5%。

同步注浆材料受地质条件、地下水状况、施工技术等多方面因素的影响。要充分考虑这些因素,在满足设计要求的前提下,有针对性地进行配比设计,并根据现场实际情况进行调整,使各项指标不但能满足施工要求,而且有良好的经济性,有利于降低施工成本。

### 六、同步注浆施工工艺

注浆工艺是实现注浆目的,保证地面建筑物、地下管线、盾尾密封及衬砌管片安全的重要一环,因此必须严格控制,并依据地层特点及监控测量结果及时调整各种参数,确保注浆质量和安全。

为了使环形空隙能较均匀地充填,并防止衬砌承受不均匀偏压,同时对盾尾预置的4个注浆孔进行压注;在每个注浆孔出口设置分压器,以便对各注浆孔的注浆压力和注浆量进行检测与控制,从而获得对管片背后的对称均匀压注。同步注浆施工工艺流程见图5-7。

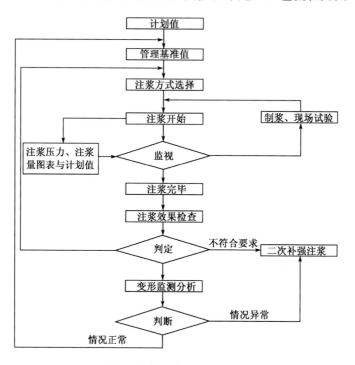

图5-7 同步注浆施工工艺流程

1. 质量保证措施

(1)注浆前进行详细的浆液配比试验,选定合适的注浆材料及浆液配比,保证所选浆液配比、强度、耐久性等物理力学指标符合设计施工要求。

(2)进行详细的注浆施工设计,并制订详细的工艺流程及注浆质量控制程序,严格按要求实施注浆并进行检查、记录和分析,及时作出$P$(注浆压力)-$Q$(注浆量)-$t$(时间)曲线,分析注浆效果,反馈指导下次注浆。

(3)根据洞内管片衬砌变形和地面及周围建筑物变形监测结果,及时进行信息反馈,修正注浆参数及设计和施工方法,发现情况及时解决。

(4)做好注浆孔的密封,保证其不渗漏水。

(5)做好注浆设备的维修保养及注浆材料供应,保证注浆作业顺利连续不间断地进行。

2. 注浆结束标准

同步注浆结束标准为注浆压力达到设计压力,注浆量达到设计注浆量的80%以上。对注浆不足或注浆效果不好的地方进行补强注浆,以增加注浆层的密实性,提高防水效果。

## 七、同步注浆效果评价

1. 同步注浆充填率对地表沉降的影响

盾构在富水砂卵石地层掘进,由于建立了合理的泥水压力/土压力,注浆填充系数为1.5~1.8,注浆压力在0.3~0.4MPa,注浆填充饱满,地表沉降控制在规范允许范围内。一般在隧道轴线处的地表沉降值最大(图5-8)。从沉降量看,土压平衡盾构施工引起的地表最大沉降量一般为12~15mm(图中左线隧道中线处),而泥水盾构施工引起的地表最大沉降量一般只有8~11mm(图中右线隧道中线处)。两者均能满足规范要求,但土压平衡盾构施工引起的地表最大沉降量明显要大于泥水平衡盾构施工引起的地表沉降量,特别是隧道埋深较浅时土压平衡盾构施工的地表沉降控制相对困难。

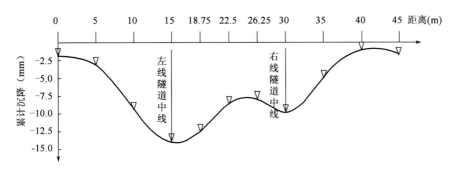

图5-8 地表沉降槽曲线图

2. 联络通道开挖时验证同步注浆效果

在区间隧道联络通道开挖时,可以直观地看到同步注浆浆液凝固后的状况(图5-9),从浆液凝固后强度和厚度上,验证了同步注浆效果。

a)同步注浆浆液凝固　　　　　　　　b)浆液凝固后厚度

图5-9 同步注浆效果图

3. 采用超声波检测同步注浆效果

超声波检测是通过注浆前后超声波波速提高幅度的方法来分析注浆质量和效果的。测试仪器采用 SYC-2 型声波岩石参数测定仪和 FSS 型换能器(图 5-10)。在检测注浆效果时,通过岩体声速变化规律和测孔注浆压力、注入量等情况进行分析,得出以下结论:

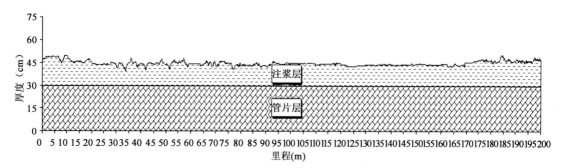

图 5-10　超声波检测注浆浆液厚度

(1)若注浆后信号较弱,声速较低,说明岩层裂隙较多,注浆不足,岩层裂隙没有得到很好地充填;若注浆后波形信号明显,声速值较高,则说明随着注入浆液的充填、固结,形成了比较致密完整的岩体。

(2)在围岩松动圈范围内声速变化较大,而在松动圈范围外声速值、波幅值变化不大。这是因为,松动区域围岩较破碎,注浆时进浆量较多,注浆压力由小到大变化,故此区域声速提高幅度也大。这样可测出浆液的有效扩散距离。

超声波速度是岩体超声波测定的主要参数之一,也是衡量岩体结构的主要指标。用超声波检测注浆质量及效果,主要是将其声速测定的结果进行分析和研究。注浆后声速幅度值越大,说明裂隙被充填越密实,注浆质量和效果越好,从而能够达到更好的充填间隙和固结堵水的效果。

# 第六章　渣土改良技术研究与应用

随着盾构施工配套技术逐步完善,盾构施工渣土的管理与改良越来越引起人们的注意。在掘进过程中,渣土的流动性、止水性、流塑性对盾构的掘进效率及经济效益影响很大,同时也影响盾构机的使用寿命。如何防止渣土在刀盘上形成泥饼、在土舱内堵舱,螺旋输送机处产生堵塞、喷涌,仍然是盾构施工中的难题。如何对成都地区特有的富水含大漂石砂卵石地层进行渣土的改良对盾构施工来说至关重要。渣土改良效果的成功与否,将直接影响到盾构机的掘进速度、掘进模式、掘进成本,甚至可以影响到工程的成败。

## 一、渣土改良目的

(1)使渣土具有较好的土压平衡效果,利于稳定开挖面,控制地表沉降。
(2)使渣土具有较好的止水性,以控制地下水流失。
(3)使切削下来的渣土顺利快速进入土舱,并利于螺旋输送机顺利排土。
(4)可有效防止土渣黏结刀盘而产生泥饼。
(5)可防止或减轻螺旋输送机排土时的喷涌现象。
(6)可有效降低刀盘扭矩及螺旋输送机扭矩,降低对刀具和螺旋输送机的磨损,提高盾构机掘进效率。

## 二、渣土改良系统

盾构配有两套渣土改良系统:泡沫系统、膨润土(泥浆)系统,见图6-1、图6-2。两者共用一套输送管路,所有管路经旋转接头均可到达刀盘面板。此外,在盾构机上增加加水管路,管路直接和循环水管路连通,设置气动阀,主机室通过控制按钮调整加水量。一般渣土较干时加水。

1.泡沫系统

泡沫系统主要包括泡沫剂罐、泡沫剂泵、水泵、4个溶液计量调节阀、4个空气剂量调节阀、4个液体流量计、4个气体流量计、泡沫发生器及连接管路。在刀盘和螺旋输送机共设置14路泡沫孔,其中刀盘面板8路、土舱隔板预留4四路、螺旋输送机设置2路。土舱隔板预留4路泡沫孔兼作膨润土注入孔。

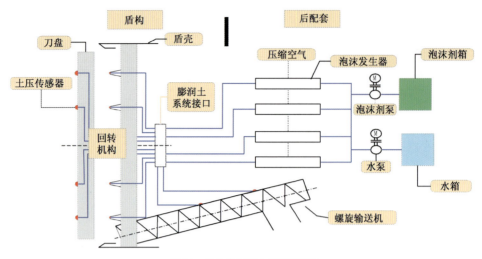

图 6-1 泡沫及膨润土系统示意图

图 6-2 RH65 工业软管泵

1-软管;2-滚轮;3-泵壳;4-进液或出液端;5-联轴器;6-减速器;7-电动机;8-出液或进液端;9-底座

泡沫装置产生泡沫,并向盾构机土舱中注入泡沫,作为支撑介质的土体在加入泡沫后,其塑型、流动性、防渗性和弹性都得到改进,盾构机掘进所需驱动功率减少,同时减少刀具的磨损。

泡沫剂泵将泡沫剂从泡沫剂罐中泵出,并与水泵泵出的水按盾构司机操作指令的比例混合形成溶液。控制系统是通过安装在水泵出水口处的液体流量计测量水泵泵出水的流量,并根据这一流量控制泡沫剂泵的输出量来完成这一混合比例指令的。混合溶液向前输送至盾体中,被分配输送到 4 条管路中,经过溶液剂量调节阀和液体流量计后,又被分别输送到 4 个泡沫发生器中,在泡沫发生器中与同时被输入的压缩空气混合产生泡沫,压缩空气进入泡沫发生器前也要先经过气体流量计和空气剂量调节阀。泡沫剂溶液和压缩空气也是按盾构机司机操作指令的比例混合的,这一指令需通过盾构机控制系统接收液体流量计和气体流量计的信息并控制空气剂量调节阀和溶液剂量调节阀来完成。最后,泡沫沿 4 条管路通过刀盘旋转接头,再通过刀盘上的开口,注入泥土舱中。在控制室,操作人员也可以根据需要从 4 条管路中任意选择,向泥土舱加入泡沫。

2. 膨润土系统

在确定不使用泡沫剂的情况下,关闭泡沫输送管道,同时将膨润土(泥浆)输送管道打开,通过膨润土(泥浆)输送泵将泥浆或者膨润土压入刀盘、土舱和螺旋输送机内,达到改良渣土的目的。

膨润土系统主要包括膨润土罐、膨润土泵、膨润土管路控制阀及连接管路。盾构机自带的膨润土泵(注射泵 $30m^3/h$)加水或加泥浆时加入速度很快,但舱内压力升高后,就无法再加入。现场添加了一套工业软管泵,虽然加入泥浆速度慢,但舱内压力大时仍然可以加入。

在搅拌站搅拌好膨润土,放入砂浆车中,蓄电池车牵引至膨润土罐旁,将膨润土泵入膨润土罐中。需要注入膨润土时,膨润土被膨润土泵或者挤压泵沿管路向前泵至盾体内。操作人员可根据需要,通过控制打开不同管路闸阀,将膨润土加入到泥土舱或螺旋输送机中。

### 三、渣土改良方法

土压平衡盾构掘进时的渣土改良方法包括向刀盘、土舱及螺旋输送机添加泡沫或膨润土泥浆和水等。

1. 泡沫的使用

泡沫剂是一种均质的液体高分子聚合物,经管道输送到泡沫发生器产生泡沫,从而增加渣土的黏滞性,改善刀盘的工作环境,增加土舱的密封和便于渣土的运输。渣土里的泡沫在使用后几天之内就会完全分解,当泡沫消失后,注入过泡沫的渣土又回复到其原来的状态。泡沫通过盾构机上的泡沫系统注入。

(1)泡沫在渣土改良中的主要作用

①减少盾构机机械的磨损。土压平衡盾构在砂卵石地层中掘进时,刀具极易磨损,通过在刀盘上注入泡沫材料,可以降低土体的摩擦性,减小刀具的磨损。

②调整土舱内土体塑性流动性。土舱内土体性质如何,将直接影响盾构的顺利掘进,切削后的渣土具有良好的塑性流动性,不但可以使开挖面维持较好的支护压力,而且保证排土顺利进行。在盾构掘进中,由于地层的变化,未经处理进入土舱的土体通常难以获得希望的流动性,土舱内容易发生"泥饼"、"堵塞"等问题,严重影响掘进效率。泡沫的注入可以有效解决上述问题。

③降低渣土的透水性。土压平衡盾构在砂卵石层等强透水层掘进时,开挖面过高的水压力会导致盾构机螺旋输送机出口发生地下水大量流失,严重时会发生喷涌,影响掘进顺利进行,注入泡沫可以有效降低渣土的渗透性,有效防止掘进中喷涌的发生。

④降低切削渣土的内摩擦力,减少刀盘、螺旋输送机的磨损。

(2)泡沫渣土改良技术

①泡沫剂组成根据开挖土体的颗粒级配、不均匀系数、掘进速度、掘进的推力和扭矩的具体情况进行调整。一般组成比例如下:

泡沫溶液的组成:泡沫添加剂 3%～5%、水 95%～97%。

泡沫组成:90%~95%压缩空气和5%~10%泡沫溶液混合而成。泡沫的注入量按开挖方量及渣土实际情况计算:一般 300~600L/m³。

②泡沫剂的注入可选择采用半自动操作方式和自动操作方式。在一般情况下,泡沫的注入率最小值为20%;当渣土较黏时,为防止产生泥饼或堵舱,泡沫的注入率最小不小于30%。在实际施工过程中,泡沫的注入率要根据掘进期间对渣土的观察来做相应的调整,而影响注入率的最关键因素为土体的液限、塑限以及土体的含水率。根据经验,土体的黏稠指数 $I_c = 0.5$ 时,土体比较容易改良。其中黏稠指数计算公式为:

$$I_c = (w_L - w_s)/I_p \tag{6-1}$$

式中:$w_L$——土体的液限;

$w_s$——土体含水率;

$I_p$——塑性指数。

### 2. 膨润土泥浆的使用

加入膨润土泥浆也是渣土改良的一种重要方法,主要以向土舱内添加为主,向刀盘和螺旋输送机上添加为辅。特别是砂卵石地层,加入膨润土效果更明显。加入膨润土泥浆渣土改良后,有效改善了砂卵石的颗粒级配,使土舱内土体塑性流动性好,渣土能够结合在一起;在卵石表面有泥浆保护层,降低了渣土的透水性和对刀盘、刀具、螺旋输送机的磨损,增加了盾构掘进长度,减少了换刀次数,既保证了施工顺利进行,又节约了成本。

膨润土泥浆的添加量为出土量的10%~20%。注入压力比土舱压力略高。

### 3. 水的使用

渣土较干,流动性不好时,单纯通过注入泡沫剂或膨润土泥浆,难以达到理想的渣土改良效果。这种情况下可以注入适量的水,来进行渣土改良。

在施工中随时对渣土温度、渣土卵石的含量判断所掘地层的岩性。渣温的控制是指通过对渣土温度的感知了解刀具的工作环境,同时指导渣土改良,对刀具进行保护。

### 4. 不同地层的改良措施

(1)砂卵石地层的改良

主要采取向刀盘面板和土舱内注入膨润土的方法进行渣土改良,同时加入适量的泡沫。每掘进一环(1.5m)加入6m³膨润土泥浆,泡沫添加剂用量在30L左右。膨润土泥浆配合比见表6-1。

膨润土泥浆配合比(6m³)　　　　　表6-1

| CMC(kg) | 膨润土(kg) | 纯碱(kg) | 水(kg) |
|---|---|---|---|
| 12 | 1 000 | 50 | 5 500 |

(2)强风化泥岩地层的改良

主要采取向刀盘面板和土舱内注入足够的泡沫和水来改良渣土,必要时可向螺旋输送机内注入泡沫。

泥岩地层泡沫添加剂用量增加到每环(1.5m)50~60L,同时根据改良效果加入适量的水。

5.渣土改良效果分析

通过采用添加泡沫、膨润土泥浆和水的综合措施进行富水砂卵石地层的渣土改良。渣土改良后流动性好,呈塑性状态,能够比较轻松地用手抓取;螺旋输送机出渣连续且在皮带机上铺展良好,没有产生泥饼及球状渣土;没有卡螺旋机和糊刀盘的情况发生(图6-3)。

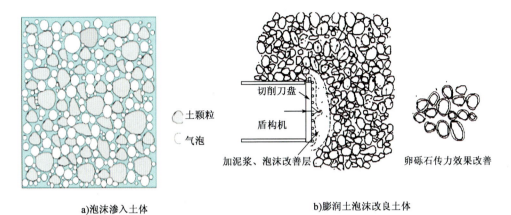

a)泡沫渗入土体　　　　　　　　b)膨润土泡沫改良土体

图6-3　渣土改良效果

# 第七章　泥水平衡盾构开挖面稳定技术

## 第一节　泥水的作用机理及性能要求

### 一、泥水平衡盾构工作方式

泥水平衡盾构是在机械掘削式盾构的前部刀盘后侧设置隔板,它与刀盘之间形成泥水压力室,将加压的泥水送入泥水压力室,当泥水压力室充满加压的泥水后,通过加压作用和压力保持机构,来维持开挖面的稳定。泥水平衡盾构开挖面土体是依靠泥水压力对开挖面上的水土压力发挥平衡作用以求得稳定。泥水压力主要在掘进中起支护作用,其原理见图7-1。当盾构底部处于地下水位以下的深度为 $H$ 时,其水压力为 $\gamma_水 \times H$,而在盾构正面密封舱(即泥水压力室)底部的泥水压力为 $\gamma_泥 \times (H + \Delta h)$。由此可见,地下水压力小于泥水压力。因此在盾构正面密封舱内通入高于地下水位 $\Delta h$ 的泥水,则在开挖面任何一点 $y$ 处的地下水压力为 $\gamma_水 \times y$,泥水压力为 $\gamma_泥(y + \Delta h)$。一般情况下 $\Delta h$ 取 2m,而 $\gamma_泥 > \gamma_水$,开挖面任何一点的泥水压力总是大于地下水压力,从而就形成了一个向外的水力梯度。这是保持开挖面稳定的基本条件。

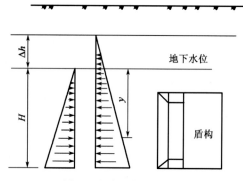

图 7-1　泥水平衡盾构作用原理

盾构推进时由旋转刀盘切削下来的土砂经搅拌装置搅拌后形成高浓度泥水,用流体输送方式送到地面的泥水分离系统,待土、水分离后,再把滤除掘削土砂的泥水重新压送回泥水舱。如此不断循环完成掘削、排土、推进。因为是泥水压力使掘削面稳定平衡的,故该类盾构得名泥水平衡盾构。

此外,由于泥水中的黏粒受到上述压力差作用在开挖面形成一层泥膜,对提高开挖面的稳定性起到极其重要的作用,尤其在均匀系数较小的砂层中的稳定作用尤为显著。泥水的重度随土层的不同而变化,在黏性土中重度可小一些,在砂层或砂砾层中重度要大一些,见表 7-1。

泥水重度参考值　　　　　　表7-1

| 土　质 | 重度(kN/m³) | 土　质 | 重度(kN/m³) |
| --- | --- | --- | --- |
| 黏性土(亚黏土、轻亚黏土) | 1.03～1.05 | 中粗砂(含有少量粉粒) | 1.07～1.10 |
| 砂性土(粉砂、亚砂土) | 1.03～1.05 | 砂砾(含有少量粉粒) | 1.08～1.12 |
| 细砂、中砂(含有粉粒及粘粒) | 1.05～1.06 | | |

当盾构停止掘进时，开挖面切削土层的大刀盘便停止转动及进土，就成为一个大型的正面支承板，对开挖面保护稳定是有利的。

## 二、泥水平衡盾构开挖面稳定机理

利用泥水稳定掘削面的想法源于地下连续墙的泥浆护壁原理，其基本原理是通过在支承环前面装置隔板的密封舱中，注入适当压力的泥浆，使其在开挖面形成泥膜，支承正面土体，并由安装在正面的刀盘切削土体表层泥膜，与泥水混合后，形成高密度泥浆。泥膜形成示意图见图7-2。

泥水与掘削面接触后，在压力的作用下可迅速地在掘削面的表面形成隔水泥膜。图7-3显示出的是掘削面上的泥膜的生成过程。在泥水与掘削地层接触时，由于作用在掘削面上的泥水压大于掘削地层的间隙水压(即地下水压)，矿泥水中的细粒成分及水通过地层间隙流入掘削地层。其中，细粒成分填充地层间隙，使地层的渗透系数变小。而泥水中的水通过间隙流入地层，这部分流入地层的水称为过滤水，对应的水量称为滤水量(也称脱水量)。滤水的出现使地层的间隙水压上升，把该地层间隙水压的升高部分称为过剩地下间隙水压(简称过剩地下水压)。

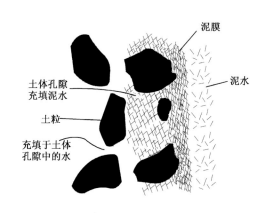

图7-2　泥膜形成示意图

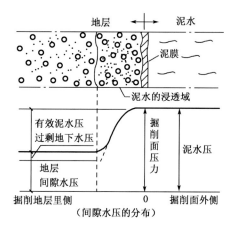

图7-3　泥膜及附近的压力分布状况

在泥水平衡的理论中，泥膜的形成是至关重要的。当泥水压力大于地下水压力时，泥水按达西定律渗入土壤，形成与土壤间隙成一定比例的悬浮颗粒，被捕获并积聚于土壤与泥水的接触表面，泥膜就此形成。随着时间的推移，泥膜的厚度不断增加，渗透抵抗力逐渐增强。当泥膜抵抗力远大于正面土压时，产生泥水平衡效果。

泥水平衡盾构是通过在支承环前面装置隔板的密封舱中，注入适当压力的泥浆，使其在开挖面形成泥膜，支承正面土体，并由安装在正面的大刀盘切削土体表层泥膜，与泥水混合后，形成高密度泥浆,然后由排泥泵及管道把泥浆输送到地面处理。整个过程是通过建立在地面中央控制室内的泥水平衡自动控制系统统一管理。

### 三、泥水基本性能要求

泥水要想很好地发挥上述作用,必须具备物理稳定性好,化学稳定性好,泥水的粒度级配、相对密度、黏度适当,流动性好,成膜性好等特性。

1. 物理稳定性

物理稳定性系指泥水经长时间静置,泥水中黏土颗粒始终保持浮游散悬物理状态的能力。通常用界面高度判定泥水稳定性的优劣。界面高度变化越小,说明泥水的物理稳定性越好;界面高度变化越大,说明泥水的物理稳定性越差。

2. 化学稳定性

化学稳定性系指泥水中混入带正离子的杂质[水泥($Ca^{2+}$)或海水($Na^+$、$Mg^{2+}$)]时,泥水成膜功能减退的化学劣化现象。其原因是黏土颗粒带负离子,当遇到 $Ca^{2+}$ 等正离子时,黏土颗粒就从散悬状态变为凝聚状态,使泥水的黏性增加。泥水中的浮游散悬态的黏土颗粒的数量锐减,导致泥膜生成困难。

研究发现,泥水未遭受正离子污染劣化时的 pH 值的分布范围为 7~10,呈弱碱性;当泥水遭受正离子杂质污染劣化后,pH 值远超过 10。可利用 pH 值增加的现象,判定正离子造成的劣化程度,即可鉴别泥水的化学稳定性。

3. 相对密度

为保持开挖面的稳定,即把开挖面的变形控制到最小限度,泥水密度应比较高。从理论上讲,泥水密度提高能使泥水屈服值升高,同时可使泥膜的稳定性增强。试验证明,高密度的泥水可以产生高质量的泥膜,泥水密度最好能达到开挖土体的密度。但是,大密度的泥水会引起泥浆泵超负荷运转以及泥水处理困难;而小密度的泥水虽可减轻泥浆泵的负荷,但因泥粒渗走量增加,泥膜形成慢,对开挖面稳定不利。因此,在选定泥水密度时,必须充分考虑土体的地层结构,在保证开挖面的稳定的同时也要考虑设备能力。

4. 黏度

泥水必须具有适当的黏度,以起到以下效果:
(1)防止泥水中的黏土、砂粒在泥水舱底部沉积,保持开挖面稳定。
(2)提高黏性,增大阻力防止逸泥。
(3)使开挖下来的弃土以流体输送,经泥水处理设备将泥水分离。

5. 脱水量

脱水量系指泥水中的水通过地层间隙流入地层的数量。脱水量大,致使地层中的过剩地下水压增加,即泥水的有效泥水压减小。可以通过检测脱水量大小,判定泥水稳定掘削面的有效性。

6. 渗透成膜状态

泥水在掘削面上的渗透形态可分为三种。
(1)类型 1 是地层的有效间隙 $L < D_{min}$(泥水最小粒径)的情形。当泥水与掘削面开始接

触后,泥水中的水渗入地层,而颗粒成分吸附聚积在掘削面表面,经过一段时间(即成膜时间)后,掘削面上形成一层泥膜。成膜后脱水量、过剩地下水压停止增加。这种情形多发生在黏性土、粉粒土及细砂土等土层。

(2)类型 2 是地层的有效间隙 $L > 3D_{max}$ 情形。全部泥水可经过地层间隙流走,无法形成泥膜,渗流速度大、脱水量大、过剩地下水压大,无法稳定掘削面。这种情形多发生在粗砂、砾石等地层。其解决措施是增大泥水的粒径,即在泥水中添加砂粒。

(3)类型 3 是 $D_{min} < L < 3D_{max}$ 的情形。该类型的特点是泥水中的颗粒成分向地层间隙渗透、填充,最后成膜。因膜厚取决于渗透深度,所以该膜厚较类型 1 的吸附聚集膜要厚。这种情形多发生于中、细砂地层。

# 第二节　泥浆配料及配比确定方法

## 一、可渗比及其与泥膜的关系

为了研究盾构在砂层、卵石层中掘进时,地层中产生的过剩地下孔隙水压与地层孔隙直径、泥水粒径的关系,先引入地层孔隙直径与泥水粒径决定的可渗比。

考虑到群粒堵塞因素,用地层孔隙直径 $L$ 与泥水有效直径 $G$ 的比值 $n$,表征泥水在掘削面上形成泥膜(表面吸附聚集膜或渗透填充膜)或不能形成泥膜的条件,可用下式表示:

$$n = \frac{L}{G} \begin{cases} < 2 & \text{泥水颗粒无法渗入地层} \\ = 2 \sim 4 & \text{泥水颗粒可以渗入地层} \\ > 4 & \text{泥水颗粒通过地层孔隙流走} \end{cases}$$

对砂、砾石层而言,因存在 $L = 0.2D_{15}$ 的关系[$D_{15}$ 为地层粒径累加曲线 15% 的粒径(mm)],把上式中的 $L$ 和 $G$ 分别用 $0.2D_{15}$ 及 $G_{85}$ 替代,则得:

$$n = \frac{0.2D_{15}}{G_{85}} \begin{cases} < 10 \\ = 10 \sim 20 \\ > 20 \end{cases} \tag{7-1}$$

式中:$G_{85}$——泥水粒径累加曲线 85% 的粒径(mm);
　　　$n$——泥水的可渗比。

$n < 10$,表明泥水中的颗粒成分无法渗入地层,只能吸附聚集于掘削地层表面,即只能生成吸附聚集膜;$n > 10$ 以后随着 $n$ 的增大,渗入地层孔隙中的泥水颗粒的数量增加,渗透距离加深,不能渗透而聚集于掘削面上的颗粒数减少,直至 $n = 15$ 时,不能渗透的颗粒数减至为 0,即颗粒全部渗入地层。该区段的成膜规律是开始时以表面吸附聚集因素为主,随着渗填因素逐渐加大,吸附聚集膜因素减弱,直至 $n = 15$ 时全部为渗透膜,吸附聚集膜消失;$n > 15$ 以后,随着 $n$ 的继续增加,渗入地层的颗粒开始出现流失,$n$ 越大流失越多;最后到 $n = 20$ 时,渗入地层的颗粒绝大部分流失,该区段的成膜规律时渗填因素减弱,流失因素上升;$n > 20$ 后,渗入地层的颗粒全部流失无法成膜。

## 二、泥浆配料

泥浆的配制材料包括水、颗粒材料、添加剂。颗粒材料多以黏土、膨润土、陶土、石粉、粉砂、细砂为主。添加剂多以化学试剂为主。泥水具体配料的确认必须根据掘削地层的土质条件确定。其使用要求为：

### 1. 胶化黏土

胶化黏土成本低，效果好，是配制泥水的主要用料。应最大限度地使用掘削排放泥水中的回收黏土。

### 2. 膨润土

膨润土是泥水主材黏土的补充材。膨润土通常是以蒙脱石为主要成分的黏土矿物，其相对密度为 2.4~2.9，液限为 330%~600%，遇水体积膨润 10~15 倍；另外，其颗粒表面带负电，易与带正电的地层结合形成优质泥膜。

### 3. CMC

CMC 是木材、树皮经化学处理后的高分子糊，溶于水时呈现极高的黏性，故多用来作增黏剂。CMC 主要用于砂砾层中，有降低滤水量和防止逸泥的作用，也可抵抗阳离子污染。

### 4. 纯碱

碳酸钠($Na_2CO_3$)，又称为苏打，俗名纯碱，外观为白色粉末或细粒结晶，味涩，相对密度(25℃)2.532，易溶于水，在 35.4℃ 其溶解度最大，每 100g 水中可溶解 49.7g 碳酸钠(0℃时为 7.0g，100℃为 45.5g)。其水溶液水解呈碱性，有一定的腐蚀性，能与酸进行中和反应，生成相应的盐并放出二氧化碳。纯碱的作用是增加泥水的活性，以降低泥水的密度和黏度，可根据泥水实测黏度和密度情况掺入。

### 5. 水

在使用地下水和江河水的场合下，事先应进行水质检查和泥水调和试验，必须去除不纯物质和调整 pH 值。

### 6. 砂

盾构在卵石层中掘进时，因地层的有效空隙直径较大，故需在泥水中添加一定的砂，以便填充掘削地层的孔隙。此时，根据 $n = 14~16$ 的条件确认砂的粒径。

## 三、泥水配比确定方法

(1)由土质调查项目中的粒度试验的结果，求出掘进地层的 $D_{15}$。

(2)选定使用的膨润土，求出该膨润土的粒度级配累加曲线。

(3)选定 2~3 种与膨润土混合后对掘削地层 $n$ 值为 14~16 颗粒添加材。

(4)向选定的膨润土和泥水添加材的混合液中加入增黏剂和分散剂。按相对密度为 1.1、漏斗黏度为 25~40s、$n$ 值为 14~16 的标准质量确认。

泥水的各项指标选取与土体透水系数关系表，见表 7-2。

## 四、富水砂卵石地层对泥浆指标的要求

根据详勘资料，渗透系数为 0.025~0.046cm/s，$D_{15}$ 为 0.3~3mm，渗透系数大、孔隙大。

确定的泥浆指标见表7-3。

泥水的各项指标选取与土体透水系数关系表　　表7-2

| 土 质 | 透水系数(cm/s) | 含砂量(%) | 密度(g/cm³) | 黏度(s) | |
|---|---|---|---|---|---|
| | | | | 地下水影响小 | 地下水影响大 |
| 卵石土 | $10^{-3} \sim 10^{-1}$ | 35~45 | 1.08~1.12 | 30~40 | 50~60 |

确定的泥浆指标　　表7-3

| 相对密度 | 黏度(s) | 析水率(%) | 泥水颗粒(mm) | |
|---|---|---|---|---|
| | | | 最大粒径 | $G_{85}$ |
| 1.08~1.12 | 30~40 | <15 | 0.4 | 0.02~0.2 |

**1. 试验材料**

自来水;钠基膨润土;当地黏土;CMC增稠剂;纯碱($Na_2CO_3$);SG专用膨润土(SG膨润土是一种易于混合、高黏性、高造浆率的膨润土,由优质钠基膨润土制成,其中添加的多种聚合物有效提高了泥浆的悬浮性、护壁性及润滑性能);堵漏材料(一种白色的颗粒状聚合物添加剂,加入到泥浆中以后,可以吸收泥浆中的水,同时体积迅速膨胀)。

**2. 试验设备**

(1)100mL、250mL、500mL、1 000mL的量筒、烧杯各3个。

(2)0.01g/300g的电子天平1台。

(3)DSX-120恒速电动搅拌机1台。

(4)PC369秒表1个。

(5)NY-1泥浆测试箱(四件套见图7-4)1套:NA1型泥浆含砂量测定仪、NS1型泥浆失水量测定仪、NB1型泥浆相对密度计、1006型泥浆黏度计。

(6)温度计:干湿温度计。

**3. 试验配比**

配比试验见图7-5。

(1)膨润土+CMC+纯碱+水(表7-4)

不同配比时的试验方案(500mL)　　表7-4

| 方　案 | 膨润土(g) | CMC(g) | 纯碱(g) | 水(g) | 漏斗黏度(s) |
|---|---|---|---|---|---|
| 1 | 100 | 1.4 | 4.7 | 445 | 32 |
| 2 | 100 | 1.2 | 5.0 | 445 | 36 |
| 3 | 105 | 1.2 | 5.0 | 440 | 39 |
| 4 | 105 | 1.0 | 5.3 | 440 | 42 |
| 5 | 110 | 1.0 | 5.3 | 435 | 45 |
| 6 | 110 | 0.8 | 5.6 | 435 | 48 |
| 7 | 115 | 0.8 | 5.6 | 430 | 51 |
| 8 | 115 | 0.6 | 5.9 | 430 | 53 |

a)NB1型泥浆比重计　　　　　　b)1006型泥浆黏度计

 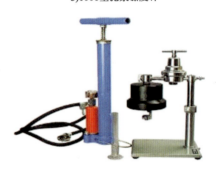

c)NA1型泥浆含砂量测定仪　　　d)NS1型泥浆失水量测定仪

图 7-4　部分试验仪器

图 7-5　泥浆试验

通过以上试验得到的最佳配比为：膨润土∶CMC∶纯碱∶水 = 18.98∶0.22∶0.90∶79.90，泥水相对密度为 1.10，析水量 14mL，漏斗黏度为 39s。膨润土泥浆见图 7-6。

（2）膨润土 + 黏土 + CMC + 纯碱 + 水（表 7-5）

不同配比时的实验方案（500mL）　　　　　　　　表 7-5

| 方　案 | 膨润土(g) | 黏土(g) | CMC(g) | 纯碱(g) | 水(g) | 漏斗黏度(s) |
| --- | --- | --- | --- | --- | --- | --- |
| 1 | 82 | 7 | 1.5 | 3.6 | 405 | 31 |
| 2 | 82 | 12 | 1.3 | 3.8 | 400 | 33 |

续上表

| 方　案 | 膨润土(g) | 黏土(g) | CMC(g) | 纯碱(g) | 水(g) | 漏斗黏度(s) |
|---|---|---|---|---|---|---|
| 3 | 87 | 12 | 1.3 | 4.0 | 395 | 35 |
| 4 | 87 | 17 | 1.1 | 4.2 | 390 | 38 |
| 5 | 92 | 17 | 1.1 | 4.4 | 385 | 42 |
| 6 | 92 | 22 | 0.9 | 4.6 | 380 | 45 |
| 7 | 97 | 22 | 0.9 | 4.8 | 375 | 49 |
| 8 | 97 | 27 | 0.7 | 5.0 | 370 | 52 |

通过以上试验得到的最佳配比为：膨润土∶黏土∶CMC∶纯碱∶水 = 17.42∶3.41∶0.22∶0.84∶78.11，泥水相对密度为1.10，析水量12mL，漏斗黏度为38s。黏土与膨润土混合泥浆见图7-7。

图7-6　膨润土泥浆　　　　　　　图7-7　黏土与膨润土混合泥浆

（3）SG专用膨润土 + 堵漏材料

SG是一种颗粒状的膨润土，加入到泥浆中以后，可以吸水膨胀达到堵漏失效果。其特性：较高膨胀率，对泥浆体系影响小，良好的堵漏作用。

在每立方米水中加入30kgSG专用膨润土，在泥浆注入盾构机之前再加入10~20kgSG。泥浆性能见表7-6。

泥　浆　性　能　表　　　　表7-6

| V600 | V300 | V200 | V100 | V6 | V3 | 漏失量 | 漏斗黏度 |
|---|---|---|---|---|---|---|---|
| 46MPa·s | 33.5MPa·s | 27MPa·s | 19MPa·s | 6MPa·s | 5MPa·s | 14.1% | 49s |

该泥浆体系完全采用膨润土配制泥浆，并配合膨润土颗粒进行堵漏，配浆成本较低。该泥浆的漏失量稍高，但可以满足施工的需要；SG膨胀需要的时间较长，需要预先配制比较多的泥浆，且SG部分融入泥浆中，会对泥浆的固相含量造成一定的影响。试验数据的测试方法表见表7-7。

根据以上试验效果，经综合分析采用了以下两种泥水配比方案：

方案一：膨润土 + CMC + 纯碱 + 水。

膨润土∶CMC∶纯碱∶水 = 18.98∶0.22∶0.90∶79.90，泥水相对密度为1.10，析水量

14mL,漏斗黏度为39s。

试验数据的测试方法表　　　　　　　　　　　　　　　　表7-7

| 测试指标 | 意　义 | 测试工具 | 测试指标 | 意　义 | 测试工具 |
| --- | --- | --- | --- | --- | --- |
| V600 | 600转黏度 | 旋转黏度计 | V3 | 3转黏度 | 旋转黏度计 |
| V300 | 300转黏度 | 旋转黏度计 | Gel 10s | 10s胶凝强度 | 旋转黏度计 |
| V200 | 200转黏度 | 旋转黏度计 | Gel 10min | 10min胶凝强度 | 旋转黏度计 |
| V100 | 100转黏度 | 旋转黏度计 | Fluid Loss | 漏失量 | API失水仪 |
| V6 | 6转黏度 | 旋转黏度计 | Viscosity | 漏斗黏度 | 马氏漏斗 |

方案二:膨润土 + 黏土 + CMC + 纯碱 + 水。

膨润土:黏土:CMC:纯碱:水 = 17.42:3.41:0.22:0.84:78.11,泥水相对密度为1.10,析水量12mL,漏斗黏度为38s。

### 五、实施效果

在实际掘进中,进舱后发现,采用方案一和方案二配置的泥浆均能在掌子面形成较好的泥膜(图7-8),而且流动性也较好,对泵的负荷也不大。由于方案二中添加了黄黏土,此物质中含有部分细砂,且容易成团,吸附小石块的作用较强,当浆液被送入盾构机回来后通过泥水分离系统时,大量的黏土小团被筛出,不能再加以利用,导致泥浆迅速稀释,增大了调浆频率,从而加大了成本。采用方案一调制的泥浆其性能比较稳定,比较适宜在砂卵石地层中使用。

由于砂卵石地层中本身就含有粉细砂,可以利用掘进中的粉细砂加压堵漏,达到可渗比为15左右的效果。在推进过程中,由技术人员检测泥浆质量,及时调整泥浆性能,可以达到很好的效果。

图7-8　泥水平衡盾构掌子面形成的泥膜

# 第八章　泥水系统应用及改进

## 第一节　泥水系统综述

泥水系统是泥水平衡盾构的关键组成部分,由泥水处理系统、泥水循环(输送)系统及综合管理系统组成,是泥水平衡盾构施工中确保工作面稳定及排渣的手段。泥水处理系统设于地面,主要由泥水制造系统和泥水分离系统等组成;泥水输送系统由送排泥泵、送排泥管等组成。泥水系统的功能是将泥水送往开挖面,通过对开挖面加压使其达到稳定,并用流体输送渣土。泥水系统示意图见图8-1。

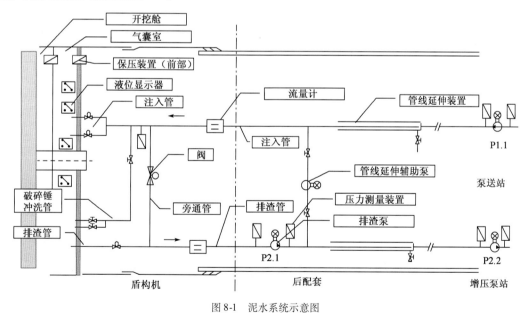

图8-1　泥水系统示意图

### 一、泥水处理系统

1. 泥水制造系统

泥水制造系统将水、膨润土、黏性土等材料以一定比例混合,并添加分散胶溶剂及其他调泥剂。根据需要调节比例、黏度、塑变值、胶凝强度、润滑性,使其成为一种可塑流体,即完成泥水的制造过程。泥水制造系统在盾构初期始发时需要制造大量的泥水,在盾构掘进过程中只起到补充缺失的成分和调节成分比例的作用。

2. 泥水分离系统

泥水平衡盾构机开始掘进时,经排泥泵排出的泥浆到达一级处理设备,分离处理后,若泥水含砂率满足规定要求,则直接排入沉淀池;否则,则进入二级处理设备再进一步分离处理,然后排入沉淀池进行溢流沉淀。经过一级处理和二级处理筛选出来的渣土颗粒,可由载运车辆经环保检测后运送到指定的弃渣场。溢流进入调浆池后的泥浆,若泥浆量过剩则进入三级处理,进行酸碱处理满足废浆排放标准;若泥浆量不能满足需求量时,则可以通自动抽浆机进行补浆。在调整池的进行调配的泥浆,若泥浆各项性能满足要求时,直接由P1泵泵送到盾构机;若泥浆密度太大就加清水进行稀释;若泥浆密度太低,则高速制浆机进行调节加大泥浆密度后泵送到盾构机。泥水分离系统工作原理见图8-2,泥水分离设备图见图8-3。

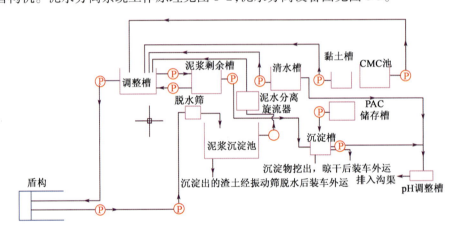

图 8-2 泥水分离系统工作原理

图 8-3 泥水分离设备图

根据实际地质情况,对泥浆分离系统中各级处理工作原理作具体的叙述如下:

(1) 一级除砂处理工作原理

盾构机在砂卵石层或细砂、中粗砂层掘进时,只需进行一级除砂处理。其工艺流程如下:由排泥泵将携带土渣的污浆输送到分离站的预筛器,经振动筛选后,将粒径在3mm以上的渣料分离出来;筛余的泥浆同时进入两台泥浆净化装置的储浆槽,由泥浆净化装置的渣浆泵从储浆槽内抽吸泥浆;在泵的出口具有一定储能的泥浆沿输浆软管从旋流除砂器进浆口切向射入,经过旋流除砂器分选,粒级 74μm 以上的泥砂由下端的沉砂嘴排除落入细筛;细筛脱水筛选后,干燥的细渣料分离出来;经第二道筛选的泥浆循环返回储浆槽内,处理后的干净泥浆从旋流器溢流管进入中储箱,然后沿总出浆软管输送到泥浆沉淀池。

（2）二级除砂处理工作原理

盾构机在粉土、粉砂层掘进时,一级除砂处理不足以将泥浆密度及含砂率降至合理范围内时,需进行二级除砂处理。其工艺流程如下:经旋流除砂分离及细筛脱水后清除 74μm 以上的砂质颗粒,经第二道筛选的泥浆进入小直径旋流除砂器,将泥浆中剩余的 74μm 以上砂质清除,并同时清除掉 45μm 以上的泥质颗粒。二次除砂后的泥浆由出浆口输送至沉淀池。

（3）二级除泥处理工作原理

盾构机在黏土地层掘进时,需进行二级除泥处理。其工艺流程与二级除砂处理相似,不同之处在于旋流除泥器组的应用。通过小直径的长锥除泥器和超细目振动筛网的组合,二级除泥处理后泥浆中 30μm 以上的泥质颗粒及时清除,黏度得以控制。

（4）三级处理工作原理

泥浆的三级处理,是将进入 pH 槽中的液体,进行酸碱处理,以达到排放标准。泥水处理中,三次处理就是放流和调整再使用水,对需排放的剩余水作 pH 值调整。采用的材料主要是稀硫酸或适量的二氧化碳气体。

一般情况下,卵石土只做一级处理。一级泥水处理的对象是粒径在 74μm 以上的砂、卵石、黏土块,使用振动筛和离心分离器等设备对其进行筛分,即可达到目的,分离出的固体颗粒装车外运。

## 二、泥水循环系统

泥水循环系统由送排泥泵、送排泥管、延伸管线、辅助设备等组成。送泥泵将处理好的泥水通过送泥管输送到泥水舱和掌子面;而排泥泵则将携带渣土的泥水由排泥口排出,通过排泥管输送到地面的泥水处理设备进行分离。

根据盾构的切削断面、送泥浓度、掘进速度、排泥浓度计算送泥流量和排泥流量,再根据流体能输送的卵石的大小,根据排出土渣的沉降限界速度以上的流速来决定排泥管径。

在盾构机拖车部分的泥水输送管选用 DN250mm 的输送管,在隧道内部选用 DN300mm 的输送管。送排泥泵和送排泥管都具有较强的抗磨损能力。

送泥泵位于地面上,位置固定;初级泥浆排泄泵站位于盾构机后配套拖车上,随盾构机推进而前进;二级泥浆排泄泵站可根据实际需要选择安装位置,它的位置固定在隧道内部,一般与初级排泥泵的距离不得超过 1km。送排泥泵型号及规格见表 8-1。

送排泥泵型号规格表　　表 8-1

| 名　称 | 型　号 | 数　量 | 功　率 | 备　注 |
| --- | --- | --- | --- | --- |
| 送泥泵 | (5-channel impeller)Warman 离心式 | 1 | 250kW | 风冷式、最大粒径 25mm |
| 排泥泵 | (3-channel impeller)Warman 离心式 | 3 | 315kW | 风冷式、最大粒径 180mm |

泥水的流动在掘进时、停止后、掘进前后都不一样,图8-4为送排泥基本程序图。

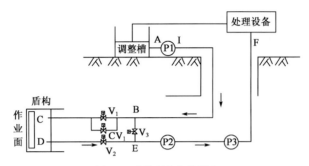

图 8-4　送排泥基本程序图

掘进时为 $V_1$、$V_2$ 开,$V_3$、$CV_1$ 闭的状态。泥水由送泥泵 P1 从调整槽通过送泥管送至作业面(隔墙内)。开挖土与这些泥水一起,由排泥泵(P2、P3 泵)通过排泥管道送至泥水处理工厂。在这里将固液分离的泥水重新退回到调整槽内。

停止时为 $CV_1$ 闭(淤泥时开),$V_1$、$V_2$、$V_3$ 闭的状态。停止时为了使作业面保持设定压力,自动调节 $CV_1$ 的开合度。

旁通运转时为 $V_3$ 开、$CV_1$ 闭(淤泥时开),$V_1$、$V_2$ 闭的状态。进行掘进前压力和流量的调整,以及掘进终了后管内残余土砂的清扫。

管道堵塞时采用倒排泥水方法:排泥管作为送泥管,送泥管作为排泥管,将石块排回土舱。

套筒式管线延伸系统:通过此系统可以保证盾构在正常掘进工作过程中的管线延伸,防止发生泄漏,使掘进过程能持续地进行。套筒式管线延伸系统的长度为 10m。

中继泵站:当管线里程过长,泥浆和水的泵送压力降低到一定程度时,就必须设置中继泵站进行二次泵送,为水和泥浆的输送提供足够的压力和流速。

辅助设备:在供水管和排水管上都安装有泵送设备、阀门、流速传感器和压力检测设备,用以分别监视和控制水和泥浆的流速和压力,从而能保证泥浆以最佳的流动状态被输送到泥水处理设备。

泥水系统的泥水处理设备安装在洞外,通过管线将泥浆输送到设备里进行处理。将水和渣土分离后,渣土直接作为弃土处理,分离后的水将循环使用以保护环境和节约成本。

### 三、综合管理系统

泥水平衡盾构使用泥水加压密闭开挖面,不能直观目视开挖面状态及掘削状况。为此,采用综合管理送排泥状态、开挖面泥水舱压力以及泥水处理设备等运转状况来进行工况推测,以便及时处理突如其来的异常情况。综合管理系统可侦测送排泥流量和压力,以及分析掌子面的稳定状况,并与预先设定的标准量进行对比,以对比所取得的参数值为依据再对送排泥泵的转速、泥水输送管闸门的开度、泥水处理设备工作状况进行自动调整,从而达到稳定掌子面,保证掘进工作顺利进行的目的。泥水平衡盾构的综合管理系统不是单纯的信息中心,而是泥水盾构整体运转所不可缺少的一个重要环节。

综合管理系统安装在主控室内的计算机中,由主控计算机分析由 PLC 采集来的各种掘进数据,再根据综合管理软件的原始设定自动调整盾构泥水系统的工作状态。在特定情况下也可改为手动控制。

综合管理系统主要对以下几个部分进行控制和监控:

1. 加压和循环系统(送排泥输送设备)中央管理

控制内容:

(1)送排泥泵的启动、停止。

(2)旁通管路运转时送泥管内的水压。

(3)送排泥泵的流量、流速。

(4)盾构机掘进时送泥水压的控制。

(5)调节前体上气压缓冲室压力。

泥水平衡盾构加在开挖面上的力,即用泥水使开挖面保持稳定的力,通常与作用在开挖面上的土压保持平衡。土压与开挖面上含水土体的垂直作用的重力和土的内摩擦角大小有关。泥水压力的设定关系如下:

$$设定泥水压 = 土压(含水压) + 加压 + 余裕压$$

余裕压一般取 0,加压的一般标准为 $0.2kg/cm^3$,但也有比开挖面状态大的值。一般要根据渗透系数、开挖面松弛状况、渗水量等进行设定。但压力过大会增大盾构推力,也会使开挖面的渗透加强;反之会带来塌方,产生对液压器械的影响和造成泥水窜入后方等危害。所以具体的压力取值必须根据实际情况具体分析选取。

为了保持开挖面泥水压力的准确性,系统所控制的阀类全部采用自动控制,由转换程序装置控制进行自动管理。即使在停机状态也可根据开挖面泥水压力仪反馈的数据自动控制阀和泵的自动运转联合装置,以稳定掌子面的水土压力。

2. 泥水分离处理系统的管理

综合管理系统根据盾构机掘进过程中采集的数据自动对泥水处理系统进行监视和调整。根据处理设备的运转状况和能力,改变运转速度、稀释或浓缩泥水,以适应开挖面的状态,并且在最适当的状况下进行掘进管理。

(1)出渣量监控

通过对出渣量的监控,能够对盾构掘进状态和掘进预测进行管理。但是,出渣量不是一个单独的数据,与之相关的因素很多,包括平衡舱压力的设定、掘进速度的选取、气压舱的液位控制、地质情况、测量仪器的精确度等。在出渣失衡时,需要对相应的因素进行调整,以获得最佳的掘进模式。

实际掘削土砂量可通过中央控制室的掘进管理系统,直接显示在计算机屏幕上,它能较真实地反映实际掘削过程中的掘削土砂量。但泥水输送管路系统中用以测定泥水密度和流量的密度计、流量仪等的误差,会使实际掘削土砂量因测量精度而产生误差。

为了将系统误差减小到最低(控制在测量仪表正常精度范围内),需要在旁路运转时,定期检查校正设备。

(2)泥水密度控制

泥水密度是主要控制指标。掘进中进泥密度不宜过高或过低,过高将影响泥水的输送能力,过低将破坏开挖面的稳定。对一般地层段,泥水密度范围应在 $1.2 \sim 1.25 g/cm^3$,对过江过河段泥浆密度控制在 1.1~1.15g/cm³ 比较合适。当泥浆的密度、黏度较大时,可对泥浆进行稀释;当泥浆的密度、黏度较小时,可适当添加陶土或膨润土,来改变泥浆参数。

(3)泥水黏度控制

泥水黏度是另一个主要控制指标。从土颗粒的悬浮要求而言,要求泥水的黏度越高越好,但黏度的提高会使泥水的凝胶强度和塑变值提高,甚至加大在泥水分离处理阶段的分离难度。随着盾构机推进环数的增加,泥浆越来越浓,黏度也呈直线上升,而密度的增加并非说明泥浆的质量越来越高,因此,泥水黏度的范围应在 20~25s。考虑到黏度的调整有一个过程,故从泥浆黏度为 21s 始,即可逐渐添加 CMC,添加量的多少视黏度下降的趋势而定。

(4)泥水析水量控制

析水量是泥水管理中的一项综合指标,它更大程度上与泥水的黏度有关,悬浮性好的泥浆就意味着析水量就小,反之就大。泥水的析水量应小于5%。降低土颗粒和提高泥浆的黏度,是保证析水量合格的主要手段。

# 第二节　泥浆输送系统流量

泥浆输送系统是泥水平衡盾构机的重要系统。盾构用户一般非常关注主机性能参数,有时会忽略泥浆输送系统的选择。如果泥浆输送系统对地质的适应性不佳或能力太低,就会成为影响盾构掘进的主要问题。

## 一、泥浆输送系统流量计算

以开挖直径为 6 300mm 的地铁隧道为例,按照主机推进速度 8cm/min 试计算泥浆输送系统的能力。

1. 排渣量的计算

排渣量:

$$Q_g = \pi \times R^2 \times v \times 60/100 \tag{8-1}$$

式中:$Q_g$——排渣量(m³/h);

$R$——隧道开挖半径(m);

$v$——推进速度(cm/min)。

设推进速度为 8cm/min,计算不需考虑松方系数,则:

$$Q_g = \pi \times R^2 \times v \times 60/100 = \pi \times 3.15^2 \times 8 \times 60/100 = 149 \text{m}^3/\text{h}$$

2. 泥浆输送系统的能力计算

设:进浆密度 $\rho_1 = 1\,150\text{kg/m}^3$,排浆密度 $\rho_2 = 1\,300\text{kg/m}^3$,岩土密度 $\rho_g = 2\,000\text{kg/m}^3$,进浆流量 $Q_1(\text{m}^3/\text{h})$,排浆流量 $Q_2(\text{m}^3/\text{h})$,排渣量 $Q_g(\text{m}^3/\text{h})$,为计算方便设地层含水率为 0。

(1)泥浆流量计算

容积等式:

$$Q_2 = Q_1 + Q_g \tag{8-2}$$

即排浆容积等于进浆容积加渣土容积。

重力等式：
$$Q_2 \times \rho_2 = Q_1 \times \rho_1 + Q_g \times \rho_g \tag{8-3}$$
即排浆重力等于进浆重力加渣土重力。

进浆量：
$$Q_1 = Q_g(\rho_g - \rho_2)/(\rho_2 - \rho_1) \tag{8-4}$$
$$Q_1 = 149 \times (2\,000 - 1\,300)/(1\,300 - 1\,150) = 695\text{m}^3/\text{h}$$

排浆量：
$$Q_2 = Q_1 + Q_g = 695 + 149 = 844\text{m}^3/\text{h}$$

(2) 泥浆流量分析

按照以上假设的条件，如盾构满足 8cm/min 的掘进速度，则泥浆输送系统理论进浆流量为 695m³/h，排浆流量为 844m³/h。

假设进浆密度为 1 100kg/m³，代入式(8-2)、式(8-4)，则泥浆输送系统理论进浆流量为 521m³/h，排浆流量为 670m³/h。

假设进浆密度为 1 100kg/m³，但渣土密度为 2 300kg/m³，代入式(8-2)、式(8-4)，则泥浆输送系统理论进浆流量为 745m³/h，排浆流量为 894m³/h。

假设进浆密度为 1 150kg/m³，渣土密度为 2 300kg/m³，代入式(8-2)、式(8-4)，则泥浆输送系统理论进浆流量为 933m³/h，排浆流量为 1 142m³/h。

可以看出，当地层密度越大时，满足 8cm/min 的掘进速度所需要的泥浆流量就越大。因此，根据地质条件的不同，泥浆输送系统理论进浆流量和排浆流量有较大不同。

## 二、泥浆输送系统流量选择

1. 根据实际施工进度选择

当盾构最大推进速度为 8cm/min 时，按照该推进速度来选择泥浆输送系统的流量是偏大的，主机在大多数情况下达不到最大推进速度，而泥浆输送系统在大多数情况下基本上能够达到输送量要求；同时，由于泥浆输送系统配置的功率很大，当隧道区间长度超过 2 000m 时，泥浆输送系统的功率相当于甚至超过泥水平衡盾构机主机的驱动功率。因此应该根据工程的综合情况提出实际需要的掘进进度选用泥浆输送系统的参数，以求在满足实际综合能够达到的掘进进度前提下，降低泥浆输送系统的采购费用和使用成本。根据经验，按照 3~4cm/min 的推进速度来选择泥浆流量比较合理。

盾构制造厂商会根据经验提出泥浆输送系统流量配置的数据。但为了降低整机价格，有的厂商提供的参数偏于下限，在理想的条件下刚好满足工程进度指标要求，但实际施工中，理想状态在大多数时候都不能实现。用户在选购设备时应根据具体工程地质条件进行大致的分析计算，以便对厂商提供的泥浆输送系统参数进行复核，防止偏低。

2. 根据工程地质条件选择

(1) 临界沉降流速

大粒径的颗粒在管道浆体中必须依靠浆体紊流来保持悬浮状态，这就要求管道浆体有紊流流速。需要输送的渣土平均粒径对于不同的隧道工程地质有很大的差别，需要根据渣土的平均中值粒径计算泥浆管路中的临界沉降流速。国内泵类资料提供的一些计算公式中，中值粒径多以毫米计算,对于砂层地质来说有参考价值,但少有针对砂卵石地层的大粒径渣土泵送计算的资料。作为用户只能进行类比计算。

以开挖直径 6 280mm 的地铁隧道工程为例,地层以砂卵石为主,2mm 以上颗粒占总质量的 45%,中值粒径暂按 1.0mm 计算,各盾构厂商提供的泥浆系统参数见表8-2。

泥浆系统参数表　　　　表 8-2

| 项　　目 | 盾构制造厂商 | | | |
| --- | --- | --- | --- | --- |
| | 海瑞克公司 | NFM 公司 | 石川岛公司 | 小松公司 |
| 进浆流量(m³/h) | 800 | 505 | 324 | 420 |
| 管径(mm) | 254 | 304 | 254 | 254 |
| 流速(m/s) | 4.38 | 1.93 | 1.77 | 2.3 |
| 排浆流量(m³/h) | 920 | 620 | 420 | 474 |
| 管径(mm) | 254 | 304 | 204 | 254 |
| 流速(m/s) | 4.93 | 2.37 | 3.55 | 2.59 |

按照国内泵类资料提供的公式复核如下:

凯夫公式:

$$v_L = 1.04 \times D^{0.3} \times (\rho - 1)0.75 \times \ln(d_{50}/16) \times \ln^{0.13}(60/C_V) \quad (8-5)$$

式中:$v_L$——流速,m/s;

$\rho$——砂砾密度,取 2.3kg/cm³;

$d_{50}$——中值粒径,取 1 000μm;

$C_V$——体积浓度,取 23%;

$D$——管道直径,m。

设进浆密度 1.1kg/cm³,排浆密度 1.3kg/cm³。当管径为 254mm 时,排浆计算临界沉降流速 $v_L = 3.78$m/s;当管径为 304mm 时,排浆计算临界沉降流速 $v_L = 3.95$m/s。

在上述复核计算中,只有海瑞克公司的参数能够满足。显然这是不可能的,因为上述公司均为具有成熟技术的盾构生产商,只能说明按照国内泵类资料提供的公式进行的复核可能不准确。在实际输送过程中,颗粒很大的卵砾石在泥水盾构的管道输送中并非处于完全悬浮状态,经常听到大卵石在管道中滚动的声响,说明大卵石在管道中处于不完全悬浮状态在管道底部被输送,卵石的速度低于浆体的速度,卵石靠与浆体的速度差获得的浆体动量作用力被输送。这种状态也是可以满足输送要求的,但实际输送渣土量要减少。特别在垂直管道上升的过程中,这种作用非常明显。

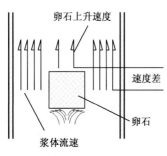

图 8-5 卵石垂直上升模型图

图 8-5 是简化近似计算的模型图。设石块为正方体,尺寸是 10cm×10cm,体积为 1 000cm³,重力为 26N,减去浆液(相对密度 1.1)对其的浮力 11N,剩余 15N 的重力由浆液的动量提供。求浆液托起其剩余重量所需要的速度差。

应用有关流体射向平板的动量方程:

$$F = \gamma/g \times Av^2 \quad (8-6)$$

式中:$F$——流体对平板的作用力,$F = 14.7$N;

$\gamma$——流体的重度,$\gamma = 10.78$kN/m³;

$A$——平板面积，$A=0.01\mathrm{m}^2$；

$v$——流体速度，m/s。

得：

$$v = \sqrt{F \times g/(\gamma A)} = \sqrt{14.7 \times 9.8/(10.78 \times 1\,000 \times 0.01)} = 1.15\mathrm{m/s}$$

假设管道内浆液得流速为4m/s，那么卵石上升的速度为4-1.15=2.85m/s。在实际输送实例中，浆液速度约4m/s，管径304mm，输送过$\phi140\mathrm{mm}\times200\mathrm{mm}$的高密度卵石，甚至连破裂后的1/4弧度的滚刀刀圈也被输送过。因此，用户复核的计算临界沉降速度只是作为参考。但如果地层中卵石的粒径较大时，应采用较高的流速。

（2）泥浆输送系统通过的粒径

泥浆输送系统通过粒径的能力主要由管径、泵来确定。一般管道最大能够输送粒径达到管径2/3的卵石块。泵的通过粒径可以选择，当管道的直径为254mm时，泵的最大通过粒径可以达到220mm。泵的通过粒径应大于管径的2/3，避免石块在泵轮处卡住。

# 第三节　泥浆处理系统选型及应用

## 一、泥浆分离系统

两台ZX-500泥浆分离系统组成1 000m³的泥浆分离系统，相当于ZX-1000泥水分离系统。

### 1. ZX-1000泥浆分离系统工作原理

ZX-1000泥浆分离系统由两套ZX-500泥浆分离系统组合而成。其中ZX-500由1台YSC-600预筛分器、两台ZX-250A泥浆净化装置、3个泥浆箱组成。系统工作原理如下：

盾构机排出的污浆由排泥泵送入两台ZX-500泥浆分离系统的进浆管，经过预筛分器的两层粗筛振动筛选后，将粒径在3mm以上的渣料分离出来；筛余的泥浆同时进入两台ZX-250A泥浆净化装置的储浆槽，由泥浆净化装置的渣浆泵从储浆槽内抽吸泥浆；在泵的出口具有一定储能的泥浆沿输浆软管从旋流除砂器进浆口切向射入，经过旋流除砂器分选，粒径微细的泥砂由下端的沉砂嘴排除落入细筛；细筛脱水筛选后，干燥的细渣料分离出来；经过第二道筛选的泥浆循环返回储浆槽内，处理后的干净泥浆从旋流器溢流管进入中储箱，然后沿总出浆软管输送入回收泥浆箱。

在泥浆净化装置的渣浆泵出口安装了一条反冲支路与储浆槽连通。通过反冲支路，可以扰动储浆槽内沉淀的渣料，使储浆槽内不致因长期使用而导致淤积漫浆。

在泥浆循环过程中，由中储箱与储浆槽之间的一个液位浮标保证泥浆净化装置储浆槽内的液面高度基本恒定。一旦储浆槽内输出的浆量大于供给的浆量，那么液位浮标将随液面的下降而下落，此时中储箱的泥浆就通过开启的补浆管转送到储浆槽内，液面因此上升而恢复原状，液位浮标也随之上升并封住中储箱补浆管；如果供给的浆量大于输出的浆量，储浆槽的溢流管将会溢流，以防止储浆槽漫浆。

盾构机开始掘进时，排出的污浆经过ZX-1000泥浆分离系统的处理，污浆中的砂质颗粒得以清除,足以满足需要。净化后的泥浆由出浆口自流入回收泥浆箱,经调配后返回井下。

当要求更高质量的泥浆时,可通过减少总进浆量,重复旋流除砂器中的泥浆分选过程以达到目的;也可利用外接管路和阀门切换形成二次循环净化回路。

2. ZX-1000 泥浆分离系统技术性能参数

(1)最大泥浆分离量 $1\,000\,m^3/h$。

(2)分离精度:$d_m = 74\mu m$。

(3)渣料筛分能力为 $140 \sim 440 t/h$,可根据掘进进尺的不同而调整。

(4)筛分出的渣料含水率小于26%。

(5)各次处理污浆的密度小于 $1.3g/cm^3$,黏度 40s 以下(马氏漏斗)、30s 以下(苏氏漏斗),含砂量小于20%。

(6)装机总功率:252.8kW。

(7)单套 ZX-500 泥浆分离系统外形尺寸(m):$11.29 \times 5.07 \times 5.65$。

(8)总质量:40t。

3. ZX-1000 泥浆分离系统工艺流程特点

(1)固相分离精度高,处理后的干净泥浆相对密度、含砂率低,有效地保证了盾构掘进时的泥浆指标。

(2)对泥浆进行选择性固相分离,对于造浆膨润土则可选择性地予以保留,减少了新制泥浆的频率,降低了造浆成本。

(3)系统分离出的渣料含水率低(砂性土可低至26%,接近开挖的原状地基土),渣土可直接外运,避免了对环境的污染。

(4)具有二次循环净化回路,泥浆可以反复循环,净化质量高。系统处理后的泥浆能够参与泥浆循环,重新进入盾构机,循环利用。

(5)设备配置性能与工程的不同地质及颗粒分布相适应。系统的泥浆分离量、渣土分离能力能够满足盾构掘进速度的要求。制浆系统的制浆能力达 $40m^3/h$,与泥浆分离系统能力、地质情况、工程实际消耗相匹配。

(6)系统由两套 ZX-500 泥浆分离系统组合而成,因势集中布置,出渣集中、方便。若配套采用皮带输送机和土砂料斗,可实现渣料连续输送和储运。

(7)系统采用 PLC 集中远程控制方式,集中控制室配置有分体式冷暖空调。

(8)渣浆泵的主要过流零件采用高铬合金铸造,耐磨性高,输送高浓度渣浆的寿命长。

(9)系统处理能力的设计裕量较大,采用模块化设计,一次、二次系统间可实现串、并联互换,某一台设备出现故障时不影响整个系统的工作,同时由于系统各设备的零部件通用互换性好,出现故障时便于采取应急措施;系统以泥浆分离量为 $250m^3/h$ 的设备为基本单元,也可以根据其他工程的具体要求进行系统拆分或重组,具有较强的工程适用性;零部件通用互换性好,具有在使用后根据实际情况进行完善或改进的可能。

(10)调浆系统的供浆泵和补浆泵有能力根据实际的弃浆量补充相应的新浆,在调浆池内设置的自行式机械搅拌器能充分混合新制泥浆和再生泥浆。制浆系统包含膨润土制浆和化学制浆两个独立的单元。可根据实际需要制备不同浓度和添加剂配比的泥浆。

(11)调浆系统配置有 γ 射线泥浆相对密度计,能准确可靠地对出浆和回浆的相对密度进行在线测试,并能根据测试结果通过 PLC 控制清水泵和浓浆泵对泥浆进行自动调整,并可提供操作提示,进行人工控制。

改型 ZX-500 泥浆分离系统底部为三个相通的集装箱式泥浆箱,可以实现泥浆的集中净化。在泥浆制备及处理过程中用循环泵通过各泥浆箱内一侧的喷嘴定时冲砂搅拌,起到防沉淀作用。处理后的泥浆在沉淀池中经过进一步沉淀后流入调浆池。集装箱式泥浆箱具有多用途,不仅可作为泥浆池、底座,在施工完毕后还可作为设备运输工具。

4. ZX-1000 泥浆分离系统现场布置

泥浆分离系统布置见图 8-6。

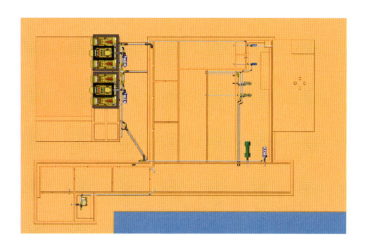

图 8-6 泥浆分离系统布置图

方案以 500m³/h 的泥浆分离量为基本单元,按两个单元组合成 1 000m³/h 处理能力的泥浆分离场。在粉细砂地层中净化后的泥浆可由循环泵注入调浆池,再由送浆泵送回井下;在粉土和黏土层掘进时,一次除砂处理后的泥浆通过转换阀门,经沉淀池进一步沉淀后根据需要调配指标,泵送回井下。泥浆指标超标时,通过管阀切换,泵送泥浆形成二次循环处理。

泥浆指标超标时,依托管阀切换,可通过送浆泵的泵送形成二次循环处理,也可通过循环泵或废浆泵的泵送形成二次循环处理。必要时,通过药池的化学泵加入化学絮凝剂对泥浆指标进行调整。

泥浆池总容量为 3 215m³,其中沉淀池为 680m³,废浆池为 640m³,调浆池为 720m³,储浆池为 395m³,膨化池为 368m³,PHP 药池 24m³,CMC 药池 24m³,清水池 320m³,泵池 44m³。泥浆池深度 5m,地面以下为 4m。

在调浆池内设有移动式搅拌器,混合搅拌新制和处理后的泥浆。

两套 ZX-500 泥浆分离系统按一字形排布,设备基础砌高 2m。前面空地由前向后、由右向左下挖 1~2m,呈斜坡状,设为临时渣料场。临时废弃的渣料由装载机铲运装车。泥浆池、渣料场周边均留出约 4m 宽的通道,以便挖掘机进行沉淀池的清淤及渣料的输出。

ZX-1000 泥浆分离系统具体参数见表 8-3。

### ZX-1000 泥浆分离系统明细  表8-3

| 序号 | 名称 | 型号 | 单位 | 数量 | 备注 |
|---|---|---|---|---|---|
| 一 | 泥浆分离系统 | ZX-500 | 套 | 2 | |
| 1 | 泥浆净化装置 | ZX-250A | 套 | 4 | 一级除砂装置 |
| 2 | 预筛分器 | YSC-600 | 套 | 2 | |
| 3 | 其他 | | 套 | 2 | 含底架等 |
| 4 | 进浆分配器 | | 套 | 1 | 含阀 |
| 二 | 集中控制室 | | 套 | 1 | |
| 三 | 配电 | | 套 | 1 | |
| 1 | 配电柜 | | 个 | 2 | |
| 2 | 动力电缆 | 3×35+2×10 | m | 500 | |
| 3 | 动力电缆 | 4×2.5 | m | 40 | |

## 二、调浆系统

### 1. 调浆系统工作原理

调浆系统由不同功用的泥浆池、泵组、管阀、自动检测仪器以及相关的控制部分组合而成。其主要功能是对泥浆分离系统的泥浆进行分配、循环、沉淀和调整,通过集中控制室对泥浆的流向、相对密度和流量予以监控。系统工作原理如下:

在盾构机掘进前预先将清水池注满,用清水泵向 ZJ-1500 高速制浆机内注入定量的清水。启动高速制浆机,按照制浆机内水量的 6%~8% 加入膨润土,并按膨润土量的 3%~5% 加入纯碱,制好的浆送入膨化池。在 ZJ-400 高速制浆机内注入清水制备水解羧甲基纤维素(CMC)和水解聚丙烯酰胺(PHP),配好的化学浆液送入药池。膨化池内的泥浆静置 15~20h,经过充分钠化处理后由泵送入储浆池。药池内的 CMC 根据水解品中药剂量占膨润土量的 1%~2% 由泵送入储浆池,PHP 水解品按照土量的 0.3%~0.5% 由泵送入储浆池(在特殊情况下药池内的水解品可通过阀门转换直接泵入调浆池)。储浆池内的新制泥浆由泵送入调浆池,再经供浆泵送入井下。

盾构机开始掘进时,排出的污浆经过 ZX-1000 泥浆分离系统除砂处理,污浆中的有害固相颗粒得以清除;净化后的回收泥浆在调浆池内与新制泥浆混合后,经泵送入井下。

因为存在泥浆流量不匹配的情况,即 ZX-500 处理后进入泥浆箱的流量与循环泵的输出流量不匹配,在泥浆箱的出口处设置了自动调节环节。即在泥浆箱内设置液位传感器,可预先设定信号输出的高液位和低液位,通过 PLC 控制循环泵出口的刀型闸阀的开度来控制其输出流量。此处 PLC 的逻辑控制关系是:当泥浆箱的液位低于设定高度时,输出阀(循环泵出口处的刀型闸阀)全部关闭,并且循环泵的电机也不能启动;当泥浆箱的液位到达最低液位时,循环泵电机启动,输出阀的开度为最小,随着液位的上升,输出阀的开度逐渐增大;如果泥浆来量减小,液位下降,则输出阀的开度也减小,这样可以使泥浆箱的输出流量与来量尽可能保持一致,也就是保证了泥浆箱里的液位高度一直控制在一个合适的高度范围。泥浆分离系统停机后,循环泵将在泥浆箱的液位处于液位传感器的最低限定高度停机同时关闭了输出阀。当盾构机在粉细砂层掘进时,如果经泥浆分离系统除砂处理后的泥浆性能达标,可通过关闭回浆总管至沉淀池的刀型闸阀,开启至调浆池的刀型闸阀,净化后的泥浆直接进入调浆池,经供浆泵送入井下。

调浆池内设有液位传感器,可预先设定信号输出的高液位和低液位。当液面降至低液位时,传感器报警并输出信号,控制储浆池内泥浆泵出口的电动刀型闸阀由池内自循环通路转至调浆池补浆的通路;当液面恢复至正常液位时,传感器输出信号,控制储浆池内泥浆泵出口的电动刀型闸阀转回至池内自循环通路;当液面升至高液位时,传感器报警并输出信号,控制废浆泵和其出口电动刀型闸阀开启,泥浆由调浆池往废浆池排放。

储浆池内同样设有液位传感器,当液面降至低液位时,传感器报警并输出信号,控制膨化池内泥浆泵出口的电动刀型闸阀由池内自循环通路转至储浆池补浆的通路;当液面升至高液位时,传感器输出信号,控制膨化池内泥浆泵出口的电动刀型闸阀转至池内自循环通路。

调浆池的 P1 泵(送浆泵)出口设置有 γ 射线泥浆相对密度计,能够准确地测量出调浆池返回井下泥浆的相对密度,还能将输出信号通过 PLC 控制相应的补浆(水)泵对泥浆相对密度进行自动调整,形成全自动闭环反馈控制回路。预先设定相对密度计信号输出的上下限。当相对密度升至高位值时,报警并输出信号,PLC 控制清水泵往调浆池注水,降低泥浆相对密度;当相对密度降至低位值时,报警并输出信号,PLC 控制废浆池内的弃浆泵往调浆池注浆,提高泥浆相对密度;当调浆池的相对密度恢复至正常范围时,相对密度计输出信号,通过 PLC 控制清水泵或弃浆泵停止向调浆池供水或供浆。保证调浆池回井下的泥浆相对密度始终保持在设定的范围内。

当盾构机在粉砂层掘进时,如果经泥浆分离系统处理后的泥浆性能达标,可通过封闭至沉淀池的通道,打开至调浆池的通道,净化后的泥浆直接进入调浆池,经泵吸返回井下。

当调浆池内沉淀淤积较多时,可开启废浆泵及其出口相应的电动刀型闸阀,将调浆池的泥浆重新送入泥浆分离系统进行二次循环净化处理。当某个沉淀池内需要清淤时,也可通过移动式的 4PNL 立式泥浆泵将沉淀池内的泥浆重新送入泥浆分离系统进行二次循环净化处理,净化后的泥浆经浆沟短接至下一沉淀池或调浆池,此时挖掘机对沉淀池进行清淤不会影响泥浆的正常循环。

2. 系统组成

调浆系统的组成为:循环泵 2 套、弃浆泵 1 套、废浆泵 1 套、补浆泵 1 套、清水泵 1 套、清淤泵 1 套、化学泵 2 套、污水泵 1 套、自行式机械式搅拌器 1 套(图8-7)、γ 射线泥浆相对密度计 1 套、液位传感器 4 个、12″电动球阀 2 个、8″电动管夹阀 2 个、8″电动刀型闸阀 6 个、6″电动刀型闸阀 2 个、4″电动刀型闸阀 7 个、清水池 1 个、膨化池 1 个、药池 2 个、储浆池 1 个、沉淀池 2 个、调浆池 1 个、废浆池 1 个。

## 三、泥水分离、调浆集中控制系统

为了方便管理,降低运行和维护费用,同一系统内的各单元设备能够实现远程集中操作与实时监视。泥浆净化及调浆系统受控设备 38 台(套),各受控设备分散,相互关联度不高。如果采用传统的操作台,靠按钮、指示灯之类的硬接点来完成实时监控功能,不仅使界面变得复杂、层次不清,而且运行和维护费用高。随着科技水平的不断进步,这种监控方式已经被逐步淘汰。本系统设备采用带上位机的集中控制方案,对生产过程和生产管理实现完全自动化和信息化。

图 8-7　自行式机械搅拌器

1. 主要功能

(1)系统可控制设备按照工艺流程要求(由编制的应用程序实现)正确运行以完成所需的生产任务。

(2)显示整个生产系统的工艺流程图及各设备的运行状态,存储有关的工艺参数,打印各种报表。

(3)系统运行中出现故障时,能立即进行故障的声光报警,显示故障的发生部位,实现故障设备关锁,并具有故障记录处理等功能。

(4)控制系统设计有完善的安全保护措施。所有的控制元器件均选用质量可靠性能先进的名牌产品,保证控制系统在恶劣的工业环境下长期可靠地工作。

(5)控制系统便于扩展。当工艺流程改变时,或生产系统增减设备时,只需修改相应的程序即可实现。

2. 机旁手动设置

各基础层设备都配有机旁操作箱,具有手动/自动切换控制功能。在自动方式下,设备由上位机及中央控制台控制;在手动方式下,可以完全脱离 PLC 和工控机独立的工作和操作,通过控制箱按钮启停设备,最大限度地确保了控制系统的可靠性。控制箱上设紧急停机开关或事故倒闸,供设备检修或现场应急操作。

3. 上位机的设置

控制系统配置工控机(又称上位机)用来完成控制系统的监控和管理任务。其主要功能有:

(1)监测显示系统的工艺流程、各设备的运行状态、工艺参数值,存储有关系统的主要运行工艺参数值,进行故障报警及处理。

(2)为控制系统配置组态(如 PLC I/O 点地址的分配,上位机与下位机 PLC 传输数据的通信模式确定),为 PLC 编程。

(3)向 PLC 发设备及某个工艺流程的启、停车等各种控制指令(替代传统操作台上的所有控制按钮)。

(4)实现与各分控制系统之间的通信联网操作,可与工厂级的管理计算机(如果有的话)进行联络,完成必要的生产管理功能。

(5)打印各种生产报表。

### 四、ZDJ-40 全自动制浆系统

制浆系统是进行浆液配置的设备,系统由化学制浆和膨润土制浆两部分组成,可将膨润土、水泥等粉料与水及其添加剂混合并快速制成浆液。该系统从物料配制、制浆、输浆采用全自动控制,具有制浆速度快,浆液搅拌均匀等特点,见图 8-8。

图 8-8 自动制浆系统

1. 主要技术要求

(1)制膨润土浆密度:$1.05 \times 10^3 kg/m^3$。

(2)系统额定制浆能力:$40 m^3/h$。

(3)泥浆系统额定功率:70kW,化学浆系统额定功率:20kW。

(4)电控系统方式:上位机(电脑系统),下位机(PLC 和受控的阀门组件)。

2. 工艺流程

(1)上清水

启动清水泵(11kW,167$m^3$/h,扬程 12.5m),打开清水电动球阀(DN100mm),通过流量计向 ZJ-1500 制浆机加水;当流量传感器检测上完 1 400L 清水时,向 PLC 发出完毕信号,PLC 控制清水电动球阀(DN100mm)关闭。

(2)上物料预称量

在加清水同时,干物料也开始预称量。通过 40t 灰罐下的螺旋输送机向制浆机上预称量的缓冲罐加料;当质量传感器检测上完 200kg 时,螺旋输送机电机停止,与清水共用时 1.5min。

(3)制浆机投干物料

当同时具备清水、干物料达到预设定质量的条件时,ZJ-1500 制浆机泵电机开始运转,由 PLC 控制缓冲罐气动平板闸门打开,实施制浆机投干物料。当质量传感器检测"0"位时,本次投干物料结束,此时,缓冲罐平板闸门关闭。本次物料投入桶内后,即刻进入下个周期干物料

上料称量过程。用时1.5min。

(4)制浆及输浆

在清水和干物料都上完情况下,PLC控制打开ZJ-1500制浆机中泵电机(22kW),制浆机两个DN100mm气动刀型闸阀处于制浆位(输浆阀关,回浆阀开。两个阀门必须互锁,这个过程废浆池电动刀型闸阀一直关闭)。PLC延时1min执行制浆循环,然后将两个DN100mm气动刀型闸阀处于输浆位(输浆阀开,回浆阀关。两个阀门必须互锁,这个过程废浆池气动刀型闸阀一直关闭),制浆机流量传感器检测到输出浆流量在"0"时,制浆机电机停止,两个刀型闸阀切换到制浆位。预计用时0.5min。下一个制浆循环开始。每一个制浆周期为4.5min。每小时运行14次,输浆21$m^3$。

两条支路同时工作,每小时制浆量为42$m^3$。

(5)制浆机的清洗功能

每次台班制浆系统需要清洗各部分管道、阀门,防堵。

打开一个清水电动球阀(DN100mm)给制浆机上清水,通过流量传感器控制加水量。制浆机制浆工作,两个气动刀型闸阀处于制浆位(回浆阀打开,出浆阀关闭),废浆池气动刀型闸阀关闭。工作额定时间,回浆,出浆气动刀型闸阀关闭,废浆池气动刀型闸阀打开,清洗液送到废浆池。

(6)制浆机的排空功能和补料功能

若由于停电或其他原因,导致正在上料过程中断,用户手动可选择排空功能弃浆或人为判断可补料或补水,用户可手动选择补料功能制浆。

(7)上清水的其他管路

清水泵除了向ZJ-1500桶内上清水,泵的出口还要向两台ZJ-400制浆机内提供两路清水,分别配制CMC和PHP浆液,向调浆池提供一条支路,用于调浆。三条支路分别由一电动球阀和两个定量水表控制。

(8)化学制浆

化学浆液通过流量传感器在上位机电脑中累计流量也在参量统计中出现。化学制浆过程:

采用两台ZJ-400制浆机来分别配制CMC和PHP浆液。上物料人工完成,上水采用数控定量水表(装置附带电磁阀);上完料后,人工开启制浆机电机,控制回浆阀门开,出浆阀门关。此为制浆过程,制完浆后进行人工输浆,回浆阀门关,出浆阀门开。输浆到化学池中(CMC池和PHP池)。当调浆池需要化学液时,安排两台化学泵分别输送CMC和PHP浆液。为了统计输送流量,在每台化学泵进口安排了电磁式流量计精确控制流量。

### 五、使用中存在的问题

由于富水砂卵石地层中细颗粒含量较少,故设计要求分离精度为74μm。但在实际施工过程中,发现地层中含有大量粉细砂、泥岩等小于74μm的粉细砂粒,从而导致浆液浓度升高较快,严重影响到经设备处理后的浆液密度、黏度和分离后要求含砂量小于20%的技术要求,增大了停机等待调浆的次数,占用了大量的生产时间,增加了外运废弃浆液费用。使用中主要存在以下问题:

1. 预筛器

预筛器是处理系统的第一级筛分装置,它主要是由两台 YSC-600 泥浆预筛分离器组成,每单台最大泥浆分离量 $600m^3/h$。主要任务是捡出井下渣浆泵输送来的、带有大量盾构掘进时切割下来不大于 140mm×140mm 岩石碎片及高密度卵石块的泥砂混合浆液,经预筛器的二层筛板筛分后泥浆中的渣料不大于 2mm×5mm。预筛器的上层筛板采用不锈钢筋张力筛,板条缝为 15mm×30mm;下层为不锈钢条缝筛,板条缝为 2mm×25mm。两层筛面下坡倾角为 150°。

由于带有大量的石块泥砂的浆液经泵送流速较快,而且直接冲击到上层筛板表面加速了筛板的磨损。由于上层筛的损坏会导致下层筛板很快损坏大量较大粒径的石子进入到储浆槽内,这样就会加速泥水净化装置的损坏,如渣浆泵、旋流器、液位浮标等。在掘进到 439 环(658.5m)时就发现上层网格部分磨损较大,根据其位置的不同磨损量不同处理方法是对其前后左右进行倒换。在使用到 629 环(943.5m)时就更换了全部上层筛板,见图 8-9。

图 8-9　筛板磨损图

2. 泥浆净化装置

泥水净化装置是由 4 台 ZX-250A 泥浆分离系统组成,单台装置处理能力为 $250m^3/h$,净化后的泥浆粒级不大于 $74\mu m$。其工作原理是通过每台净化装器配置的渣浆泵将储浆槽内经预筛器处理过的浆液切向射入旋流器中产生高速旋转,利用离心力的作用将砂石颗粒分离出来,并沿旋流器内壁旋转向下运动至沉砂嘴排出落入细筛。经细筛脱水筛选后较干燥的细渣料分离出来,经过细筛筛选的泥浆再次返回储浆槽内。在旋流器中处理后的干净泥浆从旋流器溢流管进入储浆箱中准备再次使用。在掘进到 550 环(825m)时有两台旋流器损坏较严重,到 620 环(930m)时 4 台旋流器全部更换,见图 8-10。

a)叶轮　　　　　　　　　　　　　b)护板

图　8-10

c)渣浆泵的壳

d)沉砂嘴

图 8-10  损坏的零部件

# 第四节　泥水循环系统故障及处理

## 一、泥水循环模式

泥水循环按功能不同分为五种。

### 1. 开挖模式

开挖模式的泥水循环回路见图 8-11。根据气垫室里泥浆的高程以及所要求的排渣流量，对伺服泵 P1.1 和 P2.1 的转速分别进行调整，调整 P1.1 泵的转速用以校正泥水平衡舱的液面高程达到所要求的值，调整 P2.2 泵的转速用以校正排渣流量达到所要求的排渣量，同时确保沿程的下一个泵的超载压力要大于所要求的净吸压力。P2.3 泵的转速必须能确保排渣的流体能被泵送到地面的分离站，以便在泥浆分离站入口处达到必要的压力。

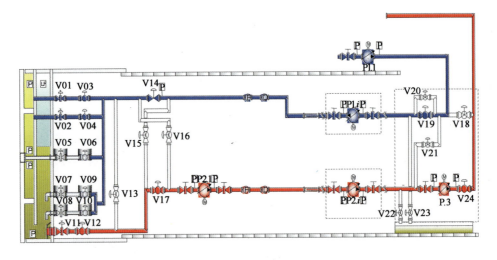

图 8-11  开挖模式的泥水循环回路

### 2. 旁通模式

停机模式的泥水循环回路见图 8-12。旁通模式是待机模式，特别是用于安装管片时的情况。

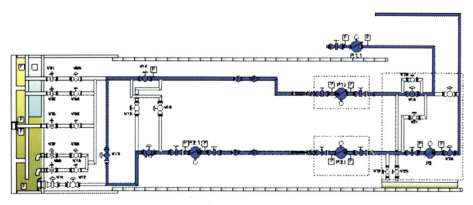

图 8-12　旁通模式的泥水循环回路

3. 隔离模式

停机模式的泥水循环回路见图 8-13。隔离模式使隧道里的泥浆管道系统与地面系统处于完全隔离的状态,设在地面的分离厂和调浆池之间的回路仍保持连通。这种模式常用于隧道内泥浆管道延伸时的情况。各排泥泵停止运转,送泥泵 P1.1 仍保持运行。

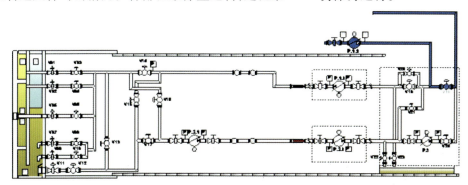

图 8-13　隔离模式的泥水循环回路

4. 逆行模式

停机模式的泥水循环回路见图 8-14。逆行模式使开挖室里的泥浆逆向流动,仅用于一些特别的情况,特别是用于清理排渣管道的堵塞。

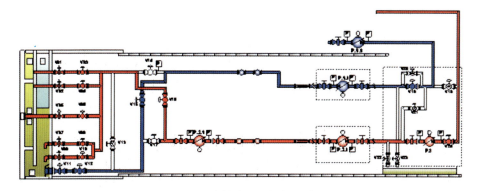

图 8-14　逆行模式的泥水循环回路

5. 停机模式

停机模式的泥水循环回路见图8-15。在停机模式下,所有送排泥泵都停止运转,掌子面压力由压缩空气回路来控制。当气垫室泥浆的液面高程低于预定的低限时,便进行自动校正。

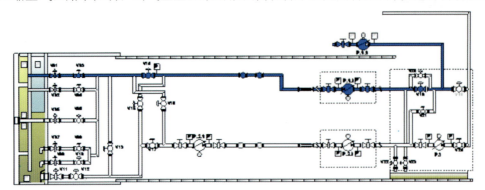

图 8-15　停机模式的泥水循环回路

## 二、泥水舱系统故障及处理

V1 泥浆管主要作用是使掘进时高速流动的浆液可以将刀盘中心部位的渣土冲到泥水舱内,减少刀盘中心的磨损。V20 和 V10 泥浆管是加到泥水舱的,V20 主要作用是在掘进时向泥水舱注入浆液,保证泥水舱内充满浆液维持设定的压力,并用浆液自身高速的流动带动渣土流到气压舱,见图8-16。

图 8-16　泥浆孔布置图

盾构在粒径140mm以上的砂卵石地层掘进时,一直出现出渣不畅和堵泵、堵管的情况。检查碎石机和泥浆泵时都未发现问题。进入气压舱发现舱底部渣土不多,只有4块300~400mm的卵石和一些破碎的小卵石。浆液在气压舱能够正常循环,只是渣土不能顺利吸出。在气压舱通过进渣前舱门看泥水舱,泥水舱内粒径在300~400mm的卵石已经将前舱堵塞。

1. 原因分析

大粒径卵石堆积并带有一些破碎的卵石,说明碎石机能够将卵石破碎,只是破碎的速度不能满足渣土排出的速度,碎石机齿板磨圆后破碎卵石的能力进一步降低(新齿板使用约100h就会磨圆)。

进渣前舱门口大粒径卵石堆积。原因有以下几个:碎石机碎石频率低,正常掘进时气压舱内渣土太多导致泥水舱内渣土堆积;卵石粒径太大需要黏度和相对密度更高的浆液来带动渣土;泥浆在泥水舱内流速太低,不能带动大粒径卵石。

2. 处理措施

提高泥浆的相对密度和黏度。

将碎石机循环的时间间隔设为0s,不调整碎石机泵的流量,来提高碎石机碎石频率。

由于砂卵石地层不密实,当向泥水舱内加泥浆的速度过快后,如舱内渣土将舱门堵住,当舱内压力达到0.11MPa以上时,地面就会冒浆,舱内压力难以保持,掌子面发生局部坍塌。在保证地面不冒浆的前提下,将V20气动球阀打开,用V20闸阀来控制进浆液的流速,尽量提高泥水舱内的液体流速。

### 三、气压舱泥水循环系统

泥浆管V3、V4、V5、V32是接到气压舱(图8-17)的,碎石机和进渣前舱门也在气压舱内。泥浆把渣土带到气压舱后,被V3、V4冲刷搅拌(防止渣土堆积)到碎石机处破碎,破碎后的渣土粒径变小,经V5冲刷格栅筛选后进入吸浆口被V32管吸出气压舱。

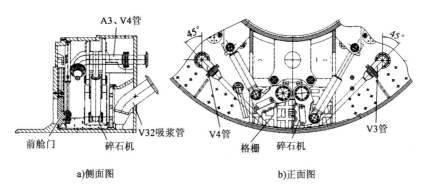

图8-17 气压舱底部图

在掘进期间气压舱底部被渣土堆积堵塞导致碎石机不能动作,渣土不能排出(图8-18),最终导致V3、V4、V5堵管,碎石机发生故障。

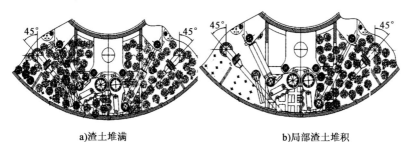

图8-18 气压舱底部渣土堆积图

1. 原因分析

泥水舱下部渣土堆积后突然涌到气压舱,渣土不能快速从气压舱排出,导致碎石机不能动作,气压舱堵塞。

地层中大粒径的卵石含量高,碎石机不能快速破碎卵石,堆积越来越多,造成气压舱下部全部堵塞。

V3、V4 管长时间堵塞或 V3、V4 只打开一个,致使气压舱渣土没有充分搅拌,造成气压舱被渣土堵塞。

2. 处理措施

在掘进期间采用了降低掘进速度或停机循环,加快碎石机运动频率,增加泥浆相对密度的方法后,堵舱的次数有所减少。

在 V3、V4 管出口加了一节长 150mm 的无缝钢管,提高冲刷能力。V31 旁通管处、P1.1 泵吸浆口处和伸缩管处增加了 3 个网子,防止卵石进入堵塞管路。

### 四、泥浆泵故障及处理

盾构在掘进期间泥浆泵出现了各种问题,其中最严重的是泥浆泵泵壳的不断开裂。

1. P1.2 泵开裂

盾构机在桐梓林至倪家桥掘进期间,泥浆泵出现过数次开裂情况(图 8-19)。开裂的国产泵壳 9 个(其中 4 个为经热处理高铬合金铸铁,3 个为经热处理中铬合金铸铁,2 个为未经热处理中铬合金铸铁),WARMAN(沃曼)泵 1 个,盾构机上原装泵 1 个。

泥浆循环参数正常,泵内和渣土分离站未发现铁块和能够导致泵裂开的物品,而泥浆泵泵壳最薄位置只有 10mm(新泵壳壁厚为 50mm 以上),断定 P1.2 泵泵壳由于磨损过度而开裂。

图 8-19 开裂的 P1.2 泵

2. P2.2 泵开裂

盾构机原装 P2.2 泵由于安装面损坏导致漏浆,将其更换为国产泵壳。但换上国产泵壳每次掘进 2~5 环后,泵壳再次裂开。在国产泵壳开裂了 9 个以后,装上了进口 WARMAN(沃曼)泵,但使用 2d 后该泵厚 70mm 的前护板也爆裂。P2.2 泵破裂情况见图 8-20~图 8-23。

盾构原装泵壳破裂时的厚度为 10mm,而国产不同材质不同硬度的泵壳裂开处的厚度为 40mm。但将 WARMAN 泵和国产泵比较,两台泵壳都出现了开裂。从 P2.2 泵泵壳开裂的情况看,泵的安装位置也是导致泵壳开裂的主要原因。P2.2 泵出浆口 90 弯头半径太小并且弯头离泵太近,出泵口弯头安装离泵太近也可能导致泵壳开裂。

将 WARMAN 泵裂开的前护板加用 45 号钢加工(45 号钢:40HRC,不耐磨,韧性好。原护板:55HRC,耐磨,易碎),并在护板内侧焊耐磨层;然后将泵出口的90°弯头更换成转弯半径1 000mm(原弯头为600mm),泵之间增加一根500mm长的直管。

图8-20　第一个损坏的P2.2国产泵壳

图8-21　第二个损坏的P2.2国产泵壳

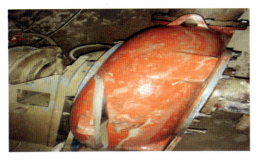
图8-22　第三个损坏的P2.2国产泵壳

图8-23　第四个损坏的P2.2国产泵壳

在更换弯头和护板后,泵壳在剩余的一百多米掘进中未出现过开裂。

### 五、管路堵塞的处理

盾构选型时允许粒径小于400mm的卵石进入泥水舱,经碎石机破碎到粒径140mm以下,然后经排渣管路排出。个别粒径超标的卵石虽然能够通过破碎机后的格栅,但在输送过程中仍易造成管路堵塞。管路堵塞主要出现在气垫舱吸浆口、P2.1排渣泵、排渣管弯头处、泥水处理系统弯管处等。各种堵塞显示特征、原因分析和处理措施如下:

1. 气垫舱吸浆口堵塞

显示特征:旁通循环模式正常,转换到出渣模式后,P2.1排渣泵进浆口压力显示负值(−0.1~0.2MPa)。

原因分析:

(1)排渣泵、排渣管或泥浆处理系统堵塞造成气垫舱内渣土未能及时排出而沉淀堆积。

(2)掌子面塌方渣土大量涌入气垫舱堵塞排渣口,沉淀堆积在碎石机附近。

处理措施:

(1)停止掘进,转换到旁通模式将排渣管道内渣土清理干净,反冲气垫舱渣土,待冲散堆积渣土后即可正常掘进。

(2)打开气垫舱清理碎石机附近渣土,清理完毕后即可正常掘进。

2. P2.1排渣泵堵塞

显示特征:排渣流量急速下降,P2.1泵发出强烈的石块撞击泵壳的声音。

原因分析：排渣管内石块过大，导致石块卡在旋转叶片上。

处理措施：关掉 P2.1 泵进浆口和出浆口的板阀，打开检查口，取出石块即可正常掘进。

3. 排渣管弯头处堵塞

显示特征：P2.1 泵压力显示过高(0.3MPa)，打到旁通模式情况仍没有变化。

原因分析：

(1)泥浆黏度过低，导致较大石块沉淀在弯头处。

(2)排渣流量小于 1 000m³/h，导致大石块沉淀在弯头处。

(3)掘进速度过快，P2.1 泵不能将渣土及时排出，有一部分堆积在排渣管弯头处。

处理措施：关掉进浆阀和排渣阀，打开弯头附近板阀用高压水冲洗，有大量石块自板阀中出来后，即可旁通循环。

4. 泥浆处理系统堵塞

显示特征：P2.1 泵压力显示过高(0.3MPa)，打到旁通模式情况仍没有变化。

原因分析：

(1)泥浆黏度过低，出渣效果不好，导致较大石块沉淀在泥浆处理系统弯头处。

(2)石块过大卡在泥浆处理系统管道较细的管道处。

处理措施：将泥浆处理系统切换到应急模式，同时通知主司机，敲打泥浆管道。如果情况仍得不到改善，用氧气割开弯头处取出石块后即可旁通循环。

# 第五节　碎　石　机

盾构选用颚板式碎石机。碎石机(图 8-24)系统由液压系统、碎石机构、润滑密封系统组成。碎石机构位于盾构主机气压舱下部，由碎石齿板和液压缸组成。液压系统是碎石机的动力来源，泵站位于后配套拖车的 2 号拖车右侧后部。润滑密封系统泵站位于中体右侧，起着润滑碎石机磨损部件和消耗性密封作用。将泵站、液压油冷却、油箱、润滑系统独立于推进刀盘液压系统以外，可以避免碎石机系统被污染后影响其他系统。

每个碎石机齿板由两个 $\phi180/140×500$ 液压缸驱动，液压缸壁厚 20mm，导向套(图 8-25)为黄铜材质，导向套和活塞杆采用油膜支撑。当泵站运行两边的液压缸伸出时，碎石机闭合，把卵石压碎。碎石机碎石齿板金属材料内含有镍、锰等元素，硬度只有 HRC42(国产碎石设备硬度一般在 HRC53 以上)。

图 8-24　碎石机照片

图 8-25　铜导向套

## 一、碎石机运动原理

碎石机运动方式有三种,分别为手动(MANUAL)、自动(AUTOMATIC,碎石机两边液压缸同时回收和伸出)和摆动(WIPE,碎石机两边液压缸运动方式相反及左边液压缸收回时右边液压缸伸出)。根据碎石机需要使用时间的不同可设置3个挡位(CYCLETIME),碎石机在摆动和自动情况下,每个循环(碎石机从张开到碎石机合拢到再张开为一个循环)之间的间隔时间可以根据时间进行设定,将间隔时间设为0s时,碎石机运行频率最快能达到每分钟2.5次。碎石机操作面板见图8-26。

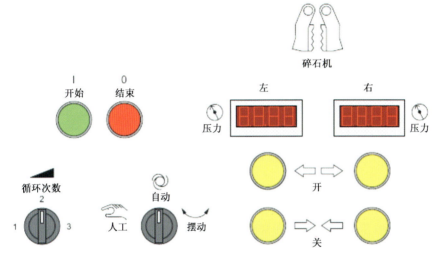

图8-26　碎石机操作面板

1. 手动(左边碎石机液压缸伸出)

手动模式在调试碎石机、气压舱内单边堵塞、人工搅拌碎石或维修气压舱设备时使用。

操作方式:旋钮拧到MANUAL,然后按CLOSE键。这时图8-27中标注的1号和14号电磁阀通电,这时9号泵的控制管路接通18MPa(180bar)的5号溢流阀,泵能提供的最大压力为18MPa(180bar),左边液压缸无杆腔进油并开始伸出。当左边碎石机挤压到卵石后无杆腔油压升高到18MPa(180bar)时[高于和无杆腔连通的19号压力开关设定的15MPa(150bar)压力]。1号和2号换向阀同时通电,这时9号泵的控制管路接通与5号溢流阀断开与31.5MPa(315bar)的6号溢流阀连通。当无杆腔油压达到31.5MPa(315bar)高于压力开关19设定的30MPa(300bar)压力时,1、2、14号阀和控制左边的CLOSE键全断电,碎石机左边伸液压缸动作完成。

2. 自动

自动模式一般在正常掘进或停机时需要出尽气压舱内渣土时使用。

操作方式:将图8-26中的旋钮拧到AUTOMATIC,然后按START绿色按键,左右两边CLOSE键亮,左右两边液压缸同时伸出无杆腔油压都达到30MPa(300bar)时卵石被破碎,然后图8-27中的1、2、3、4、14、16号换向阀和19、20号压力开关全部断电。隔3s后OPEN键灯亮,1、3、13、15号电池阀通电,液压缸开始收回碎石机齿板分开。当有杆腔压力达到18MPa

(180bar)时[超过18、24号压力开关设定的15MPa(150bar)],液压缸全部收回,1、2、3、4、14、16号换向阀和19、20号换向阀全部断电。碎石机自动进入下一个循环。

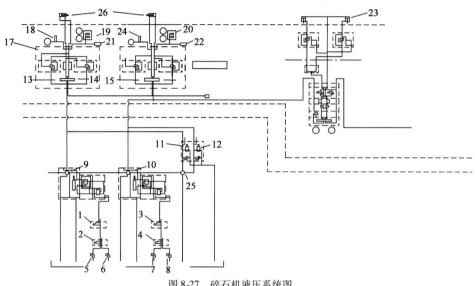

图8-27　碎石机液压系统图

3. 摆动

摆动模式一般在舱内渣土堆积或舱内循环不正常时使用,主要起搅拌作用。

操作方式:将图8-26中旋钮拧到WIPE位置。摆动情况下碎石机运动时左右两边碎石机运动方式正好相反,当左边收液压缸时右边为伸液压缸。

## 二、液压系统故障及排除

在掘进过程中由于碎石机液压系统配件质量和泥浆进入液压系统,导致液压系统故障频发。为保证盾构机连续掘进,对原装进口系统进行了国产化改造,基本保证了碎石机系统的正常使用。

1. 阀组故障

图8-27中17号标注的控制阀组控制碎石机运动方向。该阀组上的液压锁单向阀采用插装式的,换向阀采用板式的。在图8-28能够看出阀座上有两道裂纹,用砂轮机将阀座开裂处打磨后,可以看到裂缝很深,在阀体内部的裂纹长度基本上和打磨前的裂纹长度一样,无法焊接恢复。碎石机运动时液压油从该处大量泄漏,导致液压油损失,碎石机最高压力只能达到17MPa(170bar),无法破碎卵石。

故障分析:由于碎石机压力大,阀座材质为铝合金,拆装时用力过大导致阀座开裂。

(1)方案一

加工一个钢件阀座,将阀座上的各阀全部用国产件代替,采用板式安装,不采用插装阀。该方案材料易加工,只需保证平面度和表面粗糙度,配件容易购买,但国产阀质量不高,使用寿命短。

(2)方案二

a) 阀座上的裂缝

b) 打磨后的阀座

图 8-28　开裂的控制阀座

加工一个钢件阀座,将各阀全部安装到钢件阀座上。该方案阀座易加工,但阀采用的插装式安装方式,钢材硬度高,容易出现毛刺,同轴度难以保证,加工精度要求较高。

(3) 方案三

用铝合金加工一个阀座。该方案易加工,较容易保证精度,但铝合金容易开裂。

为保证盾构能尽快恢复掘进,选择方案一作为临时方案,待原件到货后更换。

在安装上国产阀组后(图 8-29),盾构机掘进 102m,碎石机使用 180h,未出现问题,但由于碎石机液压液压缸泄漏,液压油内进入了泥浆,压力逐渐下降到 15MPa(150bar)左右。更换阀组上的阀后碎石机压力恢复到 27MPa(270bar)。由于液压油污染阀组出现磨损内泄,采用更换国产回油滤芯和国产液压阀两种方法来保证液压油的清洁及阀组的正常运行。

a) 原装碎石机控制阀组

b) 更换后的国产阀座

图 8-29　控制阀座改造

**2. 碎石机压力无法升高**

碎石机运行时左右两边压力能达到 28MPa(280bar),压力在 22MPa(220bar)以上时基本能保证正常使用。随着使用时间的增加,压力逐渐降低,运行 30min 后压力从 28MPa(280bar)降低到 15MPa(150bar)。

故障分析:对液压油温度变化与液压泵压力变化进行了观察。碎石机运行 30min 后,液压油温度从 28℃升高到 33℃,压力从 28.4MPa(284bar)降到 16MPa(160bar);间隔 1h 后观察液压油温度从 30℃升到 35℃,压力从 28.5MPa(285bar)降到 17.3MPa(173bar)。由此可见液压油温度升高与液压泵压力变化关系不明显。在 28℃和 35℃时单独测试液压泵的压力,压力分别达到 28MPa(280bar)和 26MPa(260bar)。

处理方案及效果：由于无法明确液压泵压力降低的原因，试验给碎石机液压泵浇水降温，液压油温度从 28℃ 上升到 33℃ 用了 43min 时间，30min 内压力从 28MPa（280bar）降到了 22MPa（220bar），说明降低液压油温度升高的速度可以减缓液压泵压力降低速度。在碎石机冷却系统上串联了一个热交换器。

增加热交换器后，盾构掘进 90min，液压油温度仅从 28℃ 升高到 32℃，碎石机压力从 28.5MPa（285bar）降到了 25MPa（250bar），满足碎石机的碎石功能。

3. 液压系统的建议

在碎石机回油管路上增加一个带传感器的粗过滤器。当舱内泥浆进入系统后可以通过粗过滤器将大颗粒过滤掉，在经过精过滤器过滤小颗粒，可减少泥浆进入系统后对油箱的污染和泵的磨损。

对故障频繁的阀的安装方式，尽量采用国内通用的板式安装。在没有原装配件时，可以安装国产阀替代使用。

### 三、碎石机构故障及处理

1. 油脂管断裂

碎石机 EP2 润滑油脂使用量增加，但油脂注入压力只有 1MPa（10bar），说明舱内油脂管可能断裂，进舱后发现 6 根油脂管全部断裂（图 8-30）。

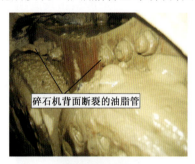 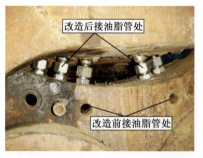

a) 原油管断裂照片　　　　　　　b) 改造后的油脂管路

图 8-30　油脂管路改造

故障分析：由于管路接头在碎石机上方仅 20cm 处，从油脂管断裂的位置看，因舱内卵石太多，当碎石机破碎卵石的时候，卵石很容易挤压油脂管接头，导致接头断裂。

处理方案及效果：根据碎石的结构，把原有碎石机上后面的 6 个油脂孔堵上，把油脂管接到碎石机油脂孔的加工孔上，将原位置的安装孔用堵头堵上（图 8-30）。这样既不会改变油脂的注入量，而且更好地保护了油脂管。改造后油脂管路再没有出现过问题。

2. 碎石机液压管断裂

盾构掘进期间，碎石机小油箱出现液位报警。

故障分析：对盾构后配套拖车、主机内和碎石机热交换器进行了检查，没发现大量漏油的地方，初步怀疑是气压舱内碎石机液压缸漏油或连接液压缸的管子漏油。在检查气压舱内碎石机后，发现液压油从接在碎石机上的 90°钢管弯头开裂处漏出（图 8-31）。

处理方案及效果：由于碎石机液压液压缸管接头无法更换位置连接，只有采取保护措施。

用 10mm 钢板做成盒子用螺栓连接将弯头处盖住,并用海绵垫将铁盒子内的空间填满,以防止卵石进入(图 8-31)。

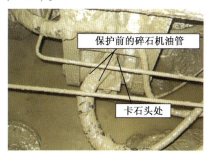

a)保护前的油管接头

b)保护后的油管接头

图 8-31 油管接头的保护

**3.碎石机销子脱落**

掘进期间碎石机压力、动作顺序、运行时间均正常,但渣土不能从气压舱排出,在气压舱外听不到左侧碎石机运动的声音。

故障分析:从图 8-32 可见原装销子退出是因为固定它的螺栓断裂造成的。故障时另一端的销子盖板并未脱落,所以销子不可能在碎石机运动时被卵石推出的。在对碎石机液压缸和碎石机机构上的销子孔检查后发现孔径从正常时的 90mm 增加到了 92mm(图 8-33),出现了一个 1mm 的缝隙。由于出现了缝隙,当碎石机液压缸伸缩时,销子在径向上相对于销孔就有了运动的空间;当销子受力后,整根销子就如同一根杠杆在撬螺栓,运动的次数多后螺栓就出现了断裂。

图 8-32 原装销子照片

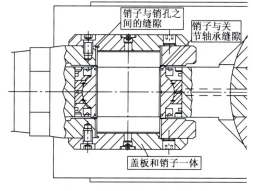

图 8-33 销孔与销子缝隙示意图

处理方案及效果:设计了如图 8-34 中的销子。该销子为一个大螺栓,螺母改成了加厚的螺杆保护套,在螺母和液压缸接触面之间增加了一个 3mm 厚的锁紧垫片,在销子端头增加了一个 8.8 级的 M10×40 的螺杆作为二次保护,防止螺杆保护套松动。

**4.对碎石机构的建议**

要保证碎石机系统的正常运行,就必须保证液压系统的清洁,密封润滑系统不出故障。碎石机在砂卵石地层中使用应注意以下几点:

(1)润滑系统的 6 处注脂点润滑密封油脂使用量达到 80cm³/h。

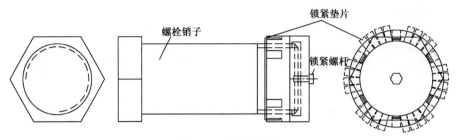

图 8-34 改造后的销子

（2）碎石机部件全部采用硬度在 HRC45 以上的中铬合金或其他耐磨材料，并在表面焊碳化钨耐磨层，碎石机构与液压缸连接处应使用加厚材料并加焊耐磨层。

（3）由于液压油管和润滑油脂管路是在泥浆中运动被磨损的，为减少进舱检修碎石机的次数，应使管路尽量不暴露或做好可靠的保护。

（4）做好碎石机液压缸的密封，或在液压缸上增加集中润滑系统，防止密封被磨坏。

（5）碎石机的安装方式应尽可能简单方便。

# 第九章 进舱技术

## 第一节 常压进舱地层加固技术

### 一、有工程实例的盾构换刀辅助措施

盾构换刀辅助措施的选择受地表环境、地质、工期、成本等诸多因素的影响,目前有工程应用实例的辅助工法有构筑竖井法、地层加固法、使用特殊机械装置法、带压作业法等。刀具更换辅助工法比较见表9-1。

**刀具更换辅助工法比较表** 表9-1

| 序号 | 辅助工法 | 优点 | 缺点 | 备注 |
|---|---|---|---|---|
| 1 | 构筑竖井 | 安全可靠 | 受地表环境限制大,施工周期长,成本高 | 仅在刀盘修复时采用 |
| 2 | 地层加固 | 因地制宜,可选工法多 | 受地表环境限制大;不同的改良措施,成本差异较大;根据地层的不同,改良效果不一 | 应用较广 |
| 3 | 使用特殊机械装置 | 安全可靠 | 设备造价高 | 应用较少 |
| 4 | 带压作业 | 相对安全 | 带压条件下作业效率降低,换刀周期长 | 特殊条件下应用 |

1. 构筑竖井更换刀具

盾构区间隧道底板埋深一般在 14~21m,甚至更深,为满足作业空间的需要,竖井深度至少在隧道底板下 0.3~0.5m,致使竖井施工周期较长,且成本极高。构筑竖井更换刀具的工程实例较少,一般仅在刀盘磨损严重、修复工作量大,通过地层加固难以达到预期效果时采用,同时受地表环境影响较大。

深圳地铁 4 号线(福民路—会展中心站)右线隧道掘进到 493 环时,因遇到大孤石造成刀盘严重损坏,在临时施工竖井进行刀盘修复和刀具更换,竖井设计深度 30.15m,净空尺寸为 6.5m×3m。沈阳地铁施工中也采用开挖竖井方式进行刀盘检查维修,具体见图 9-1。

图 9-1 构筑竖井换刀或修复刀盘

**2. 地层加固更换刀具**

盾构在无自稳能力的地层中换刀时,采用地层加固的方法可以改善土层的性能,使之满足刀具更换的安全需要。常用的加固措施有降水固结、冷冻法、灌入固化物、土体置换等。

(1) 降水

降水固结主要通过施工降水井降低地下水位,改变地层土体受力状态以及土体的水文地质状况,以达到使土体稳定的目的。此方法适用范围一般为砂性土、透水性较好的软黏土层、强风化花岗岩及砂卵石地层中。

(2) 冷冻法

通过冻结土体,改善地层土体截水性能,提高土体抗剪强度。冷冻法适用于上海地铁、南京地铁饱和砂土、软黏土地层。该工艺施工周期长、成本高,一般仅用于端头加固、联络通道施工中。

(3) 灌入固化物

灌入固化物主要指通过深层搅拌桩、高压旋喷桩、地表注浆等,将水泥或者水泥—水玻璃双液浆与土体充分混合,达到改良土体的效果。在广州地铁花岗岩、片麻岩混合岩风化地层中广泛采用水泥搅拌桩、三重管旋喷、袖阀管压密注浆等方法进行地层加固,达到了很好的效果,确保了盾构刀具更换的需要。

(4) 土体置换

浅埋隧道施工时可通过土体置换方式改良原有地层性能,盾构换刀时的土体置换主要指通过人工挖孔桩、钻孔灌注桩等,将原土体置换为砂浆或混凝土等,从而提高换刀处土体的性能。

**3. 使用特殊机械装置更换刀具**

(1) 球形刀盘装置更换刀具

近年来,日本着力研制可在通常大气压下随时安全、快速进行刀具更换的盾构机。三菱重工与石川岛播磨重工联合制造出一种称为"KURUN"的直径 9.45m 的泥水加压式盾构机,这种盾构机的刀盘部分是一个球体,可旋转 180°,其主要特点是不用选择时机、场所,只要回转刀盘即可在常压下更换刀具。该工艺工程实践较少,国内尚无应用。

(2) 刀盘伸缩装置更换刀具

在硬岩地层中,刀具磨损后刀圈与刀盘面板间的净空减少,为了安装新的滚刀,需要人工凿除刀具前方的岩石,在强度较高的岩层中甚至需要爆破,具备刀盘伸缩调整装置则可很好地解决这一难题。刀盘伸缩装置是指刀盘可根据需要前后移动约20cm,更换刀具时液压缸缩回使刀盘后退,可以很容易地更换刀具而不需要人工开凿坚硬的开挖面。该工艺在重庆主城排水过江隧道施工砂岩地层中得到应用。

(3) SharkBite 工法更换刀具

日本 JFE 公司与五洋建设株式会社共同研发的 SharkBite 工法,以鲨鱼换齿比喻刀具可以进行多次再生更换。即把新刀具从内周侧逐个推入刀盘辐条上,把磨损的外周侧旧刀具挤压到土层里去。中心刀具的更换只需要把磨损的部分挤压出去即可。该工法不仅解决了刀具磨耗问题,而且可以简单、适时地应变切削土层的地质环境变化。目前该工艺在国内尚无应用实例。

4. 带压作业更换刀具

盾构机在无自稳能力地层中掘进时,必须通过盾构机自身的气压平衡功能来提供地层稳定的支撑压力,采用带压作业模式来进行刀具更换。带压作业的成功与否和地层性质有着直接的关系:广州地铁4号线(小谷围—新造区间隧道)风化混合地层和武汉长江过江隧道工程粉细砂地层中均成功实施了带压作业更换刀具;成都地铁砂卵石地层渗透性强,保压困难,增加了带压作业更换刀具的难度。

## 二、富水砂卵石地层常压换刀地层加固措施

成都地铁地层以砂卵石为主,降水后骨架效应较好,可以维持土体的稳定,但在风化泥岩侵入隧道底部或者砂土、黏土层中,降水效果一般,需要在降水基础上辅助其他地层加固工艺,成都地铁1号线盾构换刀过程中进行了多种地基加固工艺的试验,具体加固情况统计见表9-2、表9-3。

左线隧道地层加固情况统计　　　表9-2

| 序号 | 停机位置 | 井深(m) | 降水深度(m) | 覆土厚度(m) | 地层类型 | 地层加固方案 | 实际效果 |
|---|---|---|---|---|---|---|---|
| 1 | 第一次换刀 ZDK14+393 | 25 | 15.4 | 8.9 | 卵石层 | 3口降水井降水 | 水位降至刀盘底部以下,效果良好 |
| 2 | 第二次换刀 ZDK14+250 | 30 | 16.2 | 11 | 卵石层 | 2口降水井降水 | 水位降至刀盘底部,效果良好 |
| 3 | 第三次换刀 ZDK14+069 | 30 | 14.8 | 13 | 泥夹砂卵石 | 4口降水井降水,补充2口降水井 | 基本满足要求 |
| 4 | 第四次换刀 ZDK13+900.4 | 30 | 15.0 | 13.2 | 密实砂卵石层 | 4口降水井降水+3根人工挖孔桩 | 满足要求 |
| 5 | 第五次换刀 ZDK13+774.8 | 27.5 | 14.8 | 12 | 密实砂卵石层 | 4口降水井降水+3根人工挖孔桩 | 基本满足要求 |
| 6 | 第七次换刀 ZDK12+910.2 | 25 | 13.0 | 9.85 | 中密砂卵石 | 3口降水井,补充1口降水井 | 基本满足要求 |

右线隧道地层加固情况统计　　　　　　　表 9-3

| 序号 | 停机位置 | 井深（m） | 降水深度（m） | 覆土厚度（m） | 地层类型 | 地层加固方案 | 实际效果 |
|---|---|---|---|---|---|---|---|
| 1 | 第一次换刀 YDK14+294 | 25 | 16.5 | 9.6 | 卵石层 | 2口降水井 | 水位降至刀盘底部以下,效果良好 |
| 2 | 第二次换刀 YDK14+078 | 25 | 12.5 | 13 | 淤泥质黏土层、砂卵石层 | 2口降水井+人工挖孔桩+旋喷桩加固 | 降水不成功,旋喷效果一般 |
| 3 | 第三次换刀 YDK13+975 | 25 | 16.4 | 14 | 粉细砂、砂卵石层 | 4口降水井+洞内注双液浆加固 | 水位降至刀盘中心偏上,效果一般 |
| 4 | 刀盘脱困 YDK13+968 | 25 | 16.5 | 14 | 密实砂卵石层 | 2口降水井+地表袖阀管压密注浆 | 水位降至刀盘中心偏上,注浆效果一般 |
| 5 | 第四次换刀 YDK13+812.5 | 25 | 14.3 | 13 | 稍密砂卵石层 | 4口降水井+3根人工挖孔桩 | 降水效果一般,利用中间未灌注混凝土的挖孔桩抽水 |
| 6 | 第十一次换刀 YDK13+026.8 | 25 | 13.8 | 11.5 | 密实砂卵石层 | 3口降水井,补充1口降水井 | 基本满足要求 |

1. 降水

左线隧道 ZDK14+393、ZDK14+250、ZDK14+069、ZDK12+910.2,右线隧道 YDK14+294、YDK13+026.8 处,穿越的地层为密实卵石层,该处卵石含水层渗透性较强,富水性较好,含水较丰富。地下水水位埋深浅,一般在 8~11m。根据成都的砂卵石地层在降水条件下地层非常稳定的特点,采取 2~4 口降水井降水,降水井距隧道中线 5.5m,深 25~30m,至少提前 7d 开始降水。开舱后观察掌子面情况,掌子面的土体稳定,降水效果很好(见图9-2、图9-3),安全、成功地实现了刀具检查和更换工作。

隧道处于全断面卵石层中,只采用降水方式即可保持换刀工作面的稳定。

图 9-2　泥水盾构降水后掌子面

图 9-3　土压盾构降水后掌子面

## 2. 冲孔灌注桩

盾构2标使用单排冲孔灌注桩对地层进行了加固。但地铁工程一般处于城市繁华区域，地下管网复杂，冲孔桩施工有一定的局限性。为确保刀盘切口及开口均在安全区域内，一般需要做双排冲孔桩，但成本较高。

## 3. 降水＋人工挖孔桩

右线隧道YDK13＋812.5，左线隧道ZDK13＋900.4、ZDK13＋774.8处，隧道穿越的地层为稍密、密实砂卵石层，隧道覆土厚度12～13m，采用"4口降水井＋3根人工挖孔桩"（见图9-4、图9-5）方式进行加固，成功实现了开舱换刀作业。

图9-4　降水井施工

图9-5　人工挖孔桩施工

以YDK13＋812.5处为例，在隧道中心线左侧设3口人工挖孔桩，两侧约4.5m处设有3口25m深的降水井，其中掘进方向左侧1口，右侧2口。施工中1号降水井因水泵损坏无法拔出修理不能降水，2号降水井在浇筑1号人工挖孔桩时有水泥浆窜到降水井内导致降水效果不佳，始终无法将水降到理想的水位。因此在隧道右侧增加1口4号降水井，同时2号人工挖孔桩留作换刀和修复刀盘时的辅助降水井和通风井。4号降水井施工后，把地下水位降至隧道顶部以下。

2007年11月12日凌晨5点打开泥水舱舱门，刀盘前方掌子面由密实的砂卵石构成，稳定性较好，同时有少量地下水沿2号人工挖孔桩流入泥水舱。为安全修复刀盘和换刀，对掌子面进行了喷浆加固，同时在刀盘切口环处搭建了约2.5m宽的防护顶棚。施工过程中掌子面稳定性较好，有零星的落石，没有影响施工进度。该次停机换刀历时10d，对整盘刀具进行了检查，除磨损较轻的5把中心刀外，双刃滚刀、刮刀、齿刀和另外1把中心刀均进行了更换。

采用该方案，人工挖孔桩与降水井应保持合理的间距，避免降水井和人工挖孔桩施工时彼此影响。应先进行降水井施工，然后进行人工挖孔桩施工。人工挖孔桩进行混凝土回填浇筑时,降水井要停止降水,并将水泵提起,以免水泵被卡。混凝土浇筑后,要及时恢复降水,避免发生堵井,造成降水井失效。

4. 降水+人工挖孔桩+高压旋喷注浆

结合2007年3月23日右线第一次降水换刀的施工经验,确定在里程K14+078(第一次换刀后掘进长度219m)处为第二次换刀位置,并提前在相应里程处进行降水施工。

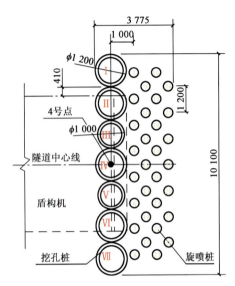

图9-6 地表加固平面图(尺寸单位:mm)

掘进至预定换刀里程前,掘进参数出现异常,查明原因是由于刀具磨损严重引起刀盘的磨损。为修复损坏的刀盘,确定采用人工挖孔桩和高压旋喷桩组合的加固方式。在盾构机切口环正上方施工7根直径1 200mm的人工挖孔桩,挖孔深度至盾壳上50cm;在刀盘前方施工4排高压旋喷桩,直径450mm,呈梅花形布置,共施工30根,见图9-6。为避免旋喷水泥浆液将刀盘刀具糊住,增加舱内清渣困难,控制第一排旋喷桩施工深度至盾构机的轮廓线的深度,其余3排旋喷桩施工深度均为20.5m。针对成都砂卵石地层钻进成孔困难的地质特点,采用旋转冲击钻成孔,钢套管跟进,下入旋喷芯管后拔出钢套管旋喷的施工工艺。

盾构机范围内的2号~6号桩桩底基本在地下水位线左右,要求全部挖至盾构机盾壳;在盾构机范围外的1号、7号桩,计划开挖到20.5m,为施工安全考虑,可根据地下水的实际情况决定开挖的深度,因地下水影响无法下挖的部分采用微型桩替换。挖孔桩成孔后,除4号桩外其余各桩均采取对桩底处理后灌注混凝土的施工措施,4号桩护壁加强后作为舱内清渣、更换刀具、检修刀盘时的通风排烟通道。1号、7号挖孔桩因地下水影响,人工挖孔至13.5m左右无法下挖,采用在每个桩底钻进2根7.5m长、直径146mm的钢套管桩,并灌入混凝土进行替换。

2007年6月19日,对旋喷效果进行了钻芯取样检查,在加固范围内的不同区域作了2个取芯钻孔,从取出的岩芯情况判断,存在水泥胶结现象,但也有未胶结区域存在,整体评价地层加固效果不是十分理想。打开泥水舱舱门后,发现刀盘切口基本上被水泥浆液封闭,开挖工作面局部地方出现水泥浆液;开舱之初地下水渗入量很大,但基本上是清水,泥砂含量较少,水量随时间逐渐减少;清渣过程中,开挖工作面基本稳定,能够实现安全换刀工作。本次开舱更换了全部滚刀和绝大部分齿刀和刮刀,在换刀过程中,掌子面地层稳定,舱内渗水量较小。

5. 降水+洞内注水泥水玻璃双液浆

右线隧道第三次换刀位置(YDK13+975)处,隧道底板埋深19.5m,隧道穿越的地层为密实卵石层,地下水水位在-9m左右。为了达到降水效果,共施工4口降水井,降水井隧道径向间距11m,轴向间距7m,井深25m,并提前开始降水。根据开舱后掌子面的情况,降水效果基本达到刀盘中心以下,地层中有少量地下水渗出。但换刀过程中,当拆下刀具后,地层中的砂在失水状态下从刀孔中涌入泥水舱,刀具无法正常安装,给换刀带来一定难度。

为安全、快速地进行刀具更换,采用水泥水玻璃双液浆对刀盘前方松散砂层进行加固,注浆参数如下:采用 P.O32.5 普通硅酸盐水泥,水泥浆配比(质量比)为 $m_C:m_W=1:0.8$,双液浆配比(体积比)为 $V_C:V_S=1:1$,根据刀孔的位置进行注浆孔的布置,注浆压力 0.15M～0.30MPa,压力逐步增加。

注浆采用 80cm 长、$\phi$42mm 钢管,先将钢管插入土体,然后开始注浆。当注浆压力上升到一定程度后将注浆管向外拔,每次向外拔的量控制在 20cm 左右。重复注浆,直至该注浆孔周围得到充分填充,达到加固土体的目的。注浆后的掌子面见图 9-7。

图 9-7　注浆后的掌子面

6. 降水 + 洞内注化学浆液

化学浆液是指 AB 液、高能聚氨酯等能够填充地层中的空隙并有止水效果的材料。

盾构 2 标在 ZDK8 +310 处换刀采用了此方法,盾构机到达前进行降水,盾构到达预定换刀位置时注 AB 液,效果比较理想,对地面影响也较小,但成本偏高。

### 三、地层加固体会

通过成都地铁 1 号线一期工程盾构试验段的前期施工,有以下几点体会:

(1)成都地区在砂卵石地层中实施降水是可行的。由于砂卵石层密实,降水引起该地层的沉降值不大,但是降水会造成上覆土层的固结沉降,对上部地下管线带来一定的危害。因此,施工前应对周围地下管线情况(建设年代、基础形式、材质、接头等)进行调查,并对施工全过程进行监控,采取相应的对策,确保地下管线的安全。

(2)在淤泥质黏土层中或者当基岩(主要是风化泥岩)侵入隧道范围时,降水效果一般,需要在降水基础上辅助其他地层加固措施。

(3)采用地表加固地层,一方面,受地表环境条件的限制,需要大量的协调工作;另一方面,由于盾构刀具在砂卵石地层中掘进磨损的不确定性,实际换刀地点与提前进行地层加固的地点可能不一致,往往造成资源的浪费和工期的延误。

# 第二节　带压进舱基本知识

国内外对气压换刀进行了多次成功运用,但富水砂卵石地层渗透性强,气体容易逃逸,保压困难,在富水砂卵石地层中进行带压进舱作业风险极大。

### 一、带压进舱设备

1. 人员舱介绍

人员舱是人员出入土舱(泥水舱)进行检查维修或者更换刀具的转换通道。人员舱包括人舱和副舱。人舱和副舱横向连接，通过隔板上的门可以从人舱进入副舱。副舱的作用是在带压工作时作为运送设备、人员和出现紧急情况时的出入通道。人员舱构造见图9-8。

图9-8 人员舱

人员舱压缩空气的供应是由配备的专门空气压缩机供应，管路配有相应的滤清器和安全阀，并且在拖车上还配有一套供气系统和储气罐，以及一套内燃空压机供气系统，以便在停电的情况下及时切换供气设备，保证舱内人员安全撤出。人员舱配有自动保压系统，人员舱内压力一经设定后，完全由自动保压系统调节、控制舱内压力。

2. 设备功能

根据舱的大小，人舱（见图9-9、图9-10）可容纳3人，副舱可容纳2人。人舱和副舱可以分开操作。

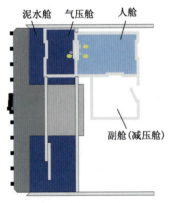

图9-9 泥水盾构人舱结构图

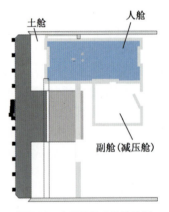

图9-10 土压盾构人舱结构图

（1）舱内控制设备

舱内控制设备包括通信系统、排气阀和通风阀、消防喷头、时钟、气压表、温度计等。

①通信系统。人员舱内、外配备了一套常规电话和一套气路电话，两套通信系统可以保证任何情况下人员舱内、外联系的畅通。

②排气阀和通风阀。排气阀和通风阀只有在意外情况发生后，人员被堵在舱内时使用。正常情况下，进出人员舱都有专门人员操作舱门。

③消防喷头。人员舱内安装有消防喷头，可喷水消防和降温。

④时钟、气压表、温度计等。在人舱中的带压人员通过时钟、气压表、温度计等,时刻掌握环境情况。

(2)舱外控制设备

舱外控制设备包括舱外的排气阀和通气阀、气压表和通风流量表、自动保压系统。

①舱外的排气阀和通气阀:设置在舱外的排气阀和通气阀与舱内的阀门连通,以备在特殊情况下紧急排气。

②气压表和通风流量表:有助于舱外的操作人员掌握和控制舱内的压力环境。

③自动保压系统:与通风流量表、土舱保压系统组合使用,通过设定压力的初始值,依靠设备本身的压力平衡功能,自动调整送入舱内的压缩空气的流量。

## 二、带压作业专业培训

在实行带压作业前,必须对进舱作业人员进行专业培训。带压作业人员培训分为三部分:理论知识培训、操作技能培训、心理培训。

(1)理论知识培训:学习基本的医学常识和急救方法。要求:知道加压和降压对身体的影响,以及带压作业过程中应该遵守的规定;知道平衡外部气压和人体空腔内气压所要做出的鼓气动作;熟悉判断在加减压过程中出现的各种情况,在出现异常情况时能够作出正确的第一反应;知道基本的减压病的发病症状,并能根据自身情况作出判断。

(2)操作技能培训:对从事带压作业人员进行详细的带压环境下的技能培训。要求:被培训人员要熟练掌握各种气阀的使用方法以及理解各种仪表显示的内容,并可根据仪表的显示对各种气阀进行正确操作;舱内人员要清楚加热系统的操作方法,要清楚紧急逃生系统的各种功能和逃生步骤。

(3)心理培训:成功的心理培训是带压作业培训成功的前提,由于大多数人员在加压舱内作业经验不足,心理紧张,通过心理培训消除进舱人员的疑虑,缓解压力,使作业人员在舱内能基本保持平稳的心理状态。

## 三、进舱人员选拔

首先,尽量选择有换刀经验且头脑灵活的人员,其次,进舱人员必须进行体检,只有合格者才能带压作业,凡是患有心脏、呼吸系统、耳喉鼻疾病者不得进舱。

### 1. 人员分工

成立带压进舱领导小组,组长由项目经理担任,设白班和夜班两个值班小组,四个作业班组,每班工作6h。

### 2. 进舱注意事项

(1)进舱人员应在作业前1h用餐完毕。因在升压和带压作业过程中,压力舱内温度较高,因此在此期间要多饮水,否则会因脱水立即导致压缩空气病症。但加压前(或加压)期间禁止饮用酒精类或含二氧化碳的饮料,同时不要将可能膨胀的饮品或食物带入压力舱。

(2)穿戴干爽洁净的衣服,随身携带纯棉保暖衣物。

(3)主动向气压医师如实汇报身体情况、自我感觉。患有感冒或流感的人不能进入压力舱,否则可能有耳膜破裂的危险。

(4)在带压作业过程中,体能消耗要远远高于常压下作业,因此用力要适度,并注意做好自身的身体防护,尽量避免碰伤皮肤或扭伤身体。

(5)向进舱人员详细介绍进舱作业的注意事项,讲明通话和信号联系方法。

(6)向进舱人员说明舱内防火的重要性,以及采取应急措施的方法;要求进舱人员主动交出火种(如打火机、香烟等)和易压坏的贵重物品(如手表、钢笔等)。

(7)操舱人员必须经过专业培训与训练,其他人员一律不准操作。所有进舱人员必须进行身体检查,确认健康,对进舱人员的姓名、年龄、工种、血型等进行登记。

3. 进舱人体变化

压力越高,人体吸入的气体就越多,尤其是氮气,其溶解在血液里后进入组织。氮气的饱和度取决于压力、持续时间以及组织吸收氮气的能力。脂肪组织特别能吸收氮气,一般情况下不允许肥胖人员在有压状态下进舱。

从正常压力到高压的沉淀物转变,有时候会产生强烈的压缩空气疾病,如耳痛、头痛、平衡性减弱和牙痛。如果空腔部分(如鼻窦、耳膜、肠管、无效填充物)的空气补偿受阻(如感冒、鼻炎、咽炎等),则可能导致身体机能紊乱。

4. 出舱人体的变化

溶解到血液和组织里的气体必须在出舱过程中释放出来。出舱时压力缓慢降低,要释放的气体可以通过血液循环系统和肺排出体外,降压太快会导致体液和组织产生气泡。此外,细胞内的气体释放会造成临时性的组织损害。

由于压力的反差,进舱人员在出舱前会经历不同的压力,根据人体生理学的研究,只有进行充分的吸氧才能消除这种负面影响,而且随着进舱压力的提高,对出舱前的吸氧要求更高。在 0.15MPa 作业压力下作业,出舱前一般不需要吸氧。

出舱后,人员尽量不要进行剧烈活动,要适当休息恢复。

5. 作业人员的营养保健及预防

(1)养成良好卫生习惯,建立合理生活制度。工作前应充分休息,防止过度疲劳,不饮酒。工作时应预防受寒和受潮。工作后应立即脱下潮湿的工作服,饮热茶,洗热水浴,在温暖的室内休息半小时以上,以促进血液循环,使体内多余的氮加速排出。

(2)每日应保证高热量(一般每日约 15 072 ~ 16 747kJ)、高蛋白、中等脂肪饮食,并适当增加各种维生素。可选些高蛋白的食品,油脂含量应控制在 100g 左右。可选择营养丰富又不含兴奋剂的饮料,如牛奶、豆浆、麦乳精等。

### 四、后勤保障

1. 物资准备

(1)生理盐水、葡萄糖、毛巾被、线质手套。

(2)在带压人员进舱前 2h,出舱后 2h 准备高热量的食物。

(3)人闸内外通信畅通,配置对讲机。

(4)准备急救箱、纱布、消毒液、棉签、云南白药、创可贴等应急药品。

(5)现场有专车守护,在意外情况发生时及时将伤员送往医院。

(6)进舱作业所需要的工具。

2. 设备检查与维护

通过压力表,检查前舱、人舱、作业舱的密闭性能。检查空气压缩机和储气罐工作压力是否正常。加压前,检查压缩空气系统的功能,检查进舱作业所需各种起重工具和切割工具的性能,避免工具不能正常使用,导致作业人员工作时间延长和压缩空气的计划外使用。

作业前必须确认的项目:

(1)膨润土注入系统。

(2)仪表显示系统。

(3)压缩空气系统(管路、闸阀)。

(4)通信系统。

(5)换刀或破卵石工具。

## 五、带压进舱、出舱作业

1. 进出舱程序

工程技术部根据前期培训情况给作业人员建立档案,把身体状况相近的人员尽量安排在一个班组,每个班组分配一名心理素质过硬的人员做组长。在带压作业前根据每组人员的实际情况和所需建立的土舱压力设计编写加减压方案,方案中需列出需要建立的压力值,降压步骤和每个步骤需要的时间和总时间。计算从加压到减压结束各环节所需的压缩气体总量,检查储备压缩空气是否满足用气量,并留有足够的富余量。

2. 进舱步骤

(1)把所需刀具、工具等放入人舱,尽量把一个作业循环内所需用的物品全部运入气压舱,以免动用副舱。

(2)作业人员进入人舱,关闭人舱的舱门。

(3)为了舱内人员的健康,必须逐渐升高舱内的压力,操舱员要慢慢打开加压阀,严格按照值班医生要求加压,直至达到所需工作压力值。加压过程中,打开人舱外的卸压球阀以保证舱内一定的通风量。

(4)当人舱的压力接近或等于作业舱(即泥水盾构的气压舱或泥水舱、土压盾构的土舱)的压力时,人舱内人员缓慢打开人舱和作业舱之间的卸压球阀开关,使人舱和作业舱压力逐步平衡。

(5)在人舱和作业舱之间压力平衡后,舱内人员打开压力挡板的门进入作业舱。为保持人舱操作空间,刀具工程师检查刀盘及刀具磨损情况后,可以从副舱减压提前出舱。

(6)当作业舱在压力下工作时,由于安全原因副舱常常是没有压力的,副舱的门都是关闭的。

3. 舱内作业

(1)保压系统持续供气。在带压作业过程中,为确保作业人员安全,舱内压力要随时保持基本恒定,其波动值要控制在0.000 5MPa以内。

(2)打开气压舱或土舱的卸压阀,保证舱内通风并排出废气。

(3)作业过程中若需向舱内运送物资,则启用副舱。副舱的操作与人舱类似。

4. 出舱步骤

(1)操舱人员在大部分或全部减压过程分为减压,停留,再降压,再停留,直至人舱内压力降至常压即结束。

(2)减压过程中通过卸压阀进行舱内的通风,加压阀加压,但此时不应再升高压力。

(3)工作人员离开作业舱进入人舱,将前舱门关闭,人舱内人员通过对讲机与操舱人员联系,通过减压后离开人舱。

(4)减压过程必须有专业医生监护,由于带压工作时间不可能完全相同,每次减压必须按照医生要求进行调整。

### 六、带压作业注意事项

(1)配置足够数量的低压空气压缩机,以保证压缩空气的供给。

(2)土建工程师确定刀盘前方土体的稳定性后,方可进舱工作。当土体不稳定时,组织人员及时退出土舱并关闭舱门。

(3)土压平衡盾构加压操作采用分阶段排土、分阶段加压的方式进行。作业面最终压力要比设定土压力高 $0.01 \sim 0.02$ MPa。

(4)向土舱内和刀盘前加膨润土形成泥膜时,最好在满舱时转动刀盘,防止刀盘前方卵石垮落。

(5)需要转动刀盘时,必须听从舱内人员指挥,确认指令后,方可转动刀盘,转速控制在 $0.2$ r/min 以下。

(6)在开舱作业过程中,尽量维持压力稳定,并通过进气阀操作使压力变化在可控范围内。

(7)若作业过程中出现气管爆裂、空压机故障等,应冷静处理,尽量稳住气压,同时通知舱内人员进入人舱,以便尽早减压出舱。

(8)进舱作业的同时启动应急预案,并按应急措施条款执行,所有应急小组人员必须坚守岗位,做好一切准备工作,确保工作的顺利进行。

### 七、应急措施

1. 减压病及预防

减压病是由于高压环境作业后减压不当,体内原已溶解的气体超过了过饱和界限,在血管内外及组织中形成气泡所致的全身性疾病。卫生部将急性减压病分为轻度、中度、重度三级:

(1)轻度表现为皮肤症状,如瘙痒、丘疹、大理石样斑纹、皮下出血、浮肿等。

(2)中度主要发生于四肢大关节及其附近的肌肉关节痛。

(3)重度凡出现神经系统、循环系统、呼吸系统和消化系统障碍之一者。

临床:绝大多数患者症状发生在减压后 $1 \sim 2$h 内。在减压过程中发病者占总发病数 $9.1\%$,减压结束后 30min 内占 $50\%$,1h 占 $85\%$,3h 占 $95\%$,6h 占 $99\%$,$6 \sim 36$h 仅占 $1\%$。减压愈快,症状出现愈早,病情也愈重。

严格遵守减压规则,可以确保不发病。如因减压过程不彻底,导致出现以上症状,应立即送到有高压氧舱的医院,进入高压氧舱进行急救治疗。

2. 人员出现险情的应急措施

人员出现险情的应急措施有:

(1) 操舱人员须密切关注舱内人员动态,并随时与舱内人员保持沟通,询问舱内人员身体状况,并与地面负责人保持联系。

(2) 如舱内人员感觉不适,且不适感持续,则启动出舱程序,减压出舱后在地面休息室休息并观察2h,如无任何症状则可回驻地。

(3) 如舱内人员受到轻微创伤,首先利用急救药箱内药品及其他辅助措施对出险人员做简单救护,并准备减压撤出。通知医疗救助人员在舱外守候。

(4) 如果舱内人员出现大面积出血或骨折等,首先对出险人员做简单救护,然后通知有治疗减压资格的医务人员进舱进行急救,症状缓和后按程序减压出舱,将出险人员放置到担架上固定好,送到地面定点医院实施治疗。

(5) 人员一旦出险,要求各岗位值班人员,加强沟通,保证人员撤离路线畅通。

3. 意外停电后的应急措施

如人员进入气压舱后,意外情况导致供电中断,将对进舱人员安全构成严重威胁,应采取以下措施:

(1) 在人员准备进舱前,地面备用发电机提前启动,并确保整个气压作业过程中,发电机正常运转。

(2) 如因意外情况供电中断,井下值班电工第一时间通知地面值班电工和井下负责人,地面切换电源,由备用发电机供电,并确保地面空压机、鼓风机、井下照明、排水系统在最短时间内恢复正常。

(3) 舱内人员立即停止一切工作,马上进入人舱,关闭前舱门,启动减压程序,逐级减压撤出。

4. 舱内发生火灾的应急处理

(1) 人员进舱前,气压舱内提前准备好泡沫和干粉灭火器、适量干砂袋和石棉隔火材料,发生电气火灾时,严禁用水救火。

(2) 气压舱内如发生火灾,当火势较小时,立即使用灭火器、砂袋、石棉隔火材料扑救(使用湿毛巾捂住嘴和鼻子,防止气体中毒);当预见到火势会迅速发展或火势较大扑救困难时,舱内人员立即撤入到副舱,进行空气置换并启动减压程序,准备撤出,舱外人员立即关闭气压舱进空气管路,开启排气管路。

(3) 电气工程师关闭气压舱内的一切电源,防止火势扩大和触电的危险,停止一切可能产生火花的操作。

(4) 减压过程中,如需氧气,舱内人员可要求舱外值班人员限量供氧,但不在万不得已情况下,禁止使用氧气。

(5) 减压过程中,如烟雾太大,舱内人员应立即使用湿毛巾捂住嘴和鼻子,防止气体中毒。

(6) 人员全部撤出气压舱后,气压舱压力全部释放,消防人员进入气压舱,检查火势情况,处理后续事宜。

5. 气压舱内发生触电的应急处理

(1) 发生触电事故时首先要通知电气工程师切断电源,切记不能用手、脚去接触伤者,否则会造成再次触电。

(2) 舱内人员使用干燥的木、竹、塑料等绝缘器物为触电者切断电源。

(3)切断电源后,立即检查伤者伤情,重点检查呼吸和心跳。需要时立即做心脏按压和人工呼吸,如果症状缓和,按程序减压,然后送至定点医院治疗;如果症状严重,立即通知有资质医师进舱进行急救,减压后立刻送往定点医院治疗。

6. 环境保护应急措施

(1)带压期间加强地面监测,发现问题及时反馈,并采取合理的措施。

(2)事先从地表钻孔,一旦出现险情,注浆补充地层损失,防止地面沉陷。

(3)洞内加强同步注浆,一是可以有效地防止盾尾漏气,起到保压效果;二是可以有效地填充地层空隙,降低地面沉陷的风险。

(4)成立专门的应急救援小组,做到24h待命救援,随时备好救援物资和设备,一旦出现险情,迅速展开救援。

7. 气压舱有害气体检测

(1)在带压进舱前,准备好气体检测仪器。通过仪器进行气体质量检测,发现异常立即采取措施,对气体成分进行检测分析。

(2)在完全确定气体对人体无害时,才能恢复带压进舱。

(3)如果带压过程中出现不明气体,立即停止工作,退出工作舱,关闭舱门,减压出舱。在确定气体无害后,再恢复带压作业。

# 第三节　泥水盾构带压进舱技术

利用高质量泥浆在掌子面形成泥膜,保证掌子面稳定,达到不透水、不漏气的目的。作业人员在高压情况下通过人舱进入工作面,并至压力舱下部实施检查和作业,完成作业后进入人舱逐步减压出舱。泥水盾构在富水砂卵石地层中带压进舱相对容易实施。带压进舱工艺原理见图9-11,进舱情况见图9-12。

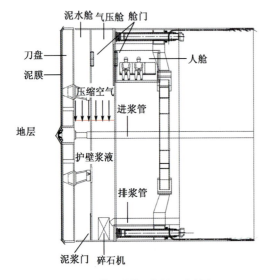

图9-11　带压进舱工艺原理示意图

图9-12　进舱情况

## 一、施工工艺流程

带压进舱作业工艺流程见图9-13。

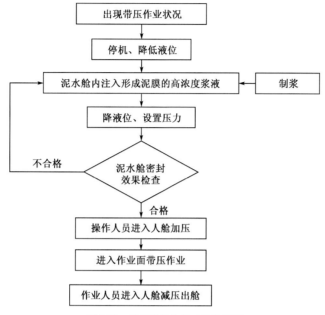

图9-13 带压进舱作业工艺流程图

## 二、操作要点

1. 泥浆护壁

（1）护壁泥浆的选择

因带压进舱作业须在密闭的环境中进行，掌子面密封效果至关重要，尤其是在渗透性较强的砂卵石地层，若掌子面的成膜质量不好，则极有可能导致护壁泥浆外泄、掌子面失稳，进而导致压力波动，对带压作业人员造成伤害，故护壁泥浆的成膜效果是降低带压进舱作业风险的重要环节。判断泥浆质量好坏的标准一般包括相对密度、黏度、滤失量、物理稳定性、可渗比。在黏性土、砂性土地层，泥浆的黏度指标是控制的重点，一般情况下黏度越高，越有利于掌子面稳定。

（2）护壁泥浆的参数要求及泥浆注入

带压作业前，通过泥水循环对泥水舱内的浆液进行置换，泥浆密度约为1.2kg/L，此时泥水舱内的泥浆黏度约为20s。泥浆置换完成后，根据计划注入的浓浆体积及注入完成后所需要保持的液位，在旁通循环条件下将气压舱液位降至计算位置，同时相应增加气压设置值，使泥水舱压力保持不变。

在置换泥浆的同时，利用制浆系统拌制浓浆，所得浓浆的黏度约为60s。用编组列车将浓浆运至隧道内，通过预留的管路将泥浆直接注入刀盘舱，注入完成后，转动刀盘，将浓浆与原有泥浆搅拌混合均匀，混合后的泥浆黏度为25~30s。

在泥浆注入、液位上升过程中，根据泥水舱压力变化，及时调整气压设置值，保持泥水舱压力稳定。泥水盾构掌子面形成的泥膜见图 9-14。

图 9-14　泥水盾构掌子面形成的泥膜

2. 降低液位

根据带压进舱作业目的,确定液位降低标准。降低液位一般分为降低气压舱液位和降低泥水舱液位。

(1)降低气压舱液位。当需要带压进入气舱检修碎石机等部件或疏通排浆口堵塞物时,利用盾构配备的排浆泵在旁通循环模式下将气压舱液位降低,同时增加气压设置压力,液位降低标准一般略高于气压舱底部与泥水舱的连接通道。此时,泥水舱为满舱泥浆,而气压舱则为小半舱泥浆,气压不至于通过两舱连接通道窜至泥水舱。

在降低液位、增加气压的过程中,应分梯度进行,即当液位降低 1m 时,应及时将压力设置值提高 0.01MPa,避免因压力突变造成掌子面失稳。

(2)降低泥水舱液位。若需要进入泥水舱进行下部压力传感器更换或障碍物探测等作业时,则须降低泥水舱液位。在将气压舱液位降至设计位置后,打开泥水舱和气压舱之间的连通阀,使气体窜至泥水舱,并调整气压设置值,最终达到两舱液位相平,上部为气体,下部为泥水。此时气压为平衡掌子面中部水土压力的计算值。

3. 压力设置

泥水压力采用静止土压力作为控制上限,主动土压力作为控制下限。穿越密集建筑物时压力设定值靠近上限。一般根据地层性质,砂土、粉土、粉质黏土等渗透系数较大的地层,采用水土分算计算地层压力。地面荷载偏压的情况下,压力设定值宜取超载和无荷载的中间值。

4. 泥水舱密封效果检查

为了确保带压进舱作业安全顺利进行,进舱前必须进行泥水舱密封效果试验等工作。液位降低、泥膜形成后,静置一段时间,观察、记录舱内液位及压力变化,若液位及压力无变化或变化小,则证明成膜质量好,泥水舱密封效果良好,可进行下步作业;反之,则需重新成膜,直至达到良好的密封效果。

5. 带压进舱作业

作业前,工程技术部门制订详细的实施方案,方案内容包括各阶段舱内液位、气压设置值、人员分工、材料及机具、进舱后作业内容等,并对所有参与人员进行书面、现场交底。带压作业人员在专业操舱、医护和救生人员的配合下进行带压进舱检修工作。

(1)加压程序

在人员进入压力舱前,应先进行人舱气密性试验,将潜水服、医用氧气、耐高压头灯、照相机等材料、机具放入人舱或材料舱,关闭舱门,压力升至气压舱压力值,保持一段时间(不小于10min),观察人舱是否有气体泄漏,再降至常压,带压作业人员进入人舱,检查所有机具是否仍可正常使用。在确认机具使用正常后,关闭舱门,开始增加人舱气压。

专业操舱人员慢慢打开门阀,保持恒定升压速度(非长期从事带压作业人员升压速度一般控制在 0.05MPa/min 左右,长期从事带压作业的专业人员升压速度可达到 0.07~0.1MPa/min),向人舱内加入空气,直至达到设定压力。达到设定压力后,操舱人员通知舱内人员打开人舱与气舱的连接舱门,进入气舱。

在升压过程中,带压作业人员应尽可能使身体舒展开,专业医务人员应随时保持与舱内人员的联系,了解带压作业人员身体的状况。舱内带压作业人员若发现身体不适,则立即通过通信系统通知舱外的医务人员、操舱人员,操舱人员停止加压,舱内人员按培训方法鼓气消除身体不适,身体恢复正常后,通知舱外人员继续加压。若身体仍然不适,则启用减压、出舱程序。

因为带压作业人员在压力舱内停留的时间是有严格限制的,所以在带压作业人员身体条件允许的情况下,应尽可能的缩短加压时间,为后续作业留下较为充足的时间。

(2)带压作业

加压操作完成后,潜水作业人员穿戴潜水服(若需潜水作业)、医用氧气等潜水装备,开舱进入作业面。当带压作业人员进入工作状态后,应打开人舱外的卸压球阀,以保证人员舱内一定的通风量,改善舱内的空气质量(主要是调节空气中的氧气、一氧化碳、二氧化碳含量)。同时应加强隧道内部通风,以提高进入压力舱空气的质量。一般而言,不同压力下人体对各种参数的要求是不同的,这也是人体正常生理需求,进舱过程中要随时根据不同的压力调节空气组成含量,主要是调节进气量。舱内通风,调节空气质量时应注意人舱进气阀、人舱排气阀的使用方法,严格观察控制各种气体的含量及参数,以保证作业人员的安全。

带压潜水作业人员系好安全绳、打开高压头灯后,潜入液面下实施维修或检查作业,辅助带压作业人员在液面上负责观察潜水作业人员工作、安全状况,并保持与舱外操舱、医护人员联系,出现意外时对潜水作业人员实施救援,并将险情向舱外人员报告,必要时,备用救护人员加压进入工作面,协助处理险情。

带压潜水作业时间,应由专业医务人员根据作业人员身体状况、气压舱压力值、劳动强度等各方面因素确定。

若仅需进行刀具检修、勘测地质等作业,则不需进行潜水,带压作业程序基本相同。

(3)减压出舱

工作结束后按既定的减压方案进行减压、出舱,下一组人员进舱。减压过程根据带压作业时间长短、劳动强度进行控制。

## 三、材料与设备

机械设备、工具、材料包括盾构自身配备的压力保持系统等带压作业必备的配套系统,以及应急设备、潜水作业的专业工具等,应根据作业内容准备需更换的盾构配件。设备机具、材料配备详见表9-4。

设备机具、材料配备　　　　　　　　　　表9-4

| 设备名称 | | 规格 | 数量 | 备注 |
|---|---|---|---|---|
| 设备自身必备的气压系统设备 | 人员舱 | 双舱 | 1套 | 带观察窗 |
| | 自动保压系统 | SAMSON系统 | 1套 | 盾构生产厂家不同,保压系统略有差异 |
| | 压缩空气供风系统 | | 1套 | |
| | 应急照明系统 | | 1套 | |
| | 通信设备 | | 1套 | |
| 带压作业人员设备 | 潜水服 | | 5套 | 需要潜水时配备 |
| | 耐高压头灯 | | 5个 | 潜水作业人员使用 |
| | 耐高压灯具 | | 2个 | 辅助带压作业人员使用 |
| | 医用氧气瓶 | | 10个 | |
| 应急备用设备 | 内燃空压机 | $10m^3/min$、压力$103kN/cm^2$ | 1台 | 出现停电时,应急保压用 |
| | 减压医疗舱 | | 1套 | 急救型救援车 |
| 其他配件 | 对讲机 | | 4台 | 外部人员联系用 |
| | 扭矩扳手 | | 1把 | 开泥水舱舱门 |
| 制浆材料 | | 膨润土 | 10t | 单次进舱 |

## 第四节　土压平衡盾构带压进舱技术

在富水砂卵石地层中土舱压力的保持比较困难。主要原因是隧道埋深浅,砂卵石地层透气,若地层有扰动、钻孔等易形成漏气通道,需要进行封堵,或选择原状未被破坏的地段进行带压作业。

### 一、带压进舱原理

经过对刀盘前方地层进行处理后,在保证刀盘前方周围地层和土舱满足气密性要求的条件下,通过在土舱建立合理的气压来平衡刀盘前方的水、土压力,达到稳定掌子面和防止地下水渗入的目的,为在土舱内进行检查刀盘刀具和更换刀具创造工作条件。带压作业工作原理如图9-15所示。

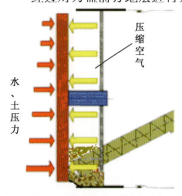

图9-15　带压作业工作原理图

距离停机位置前5环开始专门的渣土改良,掘进到预定里程后,停止掘进,用膨润土泥浆置换土舱内的砂卵石,通过螺旋输送机将土舱内的渣土排空。在排渣的同时,通过加泥系统向土舱的顶部泵送膨润土泥浆。泥浆的压力必须高于预定的进舱气压,泥浆的压力可通过土舱内的土压传感器进行持续监测,应比地下水压力高0.12~0.14MPa。当螺旋输送机出来的渣土中砂卵石含量非常少时,停止出渣,继续向土舱内注入泥浆,让泥浆充分渗透到地层,形成泥膜。为防止刀盘面板前的掌子面无泥浆渗透,可慢速转动刀盘5°~10°。

## 二、准备工作

### 1. 设备及材料准备

富水砂卵石地层的气密性差,为保证土压平衡盾构舱内气压的稳定,应准备大容量空压机,持续补充压缩空气。

(1) 大容量空压机。准备 $30m^3/h$ 大容量空气机,加强压缩空气的供给。

(2) 置换渣土前盾构的手动加气注入系统、保压系统、膨润土注入系统性能必须处于良好状态。

(3) 地层封堵用泥浆。对盾构土舱周围的土体采用泥浆进行封堵,以减少气体逃逸。封堵地层间隙的材料应严格按相关要求进行进货检验,并按要求搅拌均匀。盾构带压进舱用于封堵的泥浆材料每立方米的配合比见表9-5。

封堵用泥浆材料配合比($1m^3$) 表9-5

| CMC(kg) | 膨润土(kg) | 纯碱(kg) | 水(kg) |
| --- | --- | --- | --- |
| 2 | 183 | 8.3 | 917 |

### 2. 注浆封堵

带压进舱主要应保证刀盘前方周围地层和土舱满足气密性要求,因此封堵效果及进行封堵的位置至关重要,带压进舱前主要对以下几个部位用膨润土泥浆进行封堵:

(1) 利用盾构中体、前体上四周的润滑孔,对盾构主机周围进行注浆封堵,以防止压缩空气从盾壳与地层之间逃逸。

(2) 利用盾构上的加泥系统,对掌子面进行封堵。在掘进至预定停机里程前5环时,加入泥浆对开挖渣土进行改良,以便在盾构开挖直径的四周能渗透一定厚度的泥浆,从而填充带压进舱时土舱周围土体的空隙。

### 3. 渣土置换

停机前,根据地下水位、地质情况和地面环境条件,确定合理的停机位置和带压进舱土舱内需要保持的气压。进舱工作压力至少应比地下水压高 0.06MPa。在盾构掘进到预定停机里程的前5环,开始对渣土进行专门改良,使其流塑性更好,便于螺旋输送机排渣。

确保初步准备的膨润土泥浆的量至少为土舱容量(土舱容量为 $30m^3$ 左右)的2/3,再多20%,约 $24m^3$。膨润土泥浆配合比($6m^3$)见表9-6。

膨润土泥浆配合比($6m^3$) 表9-6

| CMC(kg) | 膨润土(kg) | 纯碱(kg) | 水(kg) |
| --- | --- | --- | --- |
| 12 | 1 000 | 50 | 5 500 |

开始置换渣土时,用螺旋输送机从土舱的底部排渣,同时启动手动加气注入系统。加气时,根据土舱内压力变化情况,调整手动阀的大小,保证土舱内压力稳定。土舱内的渣土排出2/3后(约 $20m^3$),立即停止螺旋输送机排渣。开始通过膨润土系统,向土舱的顶部注入膨润

土泥浆,在加膨润土的同时,逐步关闭手动加气,等到膨润土充满土舱体积的 2/3 后,开始保压。

4. 泥浆置换

保压时膨润土泥浆的压力必须高于预定的进舱气压。膨润土注入压力应比地下水压力高 0.12~0.14MPa(见图 9-16)。

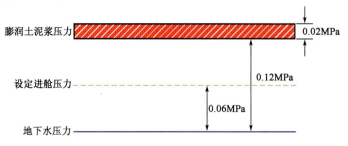

图 9-16　膨润土注入压力关系图

保压 2~3h,同时对土舱内的压力进行持续监测。压力降低时,及时补充膨润土,压力始终保持恒定。土舱内的压力稳定后,启动自动保压系统,用气体置换泥浆。首先启动手动保压系统,缓慢打开进气阀,土舱内的压力上升,气压开始上升时,启动螺旋输送机排空土舱。在排膨润土泥浆过程中,利用手动加气系统对排除泥浆造成的舱内压力突然下降进行补充。在舱内膨润土排到保压系统管路位置以下后,启动自动空气保压系统,保持土舱内压力的稳定。为保证土舱内压力的稳定,一定要将螺旋输送机的舱门开度放小,缓慢置换。

达到进舱设定值后,对土舱内的压力进行持续监测,保压 1~2h,确定需要的空气注入流量和保压系统的稳定性。土压盾构掌子面形成的泥膜见图 9-17。

图 9-17　土压盾构掌子面形成的泥膜

5. 土舱气密性试验

当土舱内的膨润土泥浆排完且土舱气压稳定后,可以开始进舱作业。带压作业时,通过土舱气压来抵抗掌子面的水土压力,土舱气压的设定至关重要。过低不能有效抵抗水土压力,泥膜将被破坏,地下水将渗入土舱内,并同时带入大量的流沙,使掌子面不稳定,易造成坍塌事故;过高则压缩空气将冲开封堵的泥膜从地层中逃逸,易造成地面坍塌事故。

进舱压力根据地下水位和地质条件确定,一般进舱压力至少应比地下水压高 0.06MPa。为确保带压作业人员的安全,必须合理设定土舱的气压,进舱前应进行气密性试验。成都地铁盾构4标施工时,带压进舱前进行了3h气密性试验,见表9-7。开始时气压设为0.1MPa,发现气体逃逸太快,达20m³/h;后降低至0.085MPa时,气体逃逸减慢,气体补充量小,约10m³/h;降至0.08MPa时,补气量较小,土舱压力最为稳定。因此进舱压力设定为0.08MPa。

带压进舱气密性试验　　表9-7

| 时　　间 | 13:30 | 14:00 | 14:30 | 15:00 | 15:30 | 16:00 | 16:30 |
|---|---|---|---|---|---|---|---|
| 设定压力(MPa) | 0.1 | 0.09 | 0.085 | 0.08 | 0.08 | 0.08 | 0.08 |
| 试验结果(补气量) | 大 | 小 | 小 | 较小 | 较小 | 较小 | 较小 |

### 三、带压进舱

1. 人舱气密性试验

人舱是作业人员出入土舱进行维修和检查的转换通道,出入土舱的工具和材料也由此通过,通常情况下人舱处于无压模式,带压作业时处于加压模式,而气密性试验是通过升压、降压试验来检查人舱门、土舱门、舱壁上各种管路是否漏气。根据现场经验,从0升压(不装消音器)至设计值不超过10min即为合格;降压操作过程中通常会出现土舱门漏气现象,造成气压降不到0,现场实践得出若降压后气压能小于0.03MPa则为安全,若气压降不到0.03MPa以下,则需要带压进行土舱门密封处理。

2. 带压进舱检查

为了进一步判断掌子面的地质情况和刀盘刀具磨损情况,首先由专业工程技术人员带压进舱对掌子面的地质情况和稳定性进行检查、确认,同时对刀盘、刀具磨损情况进行检查,确定换刀方案和各种带压进舱前的各项准备工作。

3. 带压进舱作业

先将作业所需工具、刀具等物品全部运入人舱,以免动用准备舱。作业人员进入人舱室。带压作业中应注意作业的上部有没有孤石,如果有,要及时做出处理。富水砂卵石地层,泥膜对土舱的密闭性起着非常重要的作用。进舱做业注意不要破坏泥膜,如果破坏,应及时调泥浆进行修复。要经常观察泥膜有无龟裂现象,如龟裂严重,要退出再次进行泥浆置换,形成泥膜。

一般情况下,每组有效带压作业时间为3h左右(带压作业,人体很容易疲劳),工作结束后按既定的减压方案进行减压、出舱,下一组人员进舱。

4. 减压出舱

换刀工作完成后,作业人员要将土舱内所有的铁制工具拿出舱外,机电技术人员要对所有的刀具安装质量进行检查,确认无误后关闭土舱门恢复推进。

工作结束后按既定的减压方案进行减压、出舱,下一组人员进舱。减压过程根据带压作业时间长短、劳动强度进行控制,一般需时20～30min。

### 四、经验总结

成都地铁带压进舱的技术要点主要有两方面,一方面通过气压抵抗地下水土压力,阻止地下水向土舱内流动,以确保砂卵石地层的自稳;另一方面通过泥膜渗透来提高砂卵石地层的气密性。防止开挖面坍塌和确保开挖面地层的气密性是含富水砂卵石地层带压作业安全的关键,是成都地铁带压进舱作业成功的关键。

由于地铁线路大多位于城市繁华区域,为减少地铁施工对城市交通的影响,在地铁施工过程中进行刀具的检查与更换时,应尽量不采用对地面环境造成不良影响和严重影响地面交通的常压进舱作业法,而宜采用带压进舱作业法。

## 第五节　中铁二局盾构带压进舱研究

### 一、前期基础研究

#### 1. 气压值的确定

带压进舱所需气压值的确定,关键是要确定气压的下限,然后根据人体可承受气压值,考虑一定的安全系数,按较低值取用。加压幅值越小,对人体生理健康越有利,劳动效率越高,单班持续工作时间可延长。选择压气压力的方法,因覆土厚度、地层渗透性、隧道直径、地下水埋深而异。理论上,土舱气压值应根据空舱底部(即图 9-18 中 A 点,一般为半空状态)的水土压力值来确定。

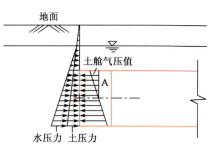

图 9-18　压气压力的选择

对于水土分算的透水性地层,根据孔隙率的概念,实际上是有土压的地方没有水压,有水压的地方没有土压,气压所需要平衡的仅是空舱底部的水压力和土体侧压力的较大值,在此基础上,考虑一定的安全系数。

采用洞内同步测水压技术对所有带压进舱位置进行了水压实测试验。将管片中心吊装孔用钢钎打穿,插入带球阀的注浆头,在注浆头上安装压力传感器,现场读取换刀前盾构机位置实际水压值,与气压值进行对比分析。

实际气压进舱时的气压值出现了小于空舱底部(即图 9-18 中 A 点)的水压值(气压需平衡水压和土压的较大值,因此不应该出现小于其中任何一个值的情况),且从每次持续一周的带压进舱过程来看,实际采用的气压值是稳定和安全的。根据实际反馈到理论,分析气压平衡水土压的受力细节,进而寻求一个适合于富水砂卵石地层的实用公式。

(1) 开挖面土层脱水和较小的刀盘开口率,可使开挖面前方土体自稳性提高。

土舱内的气体压力可以阻止地下水涌入土舱,同时也使位于工作面的土层由于脱水而稳定性提高。加上刀盘面板起到了挡土作用,刀盘开口很小,易形成土拱。从几次带压进舱的经验来看,在富水砂卵石地层,利用土压平衡盾构进行带压进舱可以不考虑土压作用。

(2) 膨润土浆液的泥塞作用:

为减小土层的渗透性,需向盾构壳体周边和开挖面前方注入膨润土浆液。浆液涂在土层表面形成泥膜外,还可以渗入孔隙通道一定深度,堵塞水的通路,如图 9-19 所示。因此,水要进入土舱,除了水压要大于气压外,还需克服膨润土泥塞作用。这样,气压的大小与膨润土浆液注入效果密切相关。实际气压值表现出大于水压值,也表现小于水压值的现象,大体趋势是实际气压值在实测水压值的上下波动,如图 9-19 所示。

综合以上各因素,推导富水砂卵石地层土压平衡盾构带压进舱所需气压值经验公式如下:

一般透水性地层(采用水土分算时)带压进舱气压值可按下式计算:

$$p_g \times dy + f \times dx \geq p_w \times dy \quad (9\text{-}1)$$

$$p_{下限} = K \cdot \max\{\gamma_w h_w, e_{侧}\} \quad (9\text{-}2)$$

式中:$p_{下限}$——气压下限值;

$K$——安全系数,一般 $K > 1$;

$\gamma_w h_w$——空舱底部水压;

$e_{侧}$——空舱底部土层侧压力,若处于水位以下时按浮重度计。

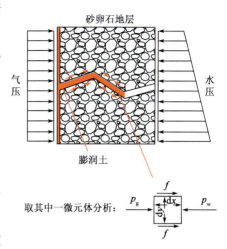

图 9-19 膨润土浆液的泥塞作用

在保证安全前提下,气压值越小越好。由于开挖面地层脱水和较小的刀盘开口率,加之泥浆护壁作用使其前方土体自稳性提高,侧土压力可以不考虑,当然由于气压是均一的,在气压止水的同时也挡土,这也提高了开挖面土体的安全性。此外,由于膨润土浆液的泥塞作用,气压可以做到小于水压。因此,富水砂卵石地层土压平衡盾构带压进舱可按以下经验公式计算所需气压值:

$$p_{下限} = k \cdot \gamma_w h_w \quad (9\text{-}3)$$

式中:$k$——气压的取值系数,可小于1,根据几次成功带压进舱经验,$k$ 可取值 $0.9 \sim 1.1$;

其他符号意义同前。

2. 进气量和气体损失量的确定

1) 压气试验流程

为获得富水砂卵石地层自然条件下和加入膨润土浆液后的透气和保气特征,进行了压气试验。压气试验流程如下:

(1) 用直径 94mm 钻头(实际成孔 100mm)钻孔至 15m 深,钻孔过程中放入套管(钻孔与下套管同时进行,以保持孔壁稳定)。

(2) 钻孔达到 15m 后,停止向下延伸套管,继续往下钻 3m 深度,提出钻机。从孔底向上 3m 范围内填充砾石,以保持孔壁稳定。其中,卵石要求磨圆度好,且冲洗干净。

(3) 在 15m 位置即卵石上方加入带圆形钢板的 PVC 管,此管从钢板中心穿过,与钢板密封焊死,长度 15m。管和圆型钢板放好后,在管与钻孔之间的空间注浆,充分密实。

(4) 第一次压气试验,分别使用 3 种空气压力。第一次空压机输出压力,通过 PVC 管向下压气,压力达到 0.06MPa 后,持续时间不少于 15min,然后每分钟记录一次空气压力、流量和时间。第二次,压力达到 0.08MPa 后,持续时间不少于 15min,然后每分钟记录一次空气压力、流量和时间。第三次,将压力加大到 0.1MPa,然后每分钟记录一次空气压力、流量和时间。然后分别在 0.08MPa、0.06MPa 压力下重复上述步骤。

(5) 加入 0.4m³ 膨润土(配方:60kg/1 000L,6% 膨胀土粉末,94% 水)至孔顶,此时孔底压力约为 0.15 ~ 0.18MPa,与实际开挖面前方压力大致相同。因此,在加入膨润土泥浆时稍微加大压力(不大于 0.3MPa)即可。

(6) 按步骤(4)进行第二次压气试验。

(7)压气试验结束,整理数据(空气损失统计见表9-8),计算隧道上部地层的空气在压力条件下的损失率。

空气损失统计    表9-8

| 状　　态 | 压力(MPa) | 天然情况下空气损失($m^3/h$) | 加膨润土后空气损失($m^3/h$) |
| --- | --- | --- | --- |
| 1 | 0.06 | 13.0 | 11.5 |
| 2 | 0.08 | 16.5 | 13.0 |
| 3 | 0.1 | 52.0 | 14.0 |
| 4 | 0.08 | 44.0 | 14.0 |
| 5 | 0.06 | 39.0 | 11.0 |

2)结论

试验表明,加入膨润土后气体渗透性明显下降:在0.1MPa的压力下,加入膨润土后气体损失仅是天然状态下气体损失的27%。估算出钻孔的气压损失面积大概为$1.2m^2$,开挖面加入压缩空气的气压损失面积是$35.2m^2$(开挖舱内有半舱渣土,盾构周围膨润土泥浆100%有效)至$129.6m^2$(开挖舱清空,盾构机周围膨润土泥浆50%有效)。由此估算出在开挖面上加0.1MPa压力的压缩空气时的气体损失量变化如下:

膨润土泥浆注入效果良好:开挖舱内有半舱渣土时,进气量/漏气量为$400m^3/h$。膨润土泥浆注入效果一般:开挖舱被清空时,进气量/漏气量为$1500m^3/h$。

3. 膨润土泥浆配比及制备

在带压进舱过程中膨润土泥浆控制气压和漏气量起到极其重要的作用,为了使泥浆的效果达到施工需要,在带压进舱前应对其配比和效果进行试验。

膨润土泥浆的技术指标包括膨润土配比、发酵时间、制备流程。

膨润土的制备:首先,计算出各配比下所需膨润土原料质量,并分别量取。其次,将膨润土与配比所需水充分混合,并持续搅拌一段时间,搅拌好后放置于常温条件下发酵。再次,每隔4h,将发酵的膨润土泥浆提取少量样品,并用锥形漏斗稠度仪测量时间,并记录当次已发酵时间。最后,处理数据并作出膨润土泥浆效果评估,如不符合要求,调整配比并重新试验至满足要求为止。

试验成果:

(1)膨润土泥浆性能与发酵时间关系密切。试验发现,随着发酵时间增长,膨润土泥浆的黏性明显提高。黏性提高的速度与温度和搅拌质量有关:温度越高,黏性提高越快;搅拌质量越好,黏性提高越快。

(2)根据室内试验确定的配比和黏性关系,结合实际带压进舱尝试的成功经验,建议膨润土质量配比(膨润土:水)取10.5%,相应的锥形漏斗稠度仪计量值(发酵24h后)为35s左右。

(3)制备过程直接影响膨润土泥浆效果。改用高速竖向旋转搅拌器,膨润土与水充分反应,在将膨润土泥浆从竖向搅拌器转移至水平搅拌罐后,保持水平搅拌罐24h旋转,以防止沉淀发生。

4. 机械配套及机械改造

1)机械改装

(1)增加空压机。在带压进舱过程中,气压须由足够的压缩气源来保证,经过多次加压实践,盾构配套两台 9.6m³/min 空压机难以满足带压进舱工作,因此新增加了一台 12.6m³/min 空压机和一台 15.6m³/min 空压机。

(2)注浆设备、膨润土注入方式。为保证带压进舱的保压效果,向周边注入膨润土是非常必要的。向土舱、刀盘前方注入膨润土泥浆的同时,为了防止盾体后面的水涌进,防止过多的气体从开挖面与盾体之间的间隙流出,还须向盾体周边注入膨润土。盾构机原带的膨润土系统只能向土舱、刀盘前面注入,不能满足同时向 3 个方位注入膨润土,因此增加一台浆液注入泵。同时,为了避免盾体后部注浆量不足而引起空隙过大,采用双液注浆泵在盾尾后面 5 环增加浆液注入,以填满空隙,防止过多的气体向盾体空隙流动。

(3)膨润土搅拌系统。原有膨润土搅拌系统只包含一个低速水平搅拌罐,大量膨润土粉末黏滞在旋转轴和搅拌罐内壁,造成膨润土浆液达不到使用要求。采用自行设计的膨润土搅拌系统进行搅拌,搅拌后直接输送到浆液运输车,再进入到盾构机的膨润土罐。

2)供气量与供气能力配备

经过多次带压进舱试验,在泥岩中只需 1~2 台 9.6m³/min 空压机即可;在砂卵石地层则使用 2 台 9.6m³/min 空压机,1 台 12.6m³/min 空压机备用;在砂层中,使用 2 台 9.6m³/min 空压机,1 台 12.6m³/min 空压机和 1 台 15.6m³/min 空压机备用。

3)安全风险防范所需相关设备

(1)应急电源。备用 200kW 发电机 1 台,随时提供为 2 台或 2 台以上空压机供电的电源,以免在带压过程中忽然停电而导致停气。

(2)木板、气囊。如果局部涌水、坍塌,采用木板挡住相应位置的刀盘开口,进行临时封堵。

如果涌水、坍塌情况严重,则采用气囊,把整个刀盘开口区域完全堵塞,待换刀人员离开土舱后,气囊放气,迅速取回气囊,之后关土舱门;如果不能及时取回气囊,则让气囊遗留在土舱内,通过螺旋输送机把气囊输出。

## 二、现场试验研究

在施工 18 环、20 环、25 环时进行了 3 次保压试验,压力保持均低于 6h,无法达到换刀作业的时间要求。影响压力恒定的可能原因如下:

(1)膨润土浆液质量差,掌子面没有形成完整的泥膜。

(2)SAMSON 压缩气体自动补偿系统没有很好的工作,空压机每小时的供气量不够。

(3)同步注浆浆液稠度低,盾体与周边土体之间存在空隙,气体沿着盾壳逃逸。

据此进行了以下几方面的改进和完善:

(1)膨润土浆液的配置:膨润土的水化最小时间控制在 24h,将其存储在泥浆罐中并不断的搅拌。在膨润土泥浆被使用之前,用马氏漏斗黏度计测试浆液黏度,测试结果应在 32~35s 之间,以确保泥浆有合适的黏度特性。

(2)同步注浆浆液配合比的改进:为了达到良好的稠度,适当增加水泥用量,确保盾壳周围所有的空隙被浆液完全填充。

(3)避开前几次试验(18 环、20 环、25 环)地层扰动过的区域,至少向前掘进 10 环以上再进行带压进舱试验。

第35环位置的带压进舱试验,其由以下几个步骤组成:

(1)在开始第35环掘进之前,通过超前探孔向盾壳周围注入膨润土。掘进时1号传感器参考值为0.1MPa,同时继续向开挖面加泡沫,泡沫系统按半自动方式进行操作(泡沫特性参数:$C_f=2\%$,$FER=8\%\sim10\%$,实际泡沫注入量150L/min,相应的FIR值约为90%)。在盾构掘进时保持同步注浆系统正常工作,以保证管片背后环向空隙被充分填满。

(2)在第35环开挖的最后15cm,用膨润土浆液代替泡沫,通过泡沫注入系统向开挖面注入膨润土浆液,保持1号传感器压力值高于0.1MPa。

(3)在开挖完第35环后,刀盘仍然要保持以1r/min的速度旋转10min。同时以0.2MPa的注浆压力向开挖面注入膨润土泥浆,保持1号传感器的压力值在0.14~0.15MPa之间。

通过螺旋输送机慢慢出渣,同时将压缩空气注入土舱内,保持1号土压传感器的压力值在0.06MPa左右,这个过程出渣12$m^3$。

带压作业人员在0.06MPa的气压下开舱,发现渣土顶面在人闸门以上,离盾壳顶只有20cm。为了降低土舱渣土顶面位置,向土舱内加1$m^3$膨润土和1.5$m^3$水,在加膨润土和水的同时旋转刀盘20min。在这个过程中,螺旋输送机输出9$m^3$的渣土。随后作业人员在0.06MPa气压下再次进入土舱,渣土顶面降到了人闸底板以下约1m处,在土舱两侧位置降到了刀盘的水平轴线以下。

## 三、关键施工技术

带压进舱关键技术包括到达预定换刀点前的施工技术、到达预定换刀点时的施工技术和恢复掘进技术3部分。

1. 到达预定换刀点前的施工技术

1)设备检查和浆液准备

(1)注浆系统的检查

在掘进到距离A-10(A指带压进舱位置)环时检查同步注浆系统,主要检查4个注浆管路是否运转正常。如果有管路不通,浆泵无力,冲程数与实际泵送放量差距较大等情况,应进行管路疏通和浆泵的全面清洗,使整个注浆系统处于优良的工作状态。

在掘进A-5环时对整个膨润土系统进行检查,包括刀盘前方和盾体周围两个方向的膨润土管路和膨润土泵的运转情况。整个系统的各部分检查就绪后进行试注浆。试注浆过程中主要观察各管路的压力是否正常,如果压力过大或者过小,都必须对系统进行调试。

(2)空气系统的完善和检查

在掘进至A-3环时检查空压机运行状况,使之达到良好的使用效果。根据前几次带压进舱的经验,必须有3台空压机处于工作状态,1台柴油空压机处于待机状态。柴油空压机的管路必须连接到位,并处于待机状态。

同时进行向土舱内供气的呼吸系统调试,对1号、2号呼吸器进行调试,其必须同时处于良好的工作状态。人闸系统要进行加减压测试,通过测试,观察各种压力表、温度表以及各种阀门是否工作正常。在检查的同时,把人闸各个气管特别是进气管全部打开,使其排气30min,尽可能地把气管里的油和水排出,以免影响作业人员的健康。

在螺旋输送机下方安装工业气体输入气管并加装限压阀,压力值调为0.1MPa。

(3)浆液的准备工作

通过膨润土浆液稠度试验确定膨润土浆液的配比。带压进舱对膨润土稠度的要求是35s左右,通过膨润土稠度仪进行测试。在确定膨润土浆液的配比后根据盾构机推进情况,在盾构推进第A环24h之前拌制膨润土,具体拌制量由现场协调人员控制。

同步注浆浆液的配比由现场试验结果确定,浆液的锥入度控制在11~13cm之间,初凝时间控制在6h左右。每环的注浆量为$6.5m^3$,同步注浆压力控制在0.2MPa左右。从A-2环开始,同步注浆应连续不中断,每环掘进至最后一车渣土后停止,并且要尽量保证掘进的连续性,以保证注浆的连续与饱满。

(4)设备检查与维护

通过压力表,检查前舱、人舱、作业舱的密闭性能。对空气压缩机和储气罐进行检查,观察其工作压力是否正常。进舱作业所需各种起重工具和切割工具要进行进舱前的检查,避免工作时所需工具不能正常使用,导致作业人员工作时间延长和压缩空气的计划外使用。

2)到达预定换刀点前的掘进关键工艺

到达A点前5环,在盾构周边注入膨润土,并且要保证发酵时间。盾构机掘进速度调整为30~100mm/min,刀盘转速调整为0.5~3r/min。持续掘进速度和转速到达距A点前1环(1.5m)处,盾构掘进速度调整为50mm/min,刀盘转速调整为0.5~2.5r/min。并同时向盾构刀盘前方8个注浆孔中注入膨润土泥浆,设定压力为1.1倍开挖面的压力。在到达A点前要求注入10~$40m^3$泥浆在开挖面上形成泥膜。

2. 到达预定换刀点时的施工技术

盾构机到达A点后,盾构停止掘进,继续转动刀盘和注入膨润土泥浆。持续以上操作5min后停止转动刀盘。随后向土舱内加压,进行气压和土压置换。加压过程采用分阶段排土、分阶段加压的方式进行,出土量按照所换刀具位置确定。

将土舱中的渣土输出约1/3,观察土舱压力值的变化,同时安排人员观察地表上漏气是否严重,若土舱压力无法保持,则重新恢复注浆或重新推进。

若土舱压力保持不变,则继续出土至1/2略偏下处,观察土舱压力值的变化,若土舱压力保持不变或不发生大的波动,则表明土舱压力保持情况合格。

(1)正常条件下

①原始位置:$P_1 > P_0$($P_0$为大气压力,$P_1$为支撑压力),原始状态时,人舱与副舱压力为大气压力。

②人舱的加压:$P_1 > P_2 > P_0$($P_0$为大气压力;$P_1$为支撑压力;$P_2$为人舱压力,介于$P_1$和$P_0$之间),关闭人舱闸门后,打开通风球阀,对人舱进行加压。

③土舱与人舱压力平衡:$P_1 = P_2$,土舱与人舱实现气压平衡,停止加压。此时,可以开启土舱闸门,进入土舱。副舱始终保持不加压。

(2)后续进舱(通过副舱进舱)

在正常条件下,出舱仅仅在人舱进行,同时,副舱总是不加压。因为在紧急情况下,急救人员可能通过副舱进舱。

①原始位置:$P_1 > P_0$($P_0$为大气压力,$P_1$为支撑压力),原始状态时,土舱压力等于人舱压力,均为$P_1$,副舱压力为大气压$P_0$。

②副舱加压:$P_1 > P_2 > P_0$($P_0$为大气压力;$P_1$为支撑压力;$P_2$:人舱压力,介于$P_1$和$P_0$之间)。关闭副舱闸门后,打开通风球阀,对副舱进行加压。

③土舱与人舱压力平衡:$P_1 = P_2$,副舱与人舱、土舱实现气压平衡,停止加压。此时,可以开启主、副舱间闸门,进入人舱和土舱。

(3)减压过程

①初始条件:$P_1 > P_0$($P_0$为大气压力,$P_1$为支撑压力)

②人舱减压:$P_1 > P_2 > P_0$($P_0$为大气压力,$P_1$为支撑压力,$P_2$为人舱压力)

③人舱与外界气压平衡:$P_1 > P_1 = P_0$,人舱压力同大气压平衡,打开人舱闸门,人员出舱。

3.恢复掘进技术

换刀作业结束后,待人员与设备撤出土舱和人闸后,启动刀盘,恢复掘进(暂时不出土)。通过压力传感器可以看到土舱内压力变化,此时通过土舱内排气阀排出一部分气体保持恒定的支撑压力,重复以上动作至满舱,重新建立土压平衡,进入正常掘进施工。

由于恢复掘进地点地质条件的差别,恢复掘进就有不同的模式:

(1)砂卵石地层恢复掘进。由于砂卵石土层有一定的稳定性,因此采用加气推进的模式。即更换刀具结束后,启动刀盘与千斤顶恢复盾构掘进,持续向土舱内加入压缩空气,但严格控制出土量,逐渐恢复土舱内存土量,增加土压,同步逐渐减小气压,最终实现土压完全代替气压平衡。

(2)砂层恢复掘进。由于砂层稳定性差,在砂层中恢复掘进时,必须采用回填土舱的方式来实现土压代替气压。即在换刀结束后,盾构暂不恢复掘进,而是向土舱内逐渐注入膨润土,用膨润土回填土舱,同步逐渐减小气压,当土压完全代替气压后,启动刀盘与千斤顶恢复盾构掘进。

**四、带压进舱体会**

成都地铁1号线盾构3标成功进行了19次带压进舱和多次带压检查刀具的作业。带压作业过程中地面沉降小,进舱人员身体无不良反应,换刀效率高。

实践证明,在成都浅埋隧道特有的砂卵石地层(卵石含量高、粒径大,地下水位高、地层透水性强,卵石和漂石强度高)中实现带压检查和更换刀具,进行刀盘维护等作业是完全可行的。带压进舱是一种安全、高效、经济的换刀方式。

带压进舱技术避免了由于地表加固而造成地面交通拥堵,降低了换刀成本,确保了隧道上方道路的畅通和既有管线和建(构)筑物的安全和正常使用,未对环境造成对危害,维护了城市的良好形象,环境效益良好。

# 第六节 中铁十三局带压换刀试验与实践

## 一、气压加压试验

1. 建立压力

1) 盾构停机前状况

2008年3月16日晚,盾构机的推力逐渐增大至$1.7\times10^4$kN,每环注入3m³膨润土改良土体,出土夹杂较多未破损的20~30cm卵石及黏土,偶尔出现卡刀盘现象。掘进第二环时掘进速度突然从30mm/min降低至小于10mm/min,加水浸泡2h后恢复掘进,速度有所提高,不久后停机。

2) 换刀计划及执行情况

换刀计划及结果情况见表9-9。

换刀计划及结果　　　　　　　　　　　　　　　　　　　表9-9

| 日　期 | 计划内容及参数 | 实施效果 |
|---|---|---|
| 2008-3-16 | 对换刀位置地面情况进行观察,确定盾构机上方无管线,地质钻探孔、降水井等泄压通道堵死 | 无 |
| 2008-3-16 | 停机换刀前5环每环同步注浆参数:1号、4号管0.25MPa,2.5m³;2号、3号管0.35MPa,1.5m³ | 见1)说明 |
| 2008-3-16 | 停机前收拢铰接液压缸至6~7MPa,调整姿态,向盾尾注入足量密封脂,保证盾尾及铰接不漏浆 | 正常,密封无泄漏 |
| 2008-3-18 | 停机时,利用盾尾注浆管向盾尾后注入膨润土,1号、4号压力0.25MPa,注入量1.5m³;2号、3号压力0.35MPa,注入量1m³;注入总量6m³ | 压力分别为0.17MPa、0.26MPa、0.24MPa、0.27MPa;注入量为1.5m³ |
| 2008-3-19 | 用注浆泵向盾体上注入膨润土,左上方及右上方注入压力0.25MPa,2m³;左下方及右下方注入口注入压力0.35MPa,1.5m³ | 盾尾及刀盘在顶上形成通道,放弃在盾体上注入 |
| 2008-3-19 | 使用膨润土泵注入膨润土,由左右两条管向土舱前注入足量膨润土,约10~20m³;使土舱1号、2号压力传感器达到0.15MPa | 压力升高至0.29(0.35)MPa,随后降到0.024(0.044)MPa;注入量为6m³ |
| 2008-3-19 | 缓慢转动刀盘45°,继续注入膨润土,使1号、2号压力传感器达到0.15MPa | 刀盘卡住,土压传感器压力高 |
| 2008-3-19 | 观察土舱压力变化10min;压力降低时补充注入膨润土 | 未实现 |
| 2008-3-19 | 不转刀盘,注入膨润土,缓慢出渣,使压力保持在0.15MPa;出土量控制在8~10m³ | 难以出土,只能出水及膨润土 |
| 2008-3-19 | 停止出土等待10min,压力可保持,然后再缓慢出土,使压力下降至0.06MPa | 未实现 |

续上表

| 日 期 | 计划内容及参数 | 实施效果 |
|---|---|---|
| 2008-3-19 | 使用平衡空气系统向土舱内注入空气,设定压力0.07MPa;保持压力观察2h,其间20min慢速转动刀盘2~3转;观察土舱压力能否保压,若压力降低,则继续加注膨润土浆液;直到压力稳定;其间始终打开空气平衡系统 | 未实现 |
| 2008-3-19 | 保压,分阶段间歇排土,刀盘不旋转;出土量为8m³;观察压力变化情况 | 未实现 |
| 208-3-19 | 观察2h,达到以下结果:压力能保持,出土为卵石渣土,可进行刀具更换工作;压力不能保持,出土为卵石渣,可再注入膨润土观察 | 经水浸泡后,出土为膨润土及水,刀盘卡住,无法出渣;常压进舱清理 |

2. 加压及开舱及处理措施

1) 加压后处理措施

(1) 刀盘旋转时扭矩突然增大至30MPa卡住,转速至1.4r/min;螺旋输送机旋转无出土,但能出水及膨润土,土舱内可能形成泥饼或中间卵石成拱。

(2) 收缩所有推进双缸,单缸收缩后再顶上泄压,而后旋转刀盘,但依然被卡住。

(3) 注入水浸泡,目的是软化泥饼后螺旋输送机及刀盘可以转动。

(4) 尝试转动刀盘,但仍然被卡住,螺旋输送机仍然无法出土。

(5) 决定采用常压进舱处理。

2) 开舱检查情况

(1) 进舱后发现土舱内密布粒径约200~300mm卵石,掌子面卵石夹杂于黄色黏土层中,膨润土渗入土体很薄,掌子面无水,地层在无扰动情况下稳定。

(2) 渣土面高出舱门约50mm,渣土基本由卵石组成,蓬松与注入的膨润土有关。

(3) 左侧11点钟方向是刀盘开口所在位置,刀盘顶上有近1m³的圆形空洞,顶部自然成拱。

(4) 右侧1点钟方向是刀盘另一开口所在,未见塌陷。

3) 开舱处理

(1) 人工清理土舱,同时准备焊接钢板封堵开口位置,防止卵石垮落。

(2) 螺旋输送机出土,将渣土清理到土舱内中部位置,人员出舱后启动刀盘,刀盘仍被卡住,换向旋转,几块大卵石从刀盘顶部掉落,刀盘正常旋转。

(3) 刀盘卡住后可转动60°,由于大粒径卵石卡在刀盘切口处,加上舱内堆满卵石,造成扭矩过大,刀盘卡死。

3. 施压试验结果

经过常压换刀试验,得出以下结论:

(1) 卵石黏土在高压、成拱、无扰动情况下,具有较强的自稳性。

(2) 在较黏稠膨润土作用下,盾尾及铰接未发现泄漏现象。但盾尾、中体、前体与周边土体间形成通道,无法完全阻隔舱内气体逃逸。

(3) 土舱内土压传感器在无水、无气压及正面推力情况下,2号传感器压力达到0.08~

0.12MPa时舱内基本堆满渣土。

(4)高压膨润土能渗入地层的孔隙中形成泥膜,长时间浸泡后(18h),膨润土会随水稀释流失。

## 二、带压换刀实践

### 1. 换刀实际情况

盾构机正处于曲线段,推力较大,最大至 $1.8 \times 10^4$ kN,每环注入 6~9m³ 水改良土体,出土夹杂较多未破损的 200~300mm 卵石及黏土,出土流畅连续,掘进速度保持在 20~25mm/min。掘进至 131 环,计划常压开舱换刀,清舱 18m³,开舱发现地下水位高至人舱闸门,无法实施常压换刀,经研究决定实施带压换刀。停机时盾构相关技术参数如下:

停机里程 YDK7+501.03,所处地层为〈3-7-3〉和〈2-8〉。

土压传感器为:0.029MPa、0.003MPa、0.059MPa、0.071MPa、0.039MPa。

推进液压缸行程及压力:1 057mm、3MPa,1 091mm、6.4MPa,1 129mm、10.6MPa,1 098mm、11.3MPa。

铰接液压缸行程:30mm、48mm、93mm、117mm;铰接压力:7.1MPa。

螺旋输送机闸门压力:0.002MPa。

VMT 姿态:前点水平 9,垂直 38;后点水平 16,垂直 32。

### 2. 气压加压及进舱

1)建立土压平衡

(1)停机之前调整姿态,向盾尾注入足量的密封脂。

(2)停机时,利用盾尾注浆管向盾尾后注入膨润土,1 号、4 号压力传感器压力 0.25MPa,注入量 1.5m³;2 号、3 号压力传感器压力 0.35MPa,注入量 1m³。

(3)向土舱内注入约 12m³ 膨润土,1 号、2 号压力传感器压力达到 0.15MPa。

(4)不转动刀盘,注入膨润土,缓慢出渣,使压力保持在 0.15MPa,出土量在 3~5m³,出土后压力下降到 0.08MPa 左右。

(5)缓慢转动刀盘 45°,土舱压力由转动前 0.073MPa 下降到 0.058MPa;继续注入膨润土,1h 后土舱 1 号、2 号压力传感器压力达到 0.067MPa;再次转动刀盘约 45°,压力下降至 0.058MPa,1min 后上升到 0.064MPa。

(6)使用平衡空气系统向土舱内注入空气,设定压力 0.12MPa,压力稳定在 0.11MPa。

(7)观察 1h,压力没有明显变化,人员进舱作业。

2)带压进舱观察情况

打开舱门,舱内渣土覆盖闸门的 2/3,由于刀盘向左旋转,导致右侧渣土多。土舱内无积水,9 点钟位置有渗水。掌子面坚实稳定,满足进舱条件。

3)加减压操作

通过医生指导,加压时间可以略短,加压至 0.1MPa 压力时间控制在 5~10min,从 0.1MPa 压力减压至常压时间控制在 10~20min,以进舱人员在加压、减压过程中的舒适度为主要控制要素。

3. 带压换刀

2008 年 5 月 30 日~2008 年 6 月 20 日,分 3 次更换所有滚刀及部分刮刀。

(1)第一阶段换刀情况(5 月 30 日~6 月 3 日)

舱内情况见图 9-20。对刀盘支撑臂内的泥饼进行清理后开始换刀。每次转动刀盘都会有渣土滑落,刀盘前与掌子面逐渐形成 50cm 间隙,上方形成高 10m、直径 3m 的空洞。随着压力的降低,空气平衡系统注入的空气量增大,土舱内噪声增加。6 月 2 日发现土舱内水流不大,计划使用常压换刀,但常压开舱时水位上升,很快没过土舱闸门,而后重新进行带压换刀。第一阶段 4 天时间共更换刀具 9 把。

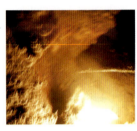  

a)刀盘开口前　　　　　　b)切口环处　　　　　　c)刀箱内形成软泥饼

图 9-20　舱内情况

第一阶段加压作业记录见表 9-10。

第一阶段作业记录　　　　　表 9-10

| 日　　期 | 时　　间 | 压力(MPa) | 进舱工作内容 |
| --- | --- | --- | --- |
| 2008-5-31 | 10:00~11:00 | 0.11 | 检查地层,刀盘 |
| 2008-5-31 | 12:00~16:23 | 0.108 | 清渣 |
| 2008-5-31 | 21:15~0:12 | 0.064 | 清渣 |
| 2008-6-1 | 1:02~5:30 | 0.046 | 清舱 |
| 2008-6-1 | 8:27~12:17 | 0.045 | 清渣排水 |
| 2008-6-1 | 14:37~18:30 | 0.04 | 拆下一把先行刀 |
| 2008-6-1 | 21:46~2:08 | 0.038 | 更换 21 号、17 号滚刀 |
| 2008-6-2 | 2:55~3:06 | 0.038 | 更换 19 号、23 号,拆 15 号滚刀 |
| 2008-6-2 | 8:20~12:00 | 0.037 | 更换 27 号、34 号滚刀 |
| 2008-6-3 | 5:58~7:30 | 0.028 | 加压观察 |
| 2008-6-3 | 8:00~11:25 | 0.26 | 装 15 号,拆 31 号滚刀 |
| 2008-6-3 | 12:07~15:50 | 0.03 | 装 31 号滚刀 |

由于刀盘上方塌陷空洞大、舱内水位高、可保持压力低、土舱内进气噪声大,无法继续换刀,恢复掘进。当盾尾到达换刀位置时,从管片预留注浆孔注入惰性浆液 30m³,然后继续掘进,同时在地面打孔观察,未发生地表塌陷情况。

(2)第二阶段换刀情况(6 月 9 日~6 月 12 日)

第二阶段带压换刀时加压平衡过程与前相同,具体作业内容见表 9-11:

第二阶段作业记录　　　　　　　　　　　　　　　　　表 9-11

| 日　　期 | 时　　间 | 压力(MPa) | 进舱工作内容 |
|---|---|---|---|
| 2008-6-9 | 12:57~18:26 | 0.067 | 装 30 号,更换 11 号滚刀 |
| 2008-6-9 | 20:07~1:40 | 0.07 | 更换 22 号、29 号滚刀 |
| 2008-6-10 | 2:30~7:05 | 0.064 | 更换 14 号、18 号滚刀 |
| 2008-6-10 | 8:57~13:22 | 0.06 | 装 29 辆螺栓 |
| 2008-6-10 | 13:40~18:30 | 0.06 | 更换 24 号、20 号,拆 16 号滚刀 |
| 2008-6-10 | 20:33~24:00 | 0.055 | 装 16 号,拆 12 号滚刀 |
| 2008-6-11 | 0:30~6:05 | 0.065 | 更换 25 号、35 号、32 号滚刀 |
| 2008-6-11 | 8:30~13:00 | 0.06 | 更换 28 号、26 号滚刀 |
| 2008-6-11 | 13:36~17:52 | 0.062 | 更换 27 号、33 号、34 号滚刀 |
| 2008-6-11 | 19:52~22:00 | 0.062 | 拆 37 号滚刀 |
| 2008-6-12 | 00:00~5:30 | 0.061 | 更换 36 号、38 号、39 号滚刀 |
| 2008-6-12 | 8:20~13:09 | 0.06 | 更换 9 号、13 号滚刀 |
| 2008-6-12 | 13:48~19:32 | 0.06 | 更换 2 号、4 号、6 号、8 号、40 号滚刀 |
| 2008-6-12 | 20:26~21:23 | 0.06 | 装 10 号滚刀 |

除中心滚刀及 10 号刀不能拆卸外,其余滚刀全部更换成新刀,换刀时刀盘前方出现约 1m 高的空洞。当盾尾到达换刀位置时注入惰性浆液 30m³,通过后未发生地面沉降。

(3)第三阶段换刀情况(6 月 18 日~6 月 20 日)

第三阶段换刀具体作业内容见表 9-12。

第三阶段作业记录　　　　　　　　　　　　　　　　　表 9-12

| 日　　期 | 时　　间 | 压力(MPa) | 进舱工作内容 |
|---|---|---|---|
| 2008-6-18 | 1:15~2:15 | 0.068 | 开舱观察 |
| 2008-6-18 | 2:55~6:55 | 0.056 | 39 号、26 号之间的 5 号、7 号刮刀;26 号、36 号之间的 5 号刮刀 |
| 2008-6-18 | 8:30~12:30 | 0.068 |  |
| 2008-6-18 | 13:30~17:30 | 0.072 | 更换 40 号、25 号之间的 220 刮刀,五把齿刀(1、3、5、2、4) |
| 2008-6-18 | 20:24~0:10 | 0.068 | 更换 28 号、37 号滚刀之间的 2 号刮刀,拆下 4 号刮刀;更换 39 号、26 号滚刀之间的 3 号刮刀 |
| 2008-6-19 | 1:40~6:00 | 0.062 | 装 28 号、37 号滚刀之间的 4 号刮刀;更换 26 号、36 号滚刀之间的 5 号刮刀 |
| 2008-6-19 | 8:20~12:50 | 0.067 | 更换 33 号、28 号滚刀之间的 2 号、6 号刮刀,拆下 222 号刮刀 |
| 2008-6-19 | 14:10~18:55 | 0.066 | 更换 32 号、25 号滚刀之间的 217 号、218 号刮刀,装 33 号、28 号滚刀之间的 222 号刮刀 |
| 2008-6-19 | 19:50~0:20 | 0.066 | 更换 26 号、36 号滚刀之间的 217 号刮刀,26 号、39 号滚刀之间的 220 号刮刀,27 号、38 号滚刀之间的 217 号刮刀,28 号、37 号滚刀之间的 217 号刮刀 |
| 2008-6-20 | 2:40~7:50 | 0.058 | 拆下 5 号、7 号中心滚刀 |
| 2008-6-20 | 8:30~11:25 | 0.06 | 装 5 号、7 号中心滚刀,更换 1 号、3 号中心滚刀 |

至 2008 年 6 月 20 日，更换完所有滚刀及部分可更换的刮刀。

刀具更换完成后关闭空气平衡系统，向土舱内注入 $18m^3$ 膨润土，以取代舱内气体。整体掘进 9m 后，向盾尾注入 $30m^3$ 以上惰性浆液，观察注浆压力，上升至 0.3MPa 后可继续掘进。

### 三、结论及建议

通过气压加压试验及带压换刀实践，得到以下结论及建议：

（1）富水砂卵石地层在无水状态下能基本保持稳定，在有水状态下，随着细颗粒的流失，地层稳定性大为降低。

（2）在富水砂卵石特殊地层下，通过合适的辅助手段封闭地层，减少气体的逃逸，能够实现带压换刀。

（3）注入的膨润土在卵石表层形成泥膜依附于掌子面，但无法长时间保持土舱内压力平衡，随着刀盘的转动，膨润土形成的泥膜失效。

（4）高压空气可以起到减缓周边水流入土舱内的速度，在 0.05~0.07MPa 压力下可以保持土舱内干燥无水，地层可支撑 3~4d 时间不塌陷。当气压小于 0.04MPa 时，舱内水位上升较快，不适宜换刀。

（5）到达换刀位置前的前 10 环开始向舱内注入膨润土改良地层，同时向盾体外部注入膨润土封堵气体逃逸通道。

# 第十章　盾构通过重要建(构)筑物的施工技术

成都地铁一号线盾构隧道线路基本沿人民南路、人民北路中部及西侧路肩敷设,其间下穿火车南站股道、机场立交桥、成都信息港、二环路人南立交桥、锦江大桥、成都市经委大楼、万福桥、火车北站,沿道路两侧有大量的建筑,地下管线比较密集,其中部分污水管在隧道结构范围内。人民南路是成都市主要交通干道,交通繁忙,盾构掘进必须采取有效措施,确保地面建(构)筑物及地下管线安全。

## 第一节　盾构下穿火车南站股道

盾构始发30m后在DK14+400~DK14+461处垂直下穿火车南站10条股道,①~④股道主要为客车通过及停靠股道,⑤~⑦股道主要为货车通过及停靠股道,⑧、⑨股道为闲置火车车厢停放股道,⑩股道为废弃股道,其中③~⑤股道最为繁忙,详见图10-1。火车南站交通繁忙,每天通过的车次共84次,其中货车61次,客车23次。

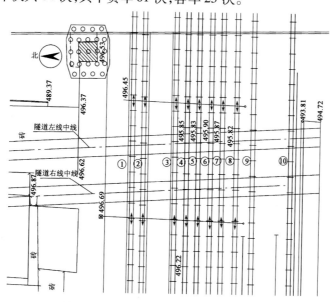

图 10-1　火车南站股道平面图(尺寸单位:m)

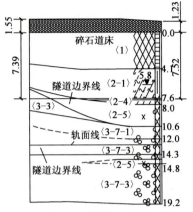

图 10-2 穿越处地层纵剖面图(尺寸单位:m)

火车南站股道为碎石道床、混凝土轨枕结构。隧道顶部覆土厚度为 7.39~7.52m，碎石道床高度为 1.23~1.55m。地层自上而下依次为：〈1〉人工填土、〈2-1〉软土、〈2-4〉粉土、〈2-5〉粉细砂、〈3-3〉粉土、〈3-7-1〉稍密卵石、〈3-7-3〉密实卵石等，具体见图 10-2。该区段卵石含水层渗透性较强，富水性较好，地下水水位埋深为 5.8m。

## 一、沉降分析

### 1. 模型概况

采用三维有限元数值模拟方法计算，使用 8 节点六面体单元模拟隧道和地层，参数根据岩土工程勘察报告取值。按不利情况考虑将地层近似分为 4 层：杂填土层，厚约 4m；粉质黏土层和粉土层参数相当接近，合并为一层，厚约 7m；细砂层，厚约 2m，以下为中密卵石土层。整个模型共有单元 16 744 个，节点 18 504 个，总体尺寸为 61m×34m×100m，模型如图 10-3、图 10-4 所示。

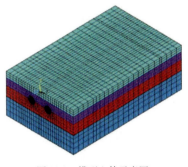

图 10-3 模型立体示意图　　　　　图 10-4 模型横截面示意图

### 2. 地表沉降计算

通过计算发现，在围岩较差且埋深不大的情况下，地层位移与荷载释放系数有较大关系。荷载释放在计算中用于控制开挖后洞周的土体位移，该位移是由于地层损失和注浆浆液硬化不及时造成的，具体模型计算情况如图 10-5~图 10-10 所示。当荷载释放取 12% 时，洞顶下沉 44mm，最大地表沉降近 25mm；当荷载释放率取 15% 时，洞顶下沉约 52mm，最大地表沉降约 32mm。由此表明，由于上部地层软弱，地表沉降受荷载释放率影响很大，若要将该段施工过程的地层沉降控制在 10mm 以内，就应严格控制施工过程的地层损失率，并保证注浆的及时性。

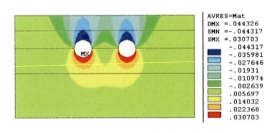 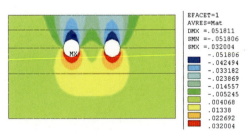

图 10-5 竖直方向地层位移图(12% 释放率)　　图 10-6 竖直方向地层位移图(15% 释放率)

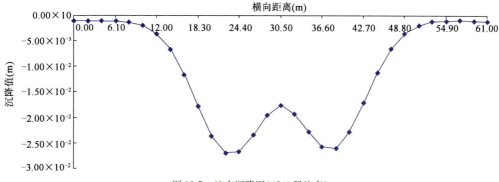

图 10-7　地表沉降图（12% 释放率）

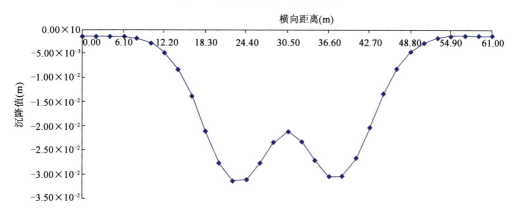

图 10-8　地表沉降图（15% 释放率）

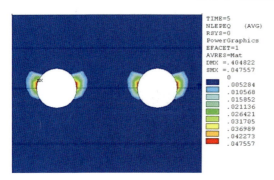

图 10-9　地层塑性区（12% 释放率）

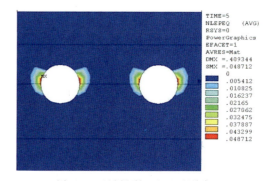

图 10-10　地层塑性区（15% 释放率）

采用扣轨方案后，施工到该段时严格控制盾构机的施工参数，并保证注浆的及时性，地表的不均匀沉降能够控制在要求的范围内。

3. 结论及建议

对以上计算结果进行分析，可得到如下结论及建议：

（1）火车南站的股道采用的是碎石道床，当盾构通过时将影响铁路运营，而且在埋深较浅、地层很弱的情况下，铁路运营对隧道结构可能造成一定影响，应在车站通道施工时采取轨道处理措施（扣轨）。

（2）由于火车南站股道处地层力学性质差，地层位移与荷载释放系数有较大关系，采用扣轨方案后，严格控制盾构机的施工参数并保证及时注浆，地表的不均匀沉降能够控制在一定的范围内，该范围内的沉降值不至于对股道安全运行造成影响。

（3）施工过程中应重点控制好盾构机脱环后的洞周位移，加强对地表、地中的监控量测，特别是对轨道面的量测。当沉降较大时，及时调整轨道和施工措施。

## 二、扣轨加固

根据三维有限元数值分析结果，最终确定如下技术措施：盾构机下穿火车南站股道采用以扣轨加固为主，以加强股道施工量测、控制盾构机掘进参数、同步注浆等施工措施为辅，必要时采用补充道砟作为施工应急预案措施，确保股道及盾构机施工安全。

10条股道中最南端的10号股道为废弃股道，无列车通过，不考虑扣轨。3号股道为正线，采用D24梁扣轨；5号股道采用D16梁扣轨；其余用工字钢束梁扣轨，跨度为12.14m。4根56b型工字钢为一束。

所有扣轨支墩采用C20混凝土人工挖孔桩，支墩形式和深度根据地质情况进行详细检算。为了方便施工，尽量使相距较近的两根桩合并，同时为了减少工字钢束梁，部分支墩上部增设了扩大头。A型支墩（$\phi1.6$m挖孔桩，D16梁）、B型支墩（$\phi1.0$m挖孔桩）、C型支墩（$\phi1.2$m挖孔桩，D24梁）、D型支墩（$\phi1.7$m挖孔桩，D24和工字钢束梁共用）、E型支墩（$\phi1.5$m挖孔桩，工字钢束梁）、F型支墩（$\phi1.9$m挖孔桩，工字钢束梁共用）详见图10-11。支墩开挖采用钢筋混凝土护壁，护壁厚20cm，支墩开挖过程中会对轨道造成一定影响，需要对周围道砟进行围挡和部分清除。

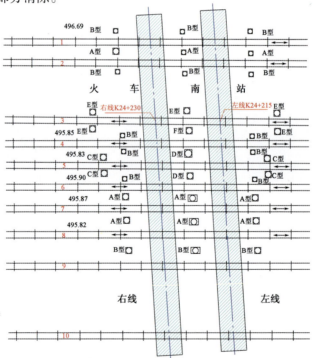

图10-11　扣轨支墩布设平面图（尺寸单位：m）

## 1. D 型梁扣轨

3 号线为成昆正线，5 号线为预备线，车流量大，运载量重，为确保盾构机开挖过程中线路的安全，用 16m D 型梁扣轨，16m D 型梁基础桩径为 1.2m。间距 15.75m，跨度 14.5m。24m D 型梁基础桩径为 1.5m，间距 18.75m，跨度 19.5m。D 型梁扣轨详见图 10-12、图 10-13。

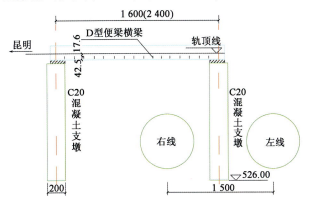

图 10-12　D 型梁扣轨剖面示意图（尺寸单位：mm；高程单位：m）　　图 10-13　成型后 D 型梁扣轨图

## 2. 工字钢束梁扣轨

工字钢束梁采用纵梁和横抬梁共同支撑轨道，纵梁采用工字钢束梁，横抬梁采用 50 型钢轨，钢轨采用二扣一形式，在枕木间连续设置。支墩设在股道间，相同跨度的扣轨可共用支墩，地铁左、右线间的工字钢束梁和 D 型梁支墩可以合并共用，详见图 10-14、图 10-15。

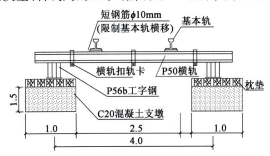

图 10-14　工字钢束梁扣轨剖面示意图（尺寸单位：m）　　图 10-15　成型后工字钢束梁扣轨图

### 三、盾构掘进控制要点

盾构掘进控制要点如下：

(1) 认真总结前 30m 段盾构掘进的经验。

将盾构到达股道前 30m 作为试掘进段，认真总结前 30m 段盾构施工的宝贵经验，加强对施工过程的组织和管理。根据监测信息，不断优化盾构掘进施工的各项参数，为盾构穿越火车南站股道提供参考。

(2) 加强盾构机的维修保养，保证盾构连续快速通过。

为减小盾构施工对污水管段地层的扰动，应保证盾构机连续快速通过该段。为保证盾构机连续快速施工，首先在盾构到达污水管前对盾构机及其配套设备进行全面的维修保养，保证盾构机以最佳状态进行污水管段的掘进施工；其次在掘进通过污水管段时须加强盾构机的维修保养,将盾构机的维修保养工作穿插到掘进施工中,以保证盾构机连续快速掘进。

(3)严格控制掘进参数,尽量减小对地层的扰动。

为防止盾构在穿越火车南站股道的过程中对周边的地层造成较大的扰动,影响铁路股道的安全,在盾构穿越的过程中要严格控制掘进参数,尽量减小盾构掘进对地层的扰动。掘进参数控制重点应注意以下几方面:

①降低刀盘转速,减轻与卵石圆砾的碰撞冲击,减小盾构掘进对地层的扰动,刀盘转速拟控制在1.0r/min左右。适当降低掘进速度,加强盾构姿态调整与控制,保证盾构掘进方向满足规范及设计要求。

②严格控制盾构机的推力,推力控制在$1.2 \times 10^4$kN左右,避免推力波动变化幅度过大,采用相对较小的推力,减小盾构掘进对地层的扰动。

③加强渣土改良,通过向刀盘前方加入足量的泡沫剂、膨润土泥浆和水进行渣土改良,保证渣土改良的效果。

④严格控制出渣量。盾构下穿污水管线施工期间,严格控制出渣量,防止因盾构超挖造成地表沉陷,将出渣量控制在理论出渣量的98%左右。

⑤严格控制盾构机压力波动,调整好盾构机掘进速度和螺旋输送机的转速,保证土舱压力稳定。

⑥保证同步注浆质量,必要时进行洞内二次注浆加固。

在掘进过程中严格按规范要求做好同步注浆工作,及时填充管片背后的环形间隙。为保证同步注浆质量,拟加大同步注浆浆液中水泥的含量,砂浆施工配合比见表10-1。

砂浆施工配合比(单位:kg/m³)　　　表10-1

| 水泥 | 粉煤灰 | 膨润土 | 细砂 | 水 |
| --- | --- | --- | --- | --- |
| 160 | 341 | 54 | 779 | 465 |

注:注浆压力≥0.25MPa,注浆量≥6m³。

在洞内提前准备好注浆机具和材料,根据盾构掘进情况和地表沉降监测情况,如发现地表沉降较大,及时进行洞内二次补充注浆加固。二次注浆采用双液注浆机,利用管片预留的注浆孔向管片背后进行注浆。浆液采用水泥—水玻璃双液浆,水泥浆、水玻璃体积比为1:1,水泥采用P.O32.5普通硅酸盐水泥,水泥浆水灰比为1:1,注浆压力不低于0.3MPa。洞内二次注浆准备的机具和材料见表10-2。

洞内二次注浆物资一览表　　　表10-2

| 序号 | 名称 | 规格及型号 | 单位 | 数量 |
| --- | --- | --- | --- | --- |
| 1 | 注浆泵 | KBY-50/70 | 台 | 1 |
| 2 | 搅拌机 | QV-300/50 | 台 | 1 |
| 3 | 水泥 | P.O32.5 | t | 10 |
| 4 | 水玻璃 | 32Be | t | 8 |

(4)做好管片选型,保证管片拼装质量。

过火车南站股道处管片采用加强型管片,以增大管片强度。在盾构掘进过程中值班工程师根据盾构机姿态、盾尾间隙、液压缸行程等做好管片选型工作,管片供应人员严格按指令供应合格管片。在管片拼装过程中,管片拼装人员认真做好管片拼装工作,保证管片拼装质量。

### 四、监控量测措施

1. 监测项目

监测项目见表10-3。

监测项目、仪器精度表  表10-3

| 序号 | 监测项目 | 位置或监测对象 | 仪器 | 最小精度(mm) |
|---|---|---|---|---|
| 1 | 地表沉降 | 铁路股道支墩 | 水准仪 | 1.0 |
| 2 | 土体垂直位移 | 股道近盾构侧土体 | 分层沉降计 | 1.0 |
| 3 | 地下水位 | 股道周边 | 水位计 | 5.0 |

2. 监测频率

为保证盾构穿越铁路股道过程中的监测信息及时反馈,以指导施工,确保铁路运行安全,在施工过程中加大监测频率,监测频率按4h/次进行监测,如果发现沉降异常,则进一步加大监测频率。

3. 监测成果分析

(1)股道沉降监测。右线扣轨支墩最大沉降3.6mm,左线扣轨支墩最大沉降2.3mm,远小于10mm的限值要求。从监测结果来看,火车南站股道沉降微小,股道扣轨效果明显。右线、左线扣轨支墩沉降时程变化详见图10-16、图10-17。

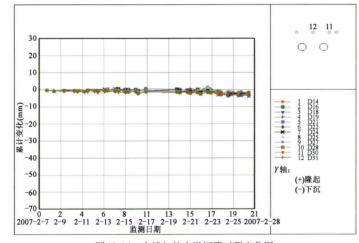

图10-16 右线扣轨支墩沉降时程变化图

(2)地层水平位移监测。通过对选测断面地层水平位移监测,地层水平位移主要体现在浅部土体,向隧道方向位移,在盾构隧道中部两侧土体位移较小,向外侧移动,说明盾构经过时,舱内压力对盾构两侧地层影响不大,而浅部地层水平位移主要是由盾体正上方土体流失,两侧土体向中间挤压引起,最大水平位移10mm左右。左线土压盾构上部土体的水平位移量与右线泥水盾构经过时相比,明显减小,如图10-18所示。

(3)地层垂直位移监测。通过对K14+455选测断面地层垂直位移监测,可看出盾构上方

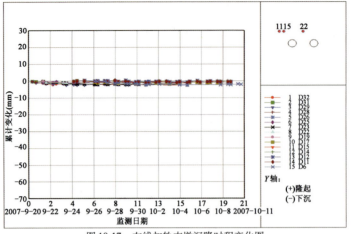

图 10-17　左线扣轨支墩沉降时程变化图

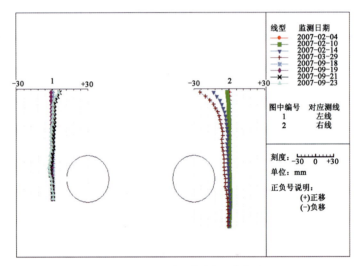

图 10-18　地层水平位移断面分布图

地层表现为整体沉降。在盾构接近该断面时，深部土体较浅部土体沉降明显，通过过程中及通过后，浅部土体较深部土体沉降明显，最终表现为整体沉降。从该断面监测情况看，泥水盾构经过该断面时，土体从扰动到固结趋于稳定，约 4~5d，而土压平衡盾构经过该断面时，土体从扰动到固结趋于稳定，约 3~4d，土压盾构经过比泥水盾构经过时时间稍短，且沉降量稍小。地层垂直位移时程变化如图 10-19、图 10-20 所示。

（4）地下水位监测。通过对 K14+455 选测断面地下水位监测，在盾构接近监测断面位置时，地下水位上涨，盾构通过监测断面位置时地下水位明显回落，通过断面后，水位缓慢上涨，并维持在一定高度，详见图 10-21。

### 五、应急措施

根据火车股道对下沉量要求较高的特点，结合盾构机下穿火车南站股道施工情况，确定股道下沉为应急防范重点。对盾构机影响范围内区域设定"监控点"，制订应急预案，具体应急处理措施如下：

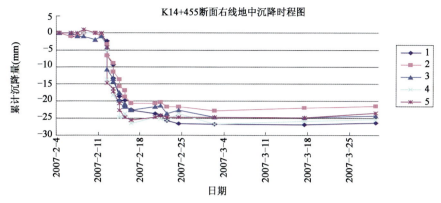

图 10-19　右线盾构通过期间地层垂直位移时程变化图

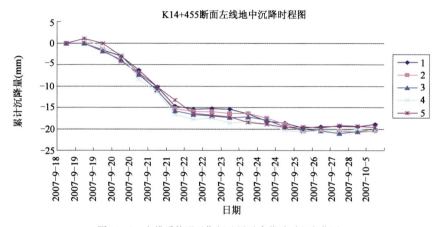

图 10-20　左线盾构通过期间地层垂直位移时程变化图

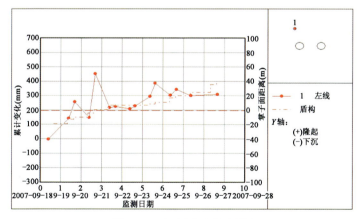

图 10-21　地下水位变化时程图

（1）在施工现场准备 2 套回填道砟专业工具和一定数量的道砟。如果出现沉降量超过控制值时，根据现场情况，及时进行补砟作业。

（2）指派专人与相关单位联系，并签订轨道维护委托协议，保证轨道及时维护。

（3）如果发现线路沉降异常情况，及时向相关部门报告并根据现场情况，及时采取相应措施。

(4)与车站值班室之间设置联络电话,专人负责联系列车通过情况,并及时通报现场施工人员,同时向运输调度部门通报现场施工情况。

(5)补砟施工顺序:

①采用液压千斤顶将轨道及轨枕顶起。

②采用锄头将道砟向轨枕下回填,填至原设计高程处。

③将回填的道砟进行平整,取下千斤顶,慢慢将轨枕放到道砟上面,保证股道下沉量控制在允许范围内。

④进行轨枕间道砟回填。

⑤如果股道下沉量满足要求,则进行下一处施工。

### 六、施工效果

右线盾构于2007年2月11日~3月7日(24d)顺利穿越火车南站股道,左线盾构于2007年9月19日~9月27日(8d)顺利穿越火车南站股道。从监测结果来看,右线盾构通过期间扣轨支墩最大沉降3.6mm,左线盾构通过期间扣轨支墩最大沉降2.3mm,远小于10mm的限值要求。火车南站股道扣轨支墩沉降微小,股道扣轨效果十分明显,但从地层水平位移和地层垂直位移情况看,该段地层水平位移和地层垂直位移相对较大,因此对铁路股道采取预加固措施是有必要的。

## 第二节 近距离穿越成都信息港施工技术

成都信息港(四川电力公司调度宿舍)为4层框架结构,含1层地下室(车库),埋深7.3m,基础为明挖扩大基础,部分为人工挖孔桩,基础中心距隧道右线中心最近处5m,基底距隧道右线拱顶6.5m,成都信息港与隧道区间平面关系如图10-22所示。

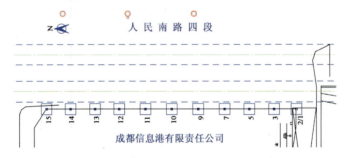

图10-22 成都信息港与隧道区间平面关系示意图

隧道处于密实卵石层中,与基础也有一定的距离,但考虑到此建筑物为独立扩大基础,建筑的整体性不强,其中任一基础发生沉降,都会对建筑物产生一定的影响,结合专家评审意见,采取注浆加固的方法来确保建筑物的安全。注浆加固的目的是将地层沉降槽破裂面隔断,在盾构机通过之前,从地面沿每个基础靠隧道方向布置两排注浆管进行花管注浆,即先施工一排预注浆管,将地层沉降槽破裂面隔断,同时在靠近建筑物基础一侧再施工一排跟踪注浆管。根据推进时的监测情况,在必要时对地面进行动态跟踪注浆,以确保建筑物基础的稳定和安全。

## 一、盾构隧道近接信息港基础分析

### 1. 模型建立

采用二维有限元数值模拟方法,用4节点四边形单元模拟地层、独立基础以及加固区,盾构隧道管片采用梁单元进行模拟。地层加固区的范围为注浆管注浆扩散的范围,取宽为1.5m,通过提高注浆区内材料的参数来形成加固区;其余地层按照实际情况分别考虑。地层从上至下分别为:人工填土2.7m,粉土2.8m,中密卵石7.9m,密实卵石8.8m,强风化层4.2m,弱风化层17.6m。模型总体尺寸为84m×44m。加固前、加固后有限元模型分别如图10-23、图10-24所示。

隧道的开挖采用有限元程序提供的"生"与"死"功能进行处理,通过分次杀死单元和分次激活单元来模拟左右盾构区间盾构隧道的开挖及管片的安装。根据实际施工的顺序,其具体模拟开挖步骤为:形成自重地应力场→左洞(右线)全断面开挖释放荷载30%→左洞管片安装释放荷载70%→右洞全断面开挖释放荷载30%→右洞管片安装释放荷载70%。

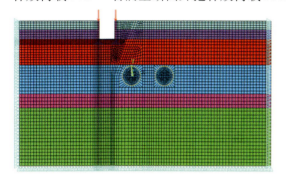

图 10-23　加固前有限元模型图　　　　图 10-24　加固后有限元模型图

### 2. 地层沉降计算结果

隧道通过信息港基础下方,在隧道开挖时会对地基基础产生一定影响。左侧基础离隧道较远,产生的影响较小,这势必产生一定的不均匀沉降。因此,采取一定的加固措施是必须的。取基础所在地层作沉降研究对象,通过有限元模型的计算,加固前基础左右沉降差为4mm,加固后左右基础的沉降差为2mm。地表沉降的最大值发生在左洞的正上方,加固前为6.5mm,加固后为4mm,由于两条隧道相距较近,其沉降槽呈"V"字形。加固后对基础以及地表的沉降有一定的控制作用。加固前后地层的沉降如图10-25~图10-29所示。

基础由于隧道的开挖有向右(左洞一侧)倾斜的趋势。隧道的开挖对左侧基础的影响较小,加固之前左侧基础顶部位移3.8mm,加固后顶部位移3.5mm,左侧基础上下部位移差2.5mm左右,影响甚微。加固前右侧基础顶部位移4.5mm,加固后3.5mm,上下部位移差2.5mm。通过计算说明,隧道开挖对基础的侧移影响很小,加固对于基础的侧移有一定控制作用,加固前后基础侧移如图10-30所示。

### 3. 隧道开挖对基础应力的影响

基础在土压力的作用下,右侧基础的右下部有拉应力存在,相同左侧基础的左下部也存在拉应力。加固前的计算中,开挖前最大拉应力0.11MPa,隧道开挖后最大拉应力0.23MPa。加

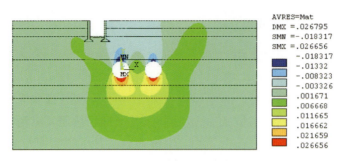

图 10-25　加固前地层位移云图

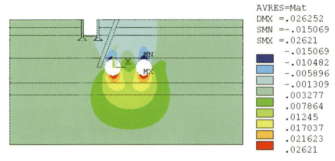

图 10-26　加固后地层位移云图

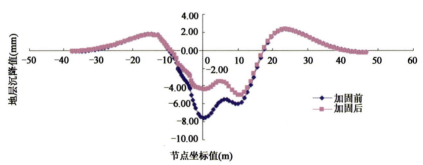

图 10-27　加固前后基底所处水平地层沉降曲线

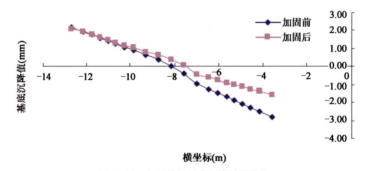

图 10-28　加固前后基底沉降关系曲线

固后的计算中，开挖前最大拉应力 0.23MPa，隧道开挖后最大拉应力 0.25MPa。隧道开挖对基础应力的影响很小，具体程序模拟图如图 10-31～图 10-34 所示。

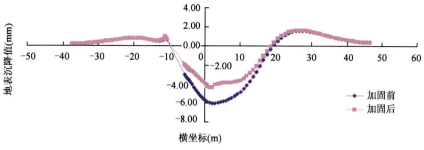

图 10-29　加固前后地表沉降关系曲线

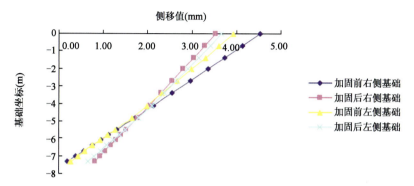

图 10-30　加固前后基础侧移图

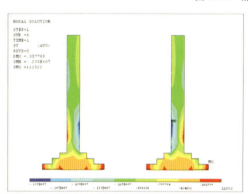

图 10-31　加固前隧道开挖前 $y$ 方向的应力（单位：Pa）

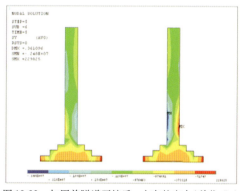

图 10-32　加固前隧道开挖后 $y$ 方向的应力（单位：Pa）

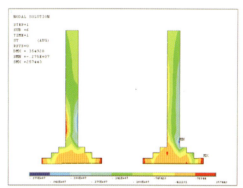

图 10-33　加固后隧道开挖前 $y$ 方向的应力（单位：Pa）

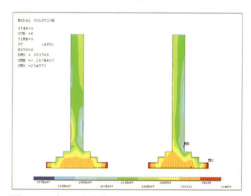

图 10-34　加固后隧道开挖后 $y$ 方向的应力（单位：Pa）

4. 加固前后管片受力分析

管片在地层压力的作用下产生弯矩、轴力和剪力。其中弯矩和轴力对管片的配筋起主要作用。加固前管片最大轴力733kN，最大弯矩159kN·m；加固后管片的最大轴力740kN，最大弯矩154kN·m。加固对管片受力影响不大，具体如图10-35~图10-38所示。

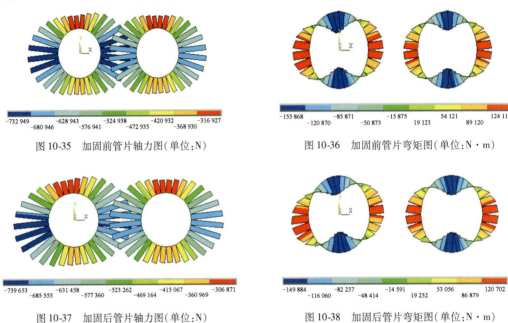

图10-35　加固前管片轴力图（单位：N）

图10-36　加固前管片弯矩图（单位：N·m）

图10-37　加固后管片轴力图（单位：N）

图10-38　加固后管片弯矩图（单位：N·m）

5. 结论和意见

隧道的开挖对建筑物的影响是存在的。数值计算结果表明：在正常施工条件下，对建筑物基础的影响较小，但由于实际地质条件的复杂性，以及施工过程中存在未知因素，可能会对建筑物产生较大影响。因此，仍需采取一定的措施来控制隧道施工对环境的影响，具体措施如下：

（1）严格控制掘进速度和顶推力，尽可能减小隧道开挖对周围土体的扰动。

（2）采用同步注浆技术来减小地层损失，严格控制基础的沉降。

（3）注浆加固的注浆压力和注浆量应根据实测的地表沉降进行调整，避免由于注浆压力过大产生地表隆起。

## 二、预加固施工措施

盾构机通过成都信息港（四川电力公司调度宿舍）时，隧道区间全断面已处于致密卵石地层之中，并且基底距右线隧道顶的距离尚有6.5m，但是考虑到此建筑物为独立扩大基础，整体性不强，为了减少盾构机通过时产生的沉降时间差造成不均匀沉降对建筑物基础的影响，在盾构机通过之前，从地面沿每个基础靠隧道方向布置两排预注浆管进行注浆。同时，在注浆孔施工之前，开挖长2m、宽1m、深2m的探槽，以确保建筑物及管线的稳定和安全。注浆管间距沿隧道方向为1.2m，垂直于隧道方向为0.8m，注浆管采用42mm钢花管。预加固施工横剖面见图10-39。

右线盾构于2007年11月25日~12月19日顺利通过成都信息港，盾构通过期间，房屋最大沉降值仅为-9.03mm。

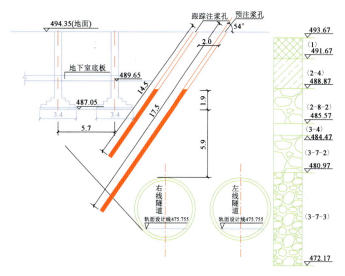

图 10-39 成都信息港预加固施工横剖面示意图(尺寸单位:m)

# 第三节 通过二环路人南立交桥施工技术

二环路人南立交桥建成于 1996 年,为成都二环路重要枢纽,墩台基础采用人工挖孔桩和扩大基础。桩基距隧道区间最近空间距离为 1.6m,具体如图 10-40、图 10-41 所示。

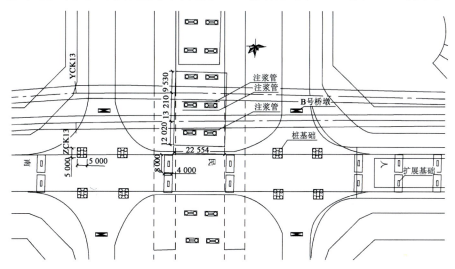

图 10-40 人南立交桥与隧道区间平面关系示意图(尺寸单位:mm)

## 一、计算分析

### 1. 有限元模型

如图 10-42 所示,有限元模型沿 2 轴正方向为左线隧道开挖前进方向,挖通左洞后第二台盾构机沿 2 轴正方向开挖右洞,1 轴为隧道宽度方向,3 轴为深度方向。三维计算采用围岩—

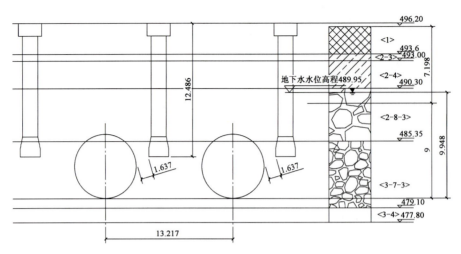

图 10-41　人南立交桥 2-2 剖面图(尺寸单位:m)

结构模型,管片采用壳单元,其他均采用三维实体单元,考虑管片的单幅幅宽为 1.5m,取 2 倍幅宽 3m 为一开挖步,左洞和右洞都为 10 个开挖步,计 30m。模型左右边界为 1 向水平约束,底边为 3 向约束,前后取 2 向约束。

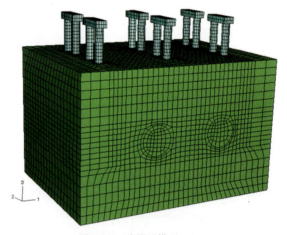

图 10-42　有限元模型

2.计算结果

根据地层详勘资料,计算中采用的土体参数见表 10-4。

计算采用土体参数表　　　　表 10-4

| 序号 | 名　称 | 密度(kg/m³) | 黏聚力(kPa) | 内摩擦角(°) | 弹性模量(MPa) | 泊松比 |
|---|---|---|---|---|---|---|
| 1 | 人工填土 | 1 700 | — | 10 | 1.5 | 0.35 |
| 2 | 粉土 | 1 850 | 15 | 18 | 3.0 | 0.35 |
| 3 | 卵石土(稍密) | 2 100 | — | — | 25 | 0.25 |
| 4 | 卵石土(中密) | 2 200 | — | — | 31 | 0.23 |
| 5 | 强风化泥岩 | 2 100 | 150 | 28 | 60(推算值) | 0.29 |

三维数值模拟结果如图 10-43～图 10-50 所示。

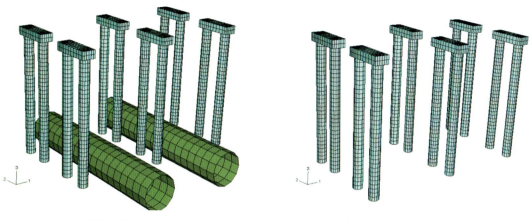

图 10-43　桥梁基础与管片空间位置关系　　　　图 10-44　桥梁基础有限元模型

图 10-45　开挖部分土体有限元模型

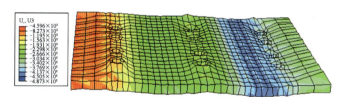

图 10-46　开挖结束后地表变形

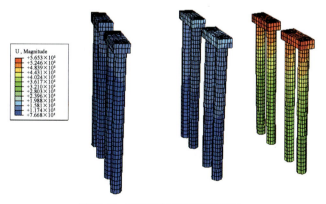

图 10-47　开挖结束后桥梁基础变形

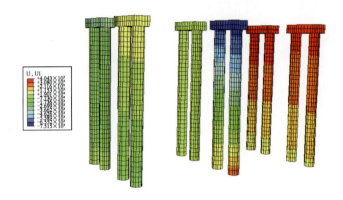

图 10-48　开挖结束后桥梁基础侧向位移

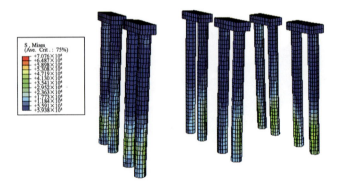

图 10-49　开挖结束后桥梁基础 MISES 应力云图

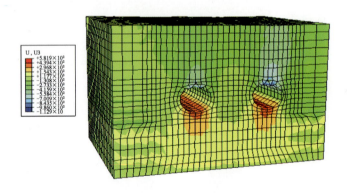

图 10-50　开挖结束后土体竖向位移

3. 结论和意见

通过对三维数值模拟进行分析,可得到以下结论:

(1)随着盾构机的掘进,对桥梁基础影响最大的为中间处桥基,开挖后桥基最大侧向位移为 2.7mm。

(2) 桥基的应力变化规律与离隧道距离有关,离隧道右侧的两处桥基的应力受影响最大,其最大 MISES 应力为 6.4MPa。

(3) 在掘进过程中地表在隧道上方会产生沉降槽。

## 二、预加固施工措施

根据三维有限元数值分析结果,结合项目重大技术方案专家审查会专家评审意见,"当建筑物不是位于隧道正上方时,通过监测成果动态调整掘进参数,必要地点事前采取辅助措施,可以顺利通过建筑物"。同时建议"在人南立交桥距离隧道较近的桩基与隧道之间进行花管注浆方式对桩基进行提前加固,增加安全储备"。在距离隧道较近且靠近隧道侧的桩基进行花管注浆加固(见图 10-51 阴影部分),在桩边 0.5m 范围内间隔 1.2m 采用钢花管垂直打入桥基下 2m 的地层中,对桥基进行注浆加固。

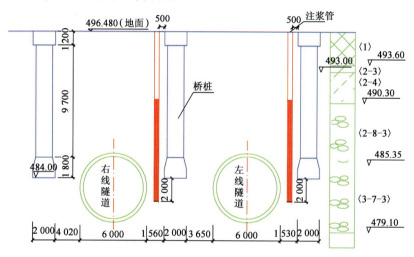

图 10-51　人南立交桥加固图(尺寸单位:mm;高程单位:m)

左线盾构于 2008 年 4 月 19 日～4 月 21 日顺利穿越人南立交桥,右线盾构于 2008 年 10 月 13 日～10 月 21 日顺利穿越人南立交桥。人南立交桥桥墩最大沉降为 16.96mm。

# 第四节　通过 $\phi 1\,200$mm 污水干管施工技术

盾构掘进过程中三次近距离穿越污水干管,成都市主城中心区及城区南部的大部分污水汇集到此污水干管后排往三瓦窑污水处理厂,此干管污水流量大,管内污水水流速度快,水位较高,最大日流量 $(4.0\sim5.0)\times10^5\,\mathrm{m}^3$,埋在深度约为 8.5m 的地下。如果施工控制不力,则会造成污水干管破裂,后果不堪设想。盾构穿越污水干管施工被列为成都地铁一号线工程头号重大危险源,如何确保盾构顺利穿越污水干管成为施工中的难题。

## 一、污水干管形式

施工前对沿线的污水管进行了补充调查。通过对污水管的高程及检查井的现场实测,判断出污水管的埋深、走向及其与隧道的空间关系等,同时到相关部门进行了调查走访,获取了

污水管的管壁厚度、接口形式、基础厚度等详细资料。

**1. 平口相接带形基础**

桐梓林站—倪家桥站区间 ZDK12+605～ZDK12+655 段（共50m）、倪家桥站—省体育馆站区间 YDK12+069.51～YDK12+144.09 段（共74.58m）污水管与隧道斜交，污水管管底埋深为6.8～8.3m，污水管管底距离隧道顶部约为1.6m。污水管管径为1 200mm，每节管道的壁厚为100mm，长度为2 000mm，其接口形式为平口相接，接口采用水泥砂浆封堵，砂浆内埋入20号10mm×10mm 镀锌铁丝网，铁丝网埋入封堵砂浆内的深度为150mm。污水管线基础形式为钢筋混凝土带形基础，如图10-52所示。

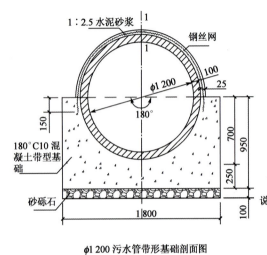

图10-52  φ1 200mm 污水管基础图

**2. 平口相接无基础**

倪家桥站—省体育馆站区间 YDK11+874.42～YDK11+634.31 段（长240.11m）污水管原位于左、右线隧道之间，在省体育馆车站施工时改移至右线隧道上方，改移后污水管走向基本与盾构隧道平行，管底与隧道顶部垂直距离为1.28～1.81m，极大地增加了盾构掘进风险。

后经协调，在不恶化线路条件和行车安全的前提下，对线路进行了调整，污水管全部调整至隧道结构线外400～500mm。

该段污水管直径为1 000mm，每节管道的长度为2 000mm，接口形式为平口相接，采用宽50mm、长200mm 工字形钢板卡槽连接。φ1 000mm污水管见图10-53。

图10-53  φ1 000mm 污水管

**二、施工技术措施**

为保证盾构顺利通过污水管，项目部分别于2007年1月6日、2007年3月30日及2008年10月17日邀请成都市质监站、安监站、成都地铁有限责任公司、西南交通大学、中铁二院、成都水务局、四川省建筑科学研究院、中铁西南科学研究院、中煤重庆设计研究院、中铁十三局等单位的专家召开了三次专家论证会,确定了以盾构掘进控制为主、地面跟踪注浆为辅的总体施工思路。

1. 加强盾构维修保养,避免故障停机

在到达污水管前对盾构机及其配套设备进行全面维修保养;在掘进通过污水管段时,将维修保养工作穿插到施工中去,保证盾构机连续快速掘进。维修保养项目如下:

(1)盾构机。做好液压系统、泡沫系统、膨润土系统、空气系统、循环冷却水系统、砂浆系统、润滑及密封油脂系统的维护工作,确保在掘进过程中不出现故障。

(2)配套设备。重点做好水平运输系统(蓄电池车等)、垂直运输系统(16t 门吊、45t 门吊)、砂浆拌和系统等的维护工作,确保施工的连续性。

穿越污水管期间掘进速度大部分控制在 50~60mm/min 之间,没有因设备故障造成停机,以快速、平稳的速度通过污水管,减少了对地层的扰动时间。

2. 有计划地检查、更换刀具

有计划地进行刀盘、刀具检查,进行刀具磨损分析,制订刀具维修与更换方案,确保设备完好率,提高施工效率。在 YDK12+685、YDK12+175 和 YDK11+893 处(盾构到达污水管前约 20~30m)进行带压进舱更换刀具。

3. 做好掘进控制,减少地层扰动

(1)严格控制掘进参数,尽量减小对地层的扰动。

①降低刀盘转速,减轻与卵石的碰撞冲击,减少对土体的扰动,刀盘转速控制在 1.0~1.1r/min 左右,避免大的波动。

②采用相对较小的推力,推力控制在 $1.2 \times 10^4$ kN 左右,避免波动幅度过大。

③土舱内上部压力保持在 0.06~0.07MPa,严格控制压力波动,调整掘进速度和螺旋输送机的转速,保证土舱压力的稳定。

(2)加强渣土改良,严格控制出渣量。

通过向刀盘前方加入适量的泡沫剂、膨润土泥浆和水,进行渣土改良,每环泡沫剂用量在 40kg 左右,膨润土泥浆约 $6m^3$,渣土改良效果较好。

盾构下穿污水管施工期间,通过体积和质量两个指标严格控制出渣量,每环出渣量控制在 58~60$m^3$,120t 左右。

(3)确保同步注浆质量,必要时进行洞内二次补充注浆。

在掘进过程中做好同步注浆,及时填充管片背后的环形间隙,控制地表沉降。每环注浆量至少 $6m^3$,个别地段注浆量在 $10m^3$ 以上,控制注浆压力大于或等于 0.25MPa。

地表沉降异常时,及时利用管片上预留的注浆孔进行二次补充注浆,浆液采用水泥—水玻璃双液浆,水泥浆、水玻璃体积比为1:1,水泥采用 P.O32.5 普通硅酸盐水泥,水泥浆水灰比为1:1,注浆压力不低于 0.3MPa。

(4)加强盾构姿态调整与控制。

掘进过程中做好盾构姿态的控制,姿态调整时遵循"勤调、多调、量小"的原则,每环调整量控制在 10mm 以内。

**4. 地表预埋跟踪注浆管,必要时进行注浆填充**

对 YDK12+069.51~YDK12+144.09、ZDK12+605~ZDK12+655 段与隧道斜交的污水管,沿污水管走向在污水管与盾构隧道之间,提前预埋跟踪注浆管。YDK11+874.42~YDK11+634.31 段,污水管与隧道走向基本平行,根据沉降监测情况,必要时打孔注浆填充。

预埋跟踪注浆管每隔 5m 布置一根,共设 27 个孔,YDK12+069.51~YDK12+144.09 段布设 16 个跟踪注浆孔,ZDK12+605~ZDK12+655 段布置 11 个跟踪注浆孔(图 10-54),注浆孔孔深约 7m,注浆孔位置距离污水管净距离 1m(图 10-55),注浆管采用 $\phi42mm$ 钢管。为防止地面冒浆,地面以下 2m 范围钢管采用实管,2m 以下管体上预留泄浆孔,环向间距 65mm,径向间距 150mm,呈梅花形布置,管尾封口。

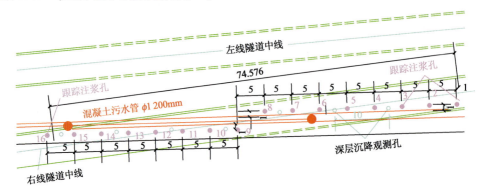

图 10-54 跟踪注浆孔平面布置图(尺寸单位:m)

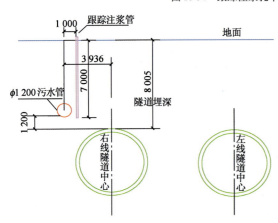

图 10-55 跟踪注浆孔布置剖面图(尺寸单位:mm)

盾尾通过预留注浆管后,采用水泥砂浆—水玻璃双液浆进行跟踪注浆。水泥浆水灰比 0.8:1~1.2:1,水泥浆—水玻璃体积比 1:1,水玻璃波美度 20~30Be′,注浆压力 0.6~1.0MPa。

## 三、施工管理措施

为了严格执行既定方案,确保污水干管的安全,施工中主要采取了以下组织管理措施:

(1)根据前期调查,污水管运行基本正常,没有发生泄漏现象。在盾构通过前后分别进行地质雷达探测,对比分析两次探测结果,发现异常及时采取措施处理。

(2)在盾构通过前半年时间里,通过检查井对污水管内水位进行了长期监测,了解不同时段的流量情况(图 10-56)。

(3)加强施工管理,严肃施工纪律。

①项目经理、副经理、总工程师实行 24h 轮流值班,总体协调施工生产,妥善处理施工过程中出现的各种问题。

②根据总体施工方案,进行详细可行的技术交底,组织所有施工人员进行学习,做到每位施工人员清楚自己的工作职责和作业要求,确保工序衔接到位。

图 10-56　污水管内水位监测图

③维修电工、盾构保养工跟班作业,设备发生故障时确保尽快恢复,避免盾构长时间停机。

(4)安排专人进行不间断地面巡视,对检查井水位每小时监测一次,密切关注水位变化情况。

(5)准备好应急人员和物资,出现险情时立即启动应急预案。

### 四、监控量测

监控量测已经成为盾构法隧道信息化施工的重要一环,监测信息及时反馈,可指导施工。

1. 监测内容及监测结果

监控量测内容包括地表沉降监测、土体垂直位移监测,以及污水管流量、水位监测。

(1)地表沉降监测

地表沉降测点分别布置在污水管中线地表和隧道中线地表,间距 5.0m。

从监测结果看,一般沉降值在 7～12mm,隧道中线地表累计沉降最大值为 -17.64mm,污水管地表累计沉降最大值为 -14.4mm,均未超出控制值,后期受地表注浆影响,部分测点隆起。

土体从扰动到趋缓从时间上看约 2d,以后变形量较小,表明砂卵石地层土体固结速度较快,特别是在地面跟踪注浆后 1d 内土体基本稳定。从产生的沉降槽来看,主要沉降区域集中在 2 倍洞径范围。

(2)土体垂直位移监测

沿污水管走向轮廓外 0.6m,在靠近盾构隧道一侧,每隔 10.0m 布置一个土体分层沉降孔,孔底距离隧道结构顶约 1.0m。

在盾构接近测孔时,深层土体有少量变形,盾构经过及盾尾脱出时变形较大,直至盾构通过后 20m 左右,变形趋于稳定,最大变形为 -22.22mm。

(3)污水管流量、水位监测

利用检修井进行污水流量、水位监测,监测频率为 1 次/h,异常情况下加大监测频率。

从水位监测成果可以看出,相同时段井内水位基本一致,表明盾构掘进未对管道造成破坏,未引起管道内水流失或地下水涌入。

2. 监测频率

按管理等级确定监测频率,当监测值小于预警值时,监测频率按 2 次/d;当监测值在预警值和控制值之间时,监测频率3~4次/d;当监测值大于控制值时,应暂停施工,采取加固措施,监测频率4~6次/d。

### 五、通过 $\phi1200mm$ 污水干管施工效果

左线隧道土压平衡盾构于2008年5月20日~5月24间下穿ZDK12+695~ZDK12+745段斜交段污水管线,盾构通过期间污水管地表最大沉降-18.11mm;右线隧道泥水平衡盾构于2009年1月4日~1月13日顺利通过该段,污水管地表最大沉降-16.35mm。泥水盾构于2008年11月5日~11月10日下穿YDK12+069.509~YDK12+144.085段斜交污水管线,盾构通过期间污水管地表沉降累计最大值为-14.4mm;泥水盾构于2008年12月14日~2009年1月14日顺利通过YDK11+874.42~YDK11+634.31段污水管与隧道距离较近段,污水管地表沉降累计最大值为-13.1mm。盾构均为一次性顺利穿越污水管线,未对居民的生活造成任何影响,得到了建设单位、监理和社会好评,通过污水干管施工工艺在成都地铁一号线、二号线工程中得到推广。

在掘进时建立合理的土舱压力,严格控制出渣量,保证同步注浆回填饱满,及时进行跟踪注浆填充地层中的空隙,完全可以确保污水管的安全。

对富水砂卵石地层,待盾构机通过后地层受扰动变得松散时再注浆是非常有效的,可以有效填充地层中的空隙,确保地层的密实性。注浆一般在盾尾脱出管片2~3m时进行,过早注浆,浆液可能固结盾尾密封刷,也可能固结住盾体,增大推进阻力;注浆过晚,土体松散速率过快,可能造成地面沉降过大,影响污水管的安全。

## 第五节 盾构下穿南河、侧穿锦江大桥桥基施工

### 一、南河、锦江大桥调查

1. 南河

南河宽约56m,河床底最低高程492m,测量时水位493.16m,历史最高水位497.2m,河床底用浆砌片石铺砌,隧道拱顶距河床最小距离7m,南河河堤基础和墙身均为浆砌片石,河道上下游均有拦水坝。

2. 锦江大桥

锦江大桥(图10-57)建于1958年,设计荷载等级为汽车-13级、拖-60,为跨度17.15m的三跨连续拱桥,桥长51.45m,桥面宽50m,基础厚3m,为台阶形扩大基础,基础最下层为110级混凝土基础,其余为50级水泥砂浆砌条石基础,桥墩为50级水泥砂浆砌砖,拱部为100级水泥砂浆砌砖拱。桥基承载力为0.351MPa。

四川省交通厅公路规划勘察设计研究院于2005年2月对大桥进行了全面的结构检测,结论为C级桥梁,存在的主要缺陷(图10-58)为:

(1)桥面铺装损坏、开裂现象严重,特别是两侧第二、第三行车道范围内的桥面沉陷、坑槽等病害尤其突出。

(2)该桥本身无桥面排水系统,桥背防水层已经失效,积水通过填料下渗,造成拱圈多处

渗水,主拱材料红砖含水率高,强度下降18%,主拱有软化现象。

小天竺方向

锦江宾馆方向

图 10-57　南河及锦江大桥图

1号、2号桥墩

0号桥台

3号桥台

桥面栏杆

图 10-58　锦江大桥现状

(3)拱背有多处竖向开裂,拱圈下边缘有缺损、砂浆粉化等现象。

(4)桥墩台竖向开裂较为普遍,共有46条裂缝。

(5)墩顶上方条石风化严重,表层成粉状,南桥台两侧外装饰层脱落,侧墙开裂,轻度外鼓。

(6)原桥的设计荷载已不能满足目前的车行荷载,且又增加了4个机动车道,桥承受的荷载大大超过原设计。

## 二、盾构穿越前阶段的准备

在穿越前必须做好思想、组织、技术、机械、物资等各项准备工作,确保盾构安全、顺利通过。准备工作如下:

(1)与产权单位积极联系,取得对地铁施工的理解和支持,并将发生事故的自救、疏通、撤离等应急措施提前告知,并进行必要的演练。

(2)掘进分阶段实施:试掘进 30m—穿越前 30m—穿越段—穿越后 30m。进入曲线段前提前 10~15m 纠偏,出曲线段后延缓 10~15m。

(3)提前对盾构机设备进行全面检修及换刀作业,使盾构机保持最佳工作状态。

(4)对所布监测点进行全面检查,收集原始记录,确保原始数据准确无误。

(5)挑选出一支素质高、技能精的队伍,分三班制作业,备足盾构施工所需材料、物资、配套机械设备,抓好各项工序衔接工作,减少盾构机在该段的掘进时间。

(6)认真总结前阶段掘进经验,对掘进参数进行分析、优化,并针对锦江大桥的具体情况,选择合适的施工参数,以最佳施工参数通过。

## 三、高压旋喷桩加固隔离

左线盾构隧道距离桥梁基础 2~5m,对该部分土体采用高压旋喷桩加固,以提高土体的抗剪强度和抗变形能力,最大限度减少对桥基的影响。

### 1. 草袋围堰

在枯水季节对加固区域采用草袋围堰(图 10-59)形成作业区。根据高压旋喷桩加固时对河道的影响,围堰分为两期施工,先搭设钢管脚手架平台,用草袋围堰并抽水,完成加固后及时进行拆除,再进行北侧部分施工。

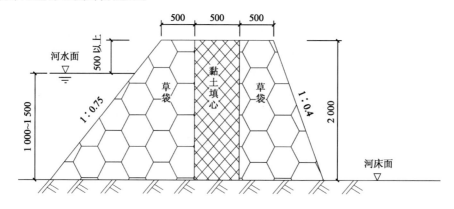

图 10-59 围堰结构图(尺寸单位:mm)

草袋围堰的技术要求:

(1)围堰顶面高于施工期间可能出现的最高水位 0.5m。

(2)围堰顶面宽为 1.5m,外侧边坡为 1:0.75,内侧边坡为 1:0.4。

(3)用草袋内外两圈围堰,两圈的围堰中间要用黏土填心,内圈的坡脚距作业边的距离不得不小于 1.0m。

2. 高压旋喷桩加固隔离方案

根据砂卵石地层加固的应用实例,采用单重管高压旋喷桩对左线盾构隧道与桥基之间土体进行隔离加固,为确保加固体的效果,旋喷桩有效直径取值 500mm。考虑到河道截流及工期影响,加固工作分两期实施。施工时先施工靠近桥基排,再施工外侧排,顺序为跳孔施工。

单重管高压旋喷加固指标如下:

灌浆材料采用 P.O32.5R 普通硅酸盐水泥,水灰比 1∶1;浆液压力 $p = 20 \sim 30$MPa;浆量 $Q = 200 \sim 300$kg/m,浆液密度 $1.65 \sim 1.67$kg/L;喷嘴直径 2.4mm;提升速度 $15 \sim 30$cm/min,旋转速度 $15 \sim 18$r/min。

考虑到地下水丰富,根据实际情况,选择在浆液中添加适量的速凝剂。

### 四、盾构穿越控制施工技术

盾构穿越控制施工技术包括以下内容:

(1)大桥上游侧部分交通临时封闭。为保证盾构穿越期间桥上行人的安全,对大桥上游侧的原人行道和非机动车道(宽度约 9.7m)进行临时交通封闭,并将右行的一条机动车道改为人行道和非机动车道(宽度约 3m),待盾构穿越完毕后恢复交通。

(2)限流降低水位。穿越前实测南河水深度,提前向河道管理处申请限流,保证穿越期间河水水位尽可能低。

(3)穿越河堤地段。盾构进入河道前后均须穿越河堤,覆土厚度由 14m 突变为 7m,在盾构切口过河堤后要及时调整,设定土压力,以减少对土体的扰动,保护河堤,减少沉降。盾构穿越河堤速度控制在 2cm/min 以下,推力适当减小。盾构穿越河堤前须将盾构姿态、管片姿态调整到位,注意不要向上抬头。

(4)穿越浅覆土河床参数控制。盾构推进速度控制在 $20 \sim 40$mm/min;严格土量管理,每环出土量控制在 55m³ 以内,减少土体扰动;总推力控制在 $(1.0 \sim 1.3) \times 10^4$kN;刀盘扭矩 $(2.5 \sim 3.5) \times 10^3$kN·m;刀盘转速在 $1 \sim 2$r/min;盾构轴线控制偏离设计轴线不大于 ±20mm,河床沉降量控制在 $-10 \sim +5$mm;及时纠偏,严禁在过河时超量纠偏、蛇形摆动。

(5)同步注浆控制。同步注浆量控制在 $6 \sim 7$m³,缩短浆液的凝结时间,稠度控制在 $9 \sim 10$cm,使浆液充分填充盾尾后隧道外建筑空隙,以减少隧道周围土体变形对地表或桥基的影响。

(6)根据河床水深及上覆土层的厚度,设定土舱压力,其波动值控制在 ±0.02MPa 以内。穿越河道中段,推进速度适当提高,一方面,可快速通过河道中段;另一方面,可降低渣土中水的比例,改善出土状况。

(7)选取泡沫以及聚合物作外加剂,改善渣土的塑性,防止突涌而造成土体失稳和地表沉降。盾尾油脂采用优质油脂,派专人负责盾尾钢丝刷内充满油脂,确保过河期间盾尾无漏浆现象。

(8)加强设备的维修保养工作,每日定时对设备进行检查,避免机械故障带来不必要的误工,确保施工的连续性。

(9)在水压和砂的作用下,出渣时易产生喷涌,采取以下措施防止产生喷涌:

①盾构机在设计时配置了双螺旋输送机,与原有闸门组成双保险。

②通过向刀盘、土舱注入泡沫,以改善渣土的和易性和塑性;在土舱及螺旋输送机内注入的防喷涌型聚合物,以利于螺旋输送机形成土塞效应,防止喷涌。

③在掘进过程中,加大同步注浆压力,优化同步注浆配合比,使注入的浆液能及时有效地填充管片与围岩之间的空隙。

(10)施工监测。监测项目内容主要包括地表沉降、管线沉降、建筑物下沉和倾斜等。

依据《建筑地基基础设计规范》(GB 50007—2002)及《地下铁道工程施工及验收规范(2003年版)》(GB 50299—1999),借鉴砌体承重结构基础,其桥基变形控制值建议为4mm,不均匀沉降控制值建议为2mm,裂缝控制值建议为2mm。

为确保盾构安全顺利通过锦江大桥,随时掌握其变形情况,应加大监测频率。所有沉降监测均持续至沉降稳定为止,并满足规范要求。

通过以上措施,盾构安全顺利地通过了锦江大桥。

## 第六节　盾构过四川省经委、安监局办公楼和冶金宾馆

### 一、工程概况

四川省经委、安监局办公楼为苏式建筑,建于20世纪50年代,由于年代久远,经多方查询,无法找到竣工图。通过对建筑物实物调查,该建筑物为四层砖混结构(图10-60),经人工开挖探明,基础类型为条形钢筋混凝土基础,基础厚0.4m,宽1.3m,埋深1.3m。

a)四川经委、安监局办公楼

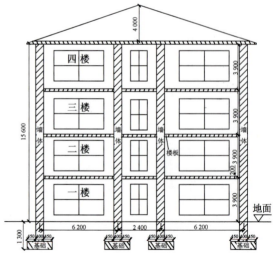
b)办公楼剖面

图10-60　四川省经委、安监局办公楼(尺寸单位:mm)

冶金宾馆于1998年竣工,为四层混凝土框架结构,基础类型为独立柱基扩大头端承人工挖孔桩,埋深在8.6~13.08m,绝大多数桩长9~10m,位于隧道正上方3~4m,仅有1根桩长12.85m,位于隧道正上方,距离隧道拱部仅57cm(图10-61)。

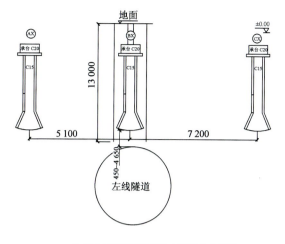

a) 冶金宾馆　　　　　　　　　　　　b) 冶金宾馆基础结构及与隧道的关系图

图 10-61　冶金宾馆(尺寸单位:mm;高程单位:m)

## 二、数值模拟计算

四川省经委、安监局办公楼基础类型为条形素混凝土基础,盾构隧道左、右线均从其下方穿过。选取两个计算断面进行数值模拟计算。

1. 断面 1

断面 1 计算模型见图 10-62。

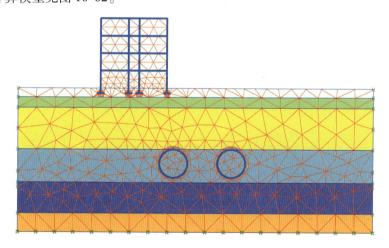

图 10-62　断面 1 计算模型

1) 盾构掘进通过后的整体变形

施工时先掘进右线隧道,再掘进左线隧道。隧道开挖引起的断面 1 整体变形见图 10-63。断面 1 中隧道从建筑物一侧穿过,地面发生沉降变形,建筑物向隧道一侧倾斜。

2) 结构物变形及内力

由计算结果可知,在盾构隧道开挖的影响下,建筑物向开挖隧道一侧发生倾斜,在盾构隧道右线开挖后、左右线全部开挖后,建筑物的水平最大变形与竖向最大变形见表 10-5。

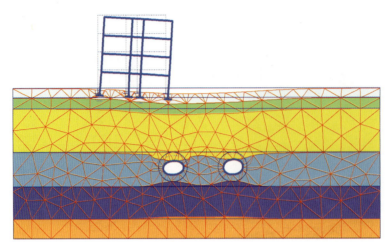

图 10-63　断面 1 整体变形图

**建筑物最大变形量**　　　　　　　　　　　　　　　表 10-5

| 变形量<br>工况 | 最大水平变形(mm) | 最大竖向变形(mm) |
| --- | --- | --- |
| 右线开挖后 | 5.4 | 7.9 |
| 左右线全部开挖后 | 18.1 | 16.1 |

左、右线隧道开挖后,结构的弯矩最大值出现在最右跨底层梁和柱的接点上,为 98.8kN·m,柱子的最大弯矩出现在与最左跨梁相接的地方,为 79.8kN·m,该点处的轴力大小为 374.2kN。

由上述结果可知,盾构隧道从建筑物侧下方穿越,引起的建筑物变形较大,且由于设计要求建筑物在穿越施工期间,所发生的沉降不超过 15mm,故在盾构穿越施工过程中,需采取保护措施,以保证建筑物的安全。

2. 断面 2

断面 2 计算模型见图 10-64。

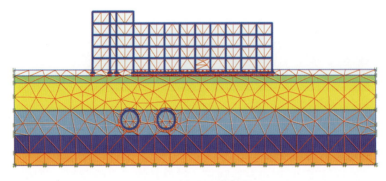

图 10-64　断面 2 计算模型

1)隧道开挖后的整体变形

隧道开挖引起的断面 2 整体变形见图 10-65。盾构隧道的开挖引起地面的沉降变形,从而引起建筑物的变形。

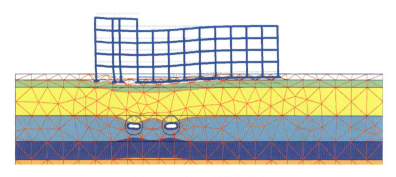

图 10-65　断面 2 整体变形图

2）结构物变形及内力

由上述计算结果可知,受盾构隧道开挖的影响,建筑物发生变形,尤其是在靠近右线隧道处建筑的竖向变形最大。由于开挖隧道位于建筑物的正下方,故建筑物的水平变形不明显。在盾构隧道左、右线全部开挖后,建筑物断面 2 的水平最大变形与竖向最大变形见表 10-6。

断面 2 最大变形　　　　表 10-6

| 变形量<br>工　况 | 水平最大变形(mm) | 竖向最大变形(mm) |
| --- | --- | --- |
| 右线开挖 | 0.8 | 14.1 |
| 左右线全部开挖 | 4.5 | 17.0 |

左右线隧道开挖后,结构的弯矩最大值出现在最左跨的梁和柱的节点上。柱子的最大弯矩出现靠近右线隧道的柱子与条基相接的地方,为 $109.5kN \cdot m$,该点处的轴力大小为 $698.2kN$。

从以上建筑变形、内力来看,盾构隧道位于建筑的正下方,而建筑结构形式变化的交界面位于右线隧道上方,故该点处柱子与基础相接位置受到较大的轴力与弯矩,在盾构隧道施工过程中需要密切注意。同时,由于建筑的计算最大沉降量大于要求的 15mm,故穿越过程中需采取措施,以保证建筑的安全。

## 三、建筑物加固措施

1. 建筑物加固方法

提前在建筑物基础附近打好注浆孔,待盾构机通过建筑物后,及时进行注浆。所有孔位距离墙体 1.5~2.0m,避免伤及基础。端承桩主要加固桩体的下部,条形基础进行整体注浆加固。

四川省经委、安监局办公楼采用孔径为 100mm 的袖阀管注水泥浆加固(见图 10-66、图 10-67)。冶金宾馆打孔在室内进行,采用改进后的小钻机进行施工,重点是隧道上方一排桩的加固,两侧桩根据监测结果判断是否注浆(见图 10-68、图 10-69)。

2. 袖阀管注浆工艺

袖阀管注浆工艺流程见图 10-70。

(1)清理平整场地,清除地下障碍物,测定桩位。

(2)钻孔。孔径为 100mm,钻孔采用回转钻机、树脂护壁,钻孔至孔底设计高程以下 0.3m 处,成孔检验合格后钻机移至下一桩位。

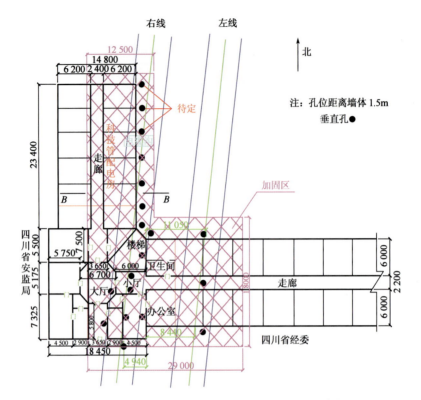

图 10-66　四川省经委、安监局办公楼基础加固平面图（尺寸单位：mm）

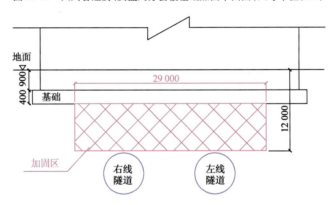

图 10-67　四川省经委、安监局办公楼基础加固剖面图（尺寸单位：mm）

（3）插入袖阀管。袖阀管采用内径 75mm 的塑料管，每隔 30cm 钻一组射浆孔，外包橡皮套，插入钻孔，管端封闭，管内充满水下管。为使套壳料的厚度均匀，尽量使袖阀管置于钻孔的中心。

（4）浇注套壳料。套壳料为泥浆，要求收缩性小，脆性较高，早期强度高。套壳料的作用是封闭袖阀管与钻孔壁之间的环状空间，防止灌浆时浆液流窜。套壳在规定的灌浆段范围内受到破碎而开环，迫使灌浆浆液在一个灌浆段范围内进入地层。

（5）灌浆。待套壳料有一定强度后，在袖阀管内放入带双塞的灌浆芯管进行分段灌浆。每段注浆时，首先加大压力使浆液顶开橡皮管，挤破套壳料，然后浆液进入地层。

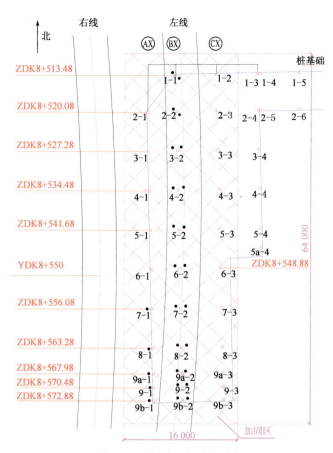

图 10-68　冶金宾馆加固平面图

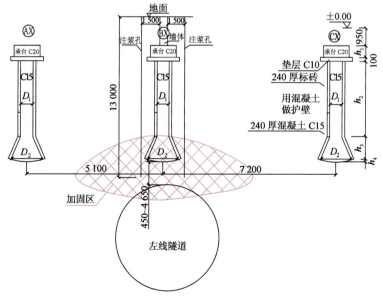

图 10-69　冶金宾馆加固剖面图(尺寸单位:mm;高程单位:m)

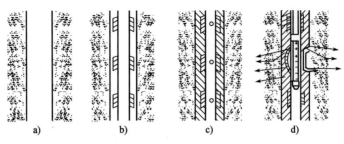

图 10-70　袖阀管注浆工艺流程图

**3. 注浆参数的选择及注意事项**

(1) 注浆时机的选择:注浆在盾尾脱出管片 2～3m 时开始。过早注浆,浆液可能固结盾尾密封刷使其失去功能,另外易使盾体固结,增大推进阻力,影响正常掘进;注浆过晚,土体松散速率过快导致地面沉降速率加快,造成建筑物沉降破坏。

(2) 注浆控制压力:考虑到土层经过盾构刀盘的扰动和建筑间隙引起的跌落产生一定的松动,注浆具有可实施性,注浆压力控制在 0.3MPa 以内。

(3) 浆液要求:采用水泥单浆液,要求浆液具有较早的浆凝结时间和较高的后期强度。经试验,水灰比为 1:1,外加剂为早强减水剂,水泥为 P.O32.5 普通硅酸盐水泥,初凝时间 5h,24h 后强度可达 2MPa。

(4) 有效扩散半径:经过扰动的卵石地层具有较好的可注性,扩散半径预计会达到 3m 以上,由于钻孔会对地层有一定的扰动,在盾构通过时必将比不扰动的地层产生更大的沉降,为此在保证注浆效果的同时,尽量加大孔间距,孔距确定为房间开间宽度 3.9m。

(5) 实现自下而上分段注浆:采用袖阀管注浆可实现分段注浆,重点处理好套壳料的填充和注浆孔的包裹,一是避免砂等细颗粒进入而堵管,引起注浆困难;二是避免盾构泡沫从管内冒出;三是减少泡沫的冲刷作用而引起地层的损失,这是保证注浆效果的关键。

**4. 桩基础荷载转移措施**

据冶金宾馆的设计单位介绍,该基础设计时按端承桩计算,未考虑桩与土体间的摩擦力,因而有一定的安全储备。盾构通过建筑物基础前,对桩柱进行受力体系转移,单桩承载力按照 3 000kN 计算,需要 2 根 φ400mm×12mm 钢管进行支撑,传力至两侧承台上(图 10-71)。

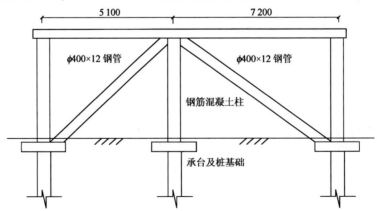

图 10-71　冶金宾馆西楼桩柱荷载转移示意图(尺寸单位:mm)

### 四、盾构掘进措施

为确保建筑物的安全,盾构掘进时,遵循控制出土量、保证注浆回填饱满两个原则,采取以下措施:

(1)不停机快速通过,减小对地层的扰动。掘进速度控制在 30~40mm/min。在通过建筑物前,对盾构机及配套设备进行仔细检修,确保连续掘进、快速通过,减小对地层的扰动。

(2)严格控制出土量。富含水砂卵地层胶结性差,多出土会形成空洞,必然引起地表塌陷。通过建筑物期间,派专人监控出土量,每环出渣量控制在 $55m^3$ 以内(4 车渣)。

(3)保证同步注浆饱满。注浆量控制在 $8m^3$ 左右,注浆压力 0.2~0.3MPa,最大限度利用同步注浆填充满管片背后的间隙。

(4)掘进同时,进行双液二次注浆。在同步注浆的同时,在盾尾后 3~4 环管片的位置进行二次注浆,确保填充效果。注浆点位主要在拱顶。

### 五、施工监测

施工监测的内容如下:

(1)在通过建筑物时,实行 24h 专人监测,每 3~4h 监测一次。及时对监测数据进行分析和整理,每天按时上报给建设单位、监理和市安监站等相关部门。

(2)右线在侧面通过冶金宾馆西楼时,对冶金宾馆西侧的桩基础进行监测,每天 2 次,分析判断盾构侧向通过时对该楼的影响程度(图 10-72)。

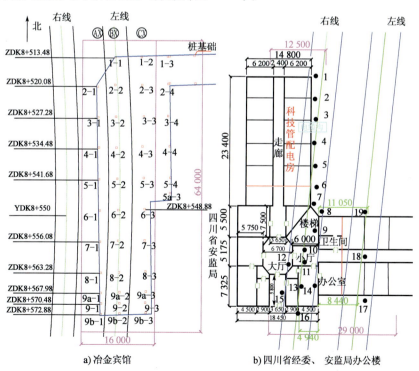

图 10-72 建筑物沉降监测点布置图(尺寸单位:mm)

(3)在通过四川省安监局办公楼时,除对设置注浆管处观测点进行沉降观测外,还进行了房屋倾斜测量和房屋裂缝观察(图10-72)。

## 六、盾构通过情况

右线盾构于2007年4月19~21日下穿四川省经委、安监局办公楼,到达天府广场站调头后,左线隧道于8月20~23日再次下穿四川省经委办公楼,9月15~21日通过冶金宾馆。

(1)四川省经委办公楼共钻孔3个,孔径100mm,深12m,注入水泥37t。四川省安监局办公楼共钻孔16个,孔径100mm,深12.5m,注入水泥102t。

(2)在冶金宾馆室内共打孔34个,深度10~13.85m,共注水泥178t。

盾构机通过后建筑物稳定的监测结果见表10-7、表10-8。

冶金宾馆监测结果  表10-7

| 测点编号 | 累计变化量(mm) | 测点编号 | 累计变化量(mm) | 测点编号 | 累计变化量(mm) |
| --- | --- | --- | --- | --- | --- |
| 1排-3 | -2.53 | 3排-2 | -17.37 | 4排-1 | -12.72 |
| 1排-4 | -2.02 | 3排-3 | -17.67 | 4排-2 | -10.52 |
| 2排-1 | -10.42 | 3排-4 | -12.21 | 4排-3 | -10.76 |
| 2排-2 | -10.56 | 3排-5 | -12.40 | 4排-4 | -9.34 |
| 2排-3 | -8.36 | 3排-6 | -13.62 | 4排-7 | -14.23 |
| 2排-4 | -7.37 | 3排-7 | -14.69 | 4排-8 | -14.70 |
| 2排-5 | -1.02 | 3排-8 | -14.80 | | |
| 3排-1 | -20.13 | 3排-9 | -15.99 | | |

四川省经委、安监局办公楼监测结果  表10-8

| 测点编号 | 累计变化量(mm) | 位置 | 测点编号 | 累计变化量(mm) | 位置 |
| --- | --- | --- | --- | --- | --- |
| 沉-1 | 0.10 | 经委楼 | 沉-10 | -6.39 | 经委楼前院 |
| 沉-2 | -6.69 | 安监局 | 沉-24 | -4.39 | 经委楼前院 |
| 沉-8 | -3.53 | 安监局 | 沉-27 | -4.99 | 经委楼前院 |
| 沉-15 | -9.44 | 安监局 | 沉-11 | -13.26 | 经委楼后院 |
| 沉-16 | -6.73 | 安监局 | 沉-12 | -16.08 | 经委楼后院 |
| 沉-18 | -4.47 | 安监局 | 沉-13 | -16.70 | 经委楼后院 |
| 沉-19 | -5.45 | 安监局 | 沉-14 | -9.81 | 经委楼后院 |
| 沉-3 | -3.31 | 经委楼前院 | 沉-17 | -0.93 | 经委楼后院 |
| 沉-6 | -8.77 | 经委楼前院 | 沉-22 | -4.70 | 经委楼后院 |
| 沉-7 | -10.21 | 经委楼前院 | 沉-25 | 1.68 | 经委楼后院 |
| 沉-9 | -11.00 | 经委楼前院 | 沉-26 | -0.79 | 经委楼前院 |

# 第十一章　大漂石的处理

大漂石(图11-1)通常是指粒径大于200mm的大石块,通常赋存在砂卵石地层或其他土层中,其空间分布具有较大的随机性,很难找到规律,由于钻探布孔密度的原因,地质勘察时不易被发现,给盾构施工造成极大困难。其影响主要表现在刀具磨损严重、刀座变形、刀具更换困难;刀盘磨耗导致刀盘强度和刚度降低,引起刀盘变形;刀盘受力不均匀导致主轴承受损或主轴承密封被破坏;大漂石无法破碎,导致盾构掘进受阻或偏离线路。

刀盘前方的大漂石(广州地铁)

基坑开挖发现的大漂石

泥水仓内清出的大漂石

图 11-1　大漂石图片

尽管用盘形滚刀破碎大漂石常常是非常有效的方法,但在某些地质条件下隧道中的大漂石不能被破碎,必须采取其他方式进行处理,这就需要对大漂石所存在的地质状况进行研究,以便对大漂石进行预测,从而提高隧道的开挖效率。

## 一、大漂石破碎原理

在滚刀破碎卵石的过程中,以其通过线为起点,逐渐产生拉伸力,从而将卵石破碎。
如果是较小的卵石,破碎过程就如用钢钎打入一样。大直径卵石从表面出现细小的剥落开始，然后逐渐累积，根据切割连带效果和滚刀的连续运转带来的冲击，以刀尖为起点开始出现裂痕，最后实现破碎，见图11-2。

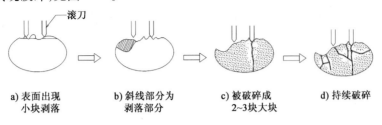

图 11-2　大漂石破碎示意图

## 二、大漂石对盾构选型的影响

盾构穿越砂卵石地层时，刀具磨耗和大漂石的排出是影响盾构掘进的两个主要问题。刀具磨耗通常通过提高刀具耐磨性和掘进过程中的换刀来解决。大漂石的排出问题比较复杂，处理方式因地质条件、盾构的类型，以及刀盘和出渣装置的结构和形式而有所不同。

一般对于最大卵石直径不超过 200mm 的砂卵石地层，可采用常规排除方式，即要求在盾构选型和刀盘设计时，按可能通过的最大卵石直径确定刀盘开口率和开口宽度，并配备与上述卵石直径条件相适应的螺旋输送机排出大卵石。对开挖坚实稳定的地层可考虑采用轮辐式刀盘。

当最大卵石直径超过 200mm 时（即为大漂石），如果采用常规排除方式就必须增大刀盘开口，增大螺旋输送机的直径。这一方面会因刀盘开口增大影响开挖面稳定，另一方面也会因增大螺旋输送机直径引起排渣装置成本增加，并造成盾构空间布置困难。因此，必须考虑工作面破碎方式。

工作面破碎方式要求在盾构刀盘上设计安装可对大漂石或卵石进行破碎的刀具，对石块进行先行破碎，破碎后的小块岩渣经刀盘开口进入土压舱，再通过螺旋输送机或排泥管道排出。工作面破碎方式不仅能减小刀盘面板的开口率和开口宽度，而且可尽量减小开挖大漂石引起的土壤松动，从而有利于开挖面的稳定。盘形滚刀在硬土层中对大漂石破碎通常比较有效，此时盘形滚刀随着刀盘的转动而滚动或滑过土层直接撞击和切割遇到的大漂石。盘形滚刀以点荷载作用于大漂石，使岩石碎片剥落，直到大漂石破碎。如果岩石碎片较小，它们就可以穿过刀盘进入机器；如果碎片仍就很大，它们就必须由盘形滚刀进一步破碎。只要石头是埋在土层中被牢牢地固定在其位置上，盘形滚刀就能够冲击和破坏任何形状且非常坚硬的大漂石。齿式刀头依靠冲击力破岩，盘形滚刀则是依靠挤压和冲击破岩，这就要求地层提供足够的反作用力。如果大漂石在围岩中压埋不是很牢固，地层松软，当刀头碰到大漂石时大漂石仅会简单地偏移或被弹开，由于不能传递破碎力，因此达不到破碎的目的。而且被刀盘推向隧道侧面的大漂石甚至会导致盾构转向，使盾构偏离隧道设计轴线。

## 三、盾构选型上的针对性设计

为保证大漂石地段盾构的顺利施工，根据大漂石的粒径和分布特点，在盾构的选型上做了针对性设计，对大漂石的破碎按照"破大放小"的原则进行处理。盾构刀盘采用面板式结构，并有多个开口槽,刀盘开口部分加焊隔栅及粒径限制器,把300~400mm粒径以上的卵石阻止在刀盘以外,只允许300~400mm以下粒径的渣块通过以利于渣土排出。刀盘上安装有滚刀、撕裂刀、刮刀和切刀,被挡在刀盘外的大漂石靠滚刀滚压破碎卵石。其中滚刀和撕裂刀的刀座形式相同,根据不同的地质类型,刀具可以互换。

泥水式盾构处理大漂石方式有两种。一种是工作面破碎+机内破碎,即在工作面利用刀盘上布置的盘形滚动刀将大漂石破碎至300~400mm粒径,岩石碎块和砂卵石通过刀盘上的开口进入泥水舱内,在机内进行第二次破碎,在气压舱的底部,在排泥管的前面安装一个双颚板式破碎机(图11-3),将卵石再次破碎后,才进入排泥管。破碎机能破碎的卵石的最大尺寸为400mm,其后配有隔栅条,用来限制进入排泥管的石块尺寸。另外一种是工作面破碎+卵石分级,盘形滚刀将大漂石在工作面进行破碎之后,利用在气压舱与排泥管之间设置的旋转式分级器进行卵石分级处理,将粒径大于50~70mm的卵石分离出来,采用斗车等运输工具运至洞外。泥水式盾构一般可以连续输送的卵石长径应小于排泥管直径的1/3,通常排泥管直径为100~200mm,因此被排除的卵石直径最多为50~70mm。由上可见,在含有大粒径砂卵石地层中采用泥水式盾构,需要对卵石进行两次处理,出土效率降低。

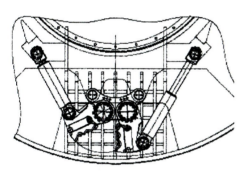

图11-3 双颚板式破碎机

土压平衡盾构采用螺旋输送机进行排土,由于配备的螺旋机直径受到盾构机尺寸的限制,所以可能排除的卵石直径受到限制,如中轴式螺旋输送机直径为700mm时,通过最大卵石粒径为250mm,采用带式螺旋输送机虽然可以连续排除卵石的粒径要大得多,但是对于少见的大于600mm的漂石输送也有困难,所以仍需利用刀盘上的滚刀将大粒径的漂石破碎至300~400mm,然后通过刀盘上的开口进入机内后采用带式螺旋输送机排土。所以采用加泥式土压平衡盾构只进行一次破碎,且破碎的数量较少,出土效率高。土压平衡盾构的螺旋输送机采用了双螺旋、轴式,不仅提供更大的内径以利于大卵石的通过,而且有效地防止喷涌。螺旋输送机直径800mm。可输送粒径小于300mm的卵石。为了提高渣土的流动性,可以向螺旋输送机上的预留孔注入膨润土、泡沫或聚合物。

### 四、大漂石处理措施

清除大漂石的工作对于工作人员和工程项目都很危险,开挖面坍塌可能造成施工人员伤亡,也可能引起隧道顶部地面过大沉降。常压进入土舱或泥水舱的风险极大,通常需要从地面注入浆液或通过刀盘向开挖面地层注入浆液对土体进行加固。大漂石处理措施如下:

1. 加强地质预报

根据工程地质详勘资料,通过地质调查结合补充地质钻探,进一步确定大漂石可能存在的位置,以便提前采取有效措施处理。

2. 掘进过程中出现大漂石的判断

在掘进过程中,出现下列情况之一时,初步判断刀盘前方遇到大漂石:

(1)当刀盘前面出现异常声音时。

(2)当正常掘进速度突然变小时。

(3)当盾构机推力、扭矩出现波动大时。

(4)当刀盘转动时出现刀盘颠簸情况,无法继续掘进时。

3. 利用盾构机掘削处理大漂石

利用盾构机掘削处理大漂石应注意以下几点:

(1)在盾构到达大漂石地段前应做好刀盘刀具的检查,保证刀盘刀具处于良好的工作状态。

(2)改变掘进参数,适当减小刀盘转数,增大推力,将刀具的贯入量控制在10mm/r以下,同时刀盘采取正、反转的方式缓慢掘削大漂石,同时注意控制刀盘的扭矩变化量在10%以内。刀盘正、反转的过程中应有耐心,不得急躁。

(3)泥水平衡盾构在掘削大漂石过程中应注意控制好泥浆性能和泥水舱压力,保证掌子面泥膜能有效稳定掌子面,减小刀盘刀具的磨损,必要时可调配优质泥浆。在掘削大漂石过程中注意对碎石机系统的检修,保证碎石机以良好的工作状态及时破碎可能产生的大粒径卵石,防止泥浆管路堵塞。

(4)土压平衡盾构在掘削大漂石时,应尽可能多地向刀盘、土舱以及螺旋输送机内加入泡沫进行润滑。泡沫添加时减少泡沫掺入量,即注入量较大,其中水含量较多,泡沫相对正常掘进时加入的比例要小。

4. 带压进舱处理

采取上述措施后,若未能破碎大漂石,优先考虑带压处理。中铁隧道集团在富水砂卵石地层中已成功实施泥水平衡盾构和土压平衡盾构带压进舱技术。作业人员进入泥水舱(或土舱)利用液压锤或静态爆破进行大漂石的处理。

5. 地层加固后常压进舱处理

在带压进舱条件不允许时,考虑从地面进行地层加固,待掌子面有足够的自稳能力后,进入泥水舱(或土舱)利用液压锤进行大漂石处理。常压进舱地层加固应综合考虑地质情况、隧道埋深、地面环境等因素,确定加固措施。地层加固方面的工程实例较多,在此不做详细介绍。

6. 深孔爆破处理

1)在地表钻孔爆破处理

深圳地铁在地面具有围挡施工的条件下,采用了深孔爆破处理新技术。深孔爆破是指孔深在5m以上的钻孔爆破技术,可根据大漂石的形状、大小来具体确定孔径、深度和装药量大小,对厚度较大的大漂石可实施分层爆破。考虑盾构机的出渣能力,爆破后石块的单边长度控制在300mm以下,以利于螺旋输送机顺利出渣。爆破后石块的大小通过调整爆破孔间距和用药量来进行控制。钻孔直径为110mm,孔距和排距均为800mm,孔内雷管选用毫秒导爆管雷管,起爆雷管选用顺发电雷管,炸药选用乳化炸药,标准直径为60mm。

2)水下爆破处理

台山核电站1号、2号机组隧洞工程施工中,结合物探和钻探探明隧道开挖范围内存在孤石群,采用水下爆破方法处理孤石。

采用地质钻机垂直钻孔,土层钻孔孔径为100mm,进入岩层钻孔直径为89mm,孔内雷管选用毫秒导爆管雷管,起爆雷管选用瞬发电雷管,炸药选用乳化炸药,标准直径为60mm。由于岩石厚度不均,考虑到测量以及药包吊装过程中产生的误差(误差累计不得超过10cm),孤石爆破时,单孔单体爆破装药长度与岩石厚度相同;多孔单体爆破相邻两个炮孔中的一个炮孔钻至孤石底面(即钻穿),装药至炮孔底部,孤石顶面留10cm不装药,其邻孔孔底距离孤石底面10cm,装药至炮孔底部,孤石顶面留10cm不装药。另外由于起爆体上方有约15m高的水柱,压强相当大,因此在起爆体下方悬挂一个金属吊装体用于抗浮。

由于孤石埋层较深,体积较大,厚度不均等原因,从而导致其一次性爆破破碎难度较大。为了便于施工及提高爆破破碎效果,采取首先对前排孔进行爆破,然后利用前排孔爆破挤压周围土层产生的自由面,再对后排孔进行逐个起爆的方法。炮孔间排距均为0.8~1.2m,具体装药结构见图11-4。

每块孤石均钻至无岩石为止,从而可确定孤石的边界,布孔形式采用矩形或梅花桩形,孤石爆破布孔平面见图11-5。

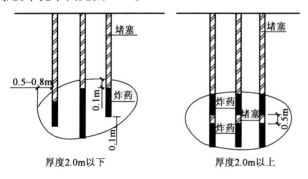

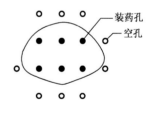

图11-4 孤石爆破布孔示意图　　　　图11-5 孤石爆破布孔平面图

7. 人工挖孔桩或冲孔桩破碎

对个别体积较大的大漂石,采用地表人工挖孔桩或冲孔桩的方法破碎,设计挖孔直径1.5m。人工挖孔至孤石位置,采用风钻打眼,间距300mm×300mm,梅花状布置,孔径40mm。钻孔结束后使用岩石劈裂机对大漂石进行破碎,破碎后渣块被清理吊出,破除至盾构机周身范围以外15cm。大漂石破碎后,对孔洞进行黏土回填,并随填随夯,保证密实度,同时在孔中埋设注浆管,回填完毕后对其进行注浆加固。

准确判定大漂石的位置后,用冲孔钻机从地面冲孔破碎也是一种有效的处理方法。

在实际盾构掘进施工过程中,基本未出现因盾构掘削未能破碎大漂石而采取带压进舱或常压进舱处理的情况,这充分证明按照"破大放小"的原则处理大漂石是可行的,利用盾构机掘削系统可有效破碎大粒径的漂石。当然,利用盾构机掘削处理大漂石造成盾构刀盘刀具、泥水盾构机的碎石机和排浆泵及管路、土压盾构机的螺旋输送机等渣土输送系统磨损严重,在类似工程地质条件下施工应着重增强盾构机以上部位的耐磨性能。对土压平衡盾构,采用增大刀盘开口或采用辐条式刀盘,同时利用大直径带式螺旋输送机来输送大粒径卵石的措施来处理大漂石,以提高施工效率,减小刀盘刀具以及渣土输送系统的磨耗,值得我们在今后的施工中进一步研究。

# 第十二章 监控量测和信息化施工技术

## 第一节 地层位移的影响因素分析

### 一、盾构掘进对地层位移的影响

在软土地层中修建隧道,会引起周围地层移动,即使采用当前最先进的盾构技术,也难以完全防止这些移动。地层移动一方面直接引起地下结构物的变位,影响其使用,当变位不均匀时还会产生附加应力;另一方面,地层移动在地表引起沉降,这种沉降往往是不均匀的,当不均匀沉降过大时就会对地面建筑物产生影响。

盾构机与地层的相互作用见图 12-1。

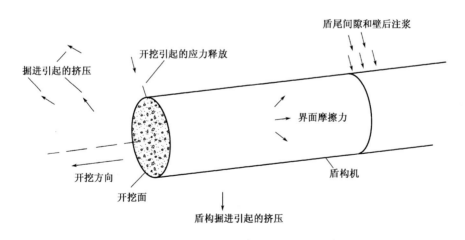

图 12-1 盾构机施工对地层的扰动示意图

盾构掘进时地层移动的表现方式因盾构直径、覆土情况和地基状况的现场条件及盾构施工状况而不同。盾构机推进引起的地层损失和盾构隧道受扰动或受剪切破坏的重塑土的再固结,是地面沉降的基本原因。引起地层沉降的施工及其他因素主要有:

(1)开挖面土体移动。盾构掘进时,开挖面土体受到的水平支护应力小于原始侧向应力,则开挖面土体向盾构内移动,引起地层损失而导致盾构上方地面沉降;当盾构推进时,如作用在正面土体的推应力大于原始侧向应力,则正面土体向上向前移动,引起负地层损失而导致盾构上方地面隆起。

(2) 盾构后退。在盾构暂停推进时,由于盾构推进千斤顶漏油回缩可能引起盾构后退,使开挖面土体坍落或松动,造成地层损失。

(3) 土体挤入盾尾空隙。由于向盾尾后面的隧道外周建筑空隙中压浆不及时,压浆量不足,压浆压力不适当,使盾尾后隧道周边土体失去原始三维平衡状态,而向盾尾空隙中移动,引起地层损失。在含水不稳定地层中,土体挤入盾尾空隙往往是引起地层损失的最主要因素。

(4) 改变推进方向。盾构在曲线推进、纠偏、抬头或叩头推进过程中,实际开挖断面不是圆形而是椭圆形,因此引起地层损失。盾构轴线与隧道轴线的偏角越大则对土体扰动和超挖程度及其引起的地层损失越大。

(5) 在土压力作用下,隧道管片产生的变形也会引起少量的地层损失。

(6) 受扰动土体的固结沉降。由于盾构推进中的挤压作用和盾尾后的压浆作用等施工因素,使周围地层形成正值的超孔隙水压区,其超孔隙水压力,在盾构隧道施工后的一段时间内消散复原,在此过程中地层发生排水固结变形,引起地面沉降(固结沉降)。

## 二、其他因素对地层位移的影响

### 1. 隧道埋深的影响

实测和实验研究表明,隧道埋深对地层位移的影响因地层情况各异,Attewell(1977)得出如下关系式:

$$\frac{i}{R} = k\left(\frac{h}{2R}\right)^n \tag{12-1}$$

式中:$R$——隧道半径;

$h$——隧道埋深;

$i$——隧道轴线到地面沉陷槽曲线反弯点的距离;

$k,n$——与地层特性及施工因素有关的常数。

### 2. 隧道介质种类和环境的影响

T. Ito 等(1982)指出,盾构法施工地面沉陷槽宽度主要取决于最接近隧道拱顶土层的状况,这意味着如果隧道完全位于地下水位以下,那么紧挨隧道上方的承压水土层对沉陷槽有重大影响。

### 3. 上覆荷载的影响

隧道上方的竖直压力对地层沉陷的影响极大,Broms 和 Bennermark(1967)提出用稳定比 $N_s$ 表示隧道施工的难易程度和地层位移的程度。

$$N_s = \frac{\sigma_z - \sigma_r}{c_u} \tag{12-2}$$

式中:$\sigma_z$——隧道中心埋深处的总竖直压力;

$\sigma_r$——隧道的支护压力(包括气压);

$c_u$——土体的不排水抗剪强度。

综合多年来的实践经验可以得出:盾构推进引起的地层移动因素有盾构直径、埋深、土质、盾构施工情况等,其中隧道线形、盾构外径、埋深等设计条件和土的强度、变形特性、地下水分布等地质条件,属于客观因素,而盾构的形式、辅助施工方法、盾尾注浆、施工管理等情况,则属于主观因素。

# 第二节 地面沉降预测

按照盾构开挖过程中地层变位的机理,可以把地层沉降分为下面几种:

(1)压缩固结沉降。主要是由地下水位的降低引起有效覆土厚度增加引起,可以按照通常的压密沉降计算方法计算。

(2)应力变化引起地层变位。导致这部分沉降的原因包括:开挖面移动、盾构机对土体的扰动、盾尾空隙等,这些因素导致土应力发生改变,使土体发生弹塑性变形或压缩变形,通常采用弹塑性分析计算地层沉降。

(3)蠕变沉降。这部分沉降是由于盾构通过后土体继续固结或者压缩产生,通常根据工程实测值的统计对该项进行分析。

目前还没有一种分析方法可以考虑所有的影响因素,工程实践中,地表沉降的预测方法主要有 Peck 法、有限单元法和藤田法。

## 一、Peck 法

Peck 认为施工引起的地面沉降是在不排水情况下发生的,所以沉降槽的体积应该等于地层损失的体积。根据这个假定并结合采矿引起地面位移的一种估算方法,Peck 提出了盾构施工引起施工阶段地面沉降的估算方法。此法假定地层损失在隧道长度上均匀分布,地面沉降的横向分布似正态分布曲线,见图 12-2。

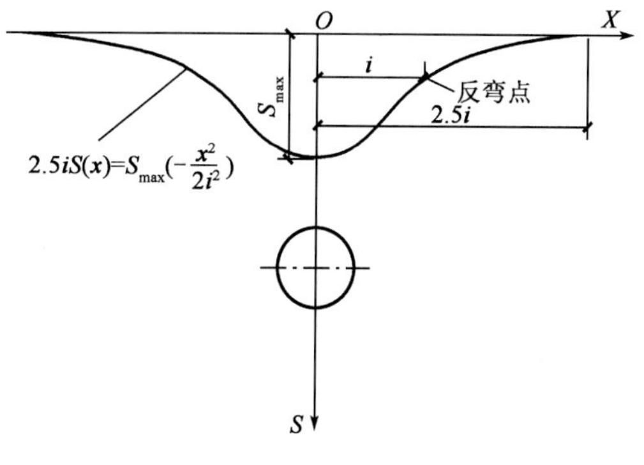

Peck 横向分布地面沉降的估算公式为:

$$S(x) = \frac{V_i}{\sqrt{2\pi}i}\exp(-x^2/2i^2) \quad (12\text{-}3)$$

$$S_{max} = \frac{V_i}{(\sqrt{2\pi})i} \approx \frac{V_i}{2.5i} \quad (12\text{-}4)$$

式中:$V_i$——盾构隧道单位长度地层损失量;

$i$——沉降槽宽度系数,可按下式计算:

$$i = \frac{Z}{(\sqrt{2\pi})\tan(45°-\varphi/2)} \quad (12\text{-}5)$$

图 12-2 Peck 法预测的地表沉降曲线

式中:$Z$——地面到盾构隧道中心深度。

地表最大倾斜(坡度)为:

$$S'_{max} = 0.61 S_{max}/i \quad (12\text{-}6)$$

地表最小曲率半径为:

$$\rho_{min} = i^2/S_{max} \quad (12\text{-}7)$$

成都地铁区间隧道大多位于 $Q_3$ 系地层中,土质为沙砾卵石土,埋深约为 6~14m,隧道上

方土层的 $\varphi$ 值约为 $40°$。以隧道埋深 $10m$ 为例,代入可得沉降槽宽度系数为 $i=11.16m$,沉降槽宽度为 $27.9m$。

地层损失的取值对地表沉降具有重要意义,在盾构直线掘进且正常施工时,可以从表 12-1 中给出的地层损失范围内,适当选取由于各种因素引起的地层损失率。在盾构穿越较密集的建筑设施时,要在初始推进中通过施工监测,取得实际地层损失值,再根据前一步的实测地层损失,复算出下一步地面沉降曲线。

**各种因素引起的地层损失** 表 12-1

| 地层损失因素 | 单位长度内最大地层损失值 | 地层损失率(%) |
| --- | --- | --- |
| 开挖面的地层损失 | $\pi R^2 h$ | $-2.0 \sim 2.0$ |
| 切口边缘的地层损失 | $2\pi Rt$ | $0.1 \sim 0.5$ |
| 沿着盾壳的地层损失 | $0.1\pi R^2$ | $0.1$ |
| 改变推进方向的地层损失 | $d\% \times L\pi R/2$ | $0.2 \sim 2$ |
| 盾尾后的地层损失(地下水位以下) | $2\pi R(R-R_1)$ | $0 \sim 4$ |
| 正面障碍引起的地层损失 | $A$ | $0 \sim 0.5$ |
| 曲线推进地层损失 | $L^2\pi R/8(R+R_c)$ | $0.5 \sim 1$ |

注:$R$ 为盾构外径;$R_1$ 为管片外径;$L$ 为盾构机长度;$t$ 为盾构切口边缘凸起高度;$h$ 为开挖面土体在单位长度内的水平位移;$R_c$ 为盾构推进的曲线半径;$A$ 为盾构正面障碍物突出于盾构外周的体积。

在正常情况下,采用同步注浆工法时,盾构施工引起的地层总损失率为 $1.5\% \sim 2.0\%$。成都地铁区间隧道管片外直径为 $6.0m$,取盾尾空隙为 $90mm$,地层损失为:

$$V_i = (1.0 \sim 1.5)\% V_0 = 0.464 \sim 0.620 m^3$$

在埋深为 $10m$ 的情况下,地表最大沉降为:

$$S_{max} \approx V_i/2.5i = 0.017 \sim 0.022 m$$

当地表最大沉降值约为 $0.022m$ 时,地表最大倾斜为 $S'_{max} = 1.2 mm/m$,小于国家规定建筑物容许倾斜值 $3mm/m$。地表最小曲率半径为 $\rho_{min} = 5.66km$,大于国家规定建筑物最小容许曲率半径值 $5km$。

## 二、有限单元法

有限单元法可以根据盾构直径、覆土、地层条件以及盾尾空隙、壁后注浆等施工条件,对盾构法施工过程进行模拟,是目前广泛采用的一种地表沉降预测方法。以埋深 $10m$ 为例建立模型,隧道位于 $Q_3$ 地层中,上覆土为 $Q_4$ 地层及第四系人工填土,模型建立及网格划分如图 12-3 所示,计算参数取自成都地铁一号线工程地勘资料。

采用有限元模型计算的地表沉降曲线如图 12-4 所示,地表最大沉降量为 $11.2mm$,沉降槽宽度约为 $23m$。

## 三、藤田法

藤田法用于估算地表最大沉降量。藤田氏在斯德哥尔摩第十届国际土力学与地基基础会议的第二次会议上,接受了 Peck 的要求,从事软弱地层隧道工程不同施工方法对地层影响差别的研究。根据日本国内 1965 年以来所发表的文献,整理了由于盾构机掘进造成沉陷槽的事例 74 件,结果惊人的和 Peck 的沉陷槽提案几乎完全一致。

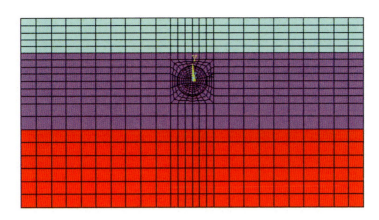

图 12-3　有限元计算模型

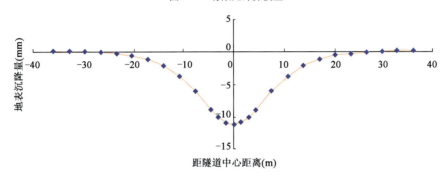

图 12-4　地表沉降曲线

Peck 所整理的工程实例限于山岭隧道、人工掘进盾构机及半机械化盾构机,此外也有压气盾构机,但其开挖面是开胸式的。这些类型的日本工程实例,都处于 Peck 沉陷槽的范围。另外,采用了那时还没有的闭胸式盾构机、泥水盾构机、土压平衡盾构机等施工隧道的沉陷槽形状,比 Peck 分类情况精度更高。虽然对新型盾构机形式的沉陷槽形状取得的数量不多,但这些新的盾构机形式对开挖面稳定性的影响比以往形式有利,即使对围岩条件差的情况也与土质良好的地层一样,所产生的地层沉降比较小。表 12-2 是按盾构形式的不同,对 70 个不同单孔隧道实测最大沉陷量的统计,其中有 5 个异常沉降,其原因没有研究。

由于计算时,反映地层特性的计算数据不完全,而且不同盾构机形式对围岩的影响也不同,通过比较计算值和实测值的差异,以简单假定的有限元分析得到的计算值 $\delta_c$ 为基础,在采用辅助施工法的情况下,可以用下面公式推算最大沉降量的预测值 $\delta_p$(cm):

开胸式:硬黏土　　　　　　　　$\delta_p = 0.5\delta_c \pm 1$

软黏土、互层　　　　　　　　　$\delta_p = 1.1\delta_c \pm 6$

砂质土　　　　　　　　　　　　$\delta_p = 1.5\delta_c \pm 2$

开胸式:软黏土　　　　　　　　$\delta_p = 0.67\delta_c \pm 2.3$

　　　　　　　　　　　　　　　$\delta_p = (0.44 \sim 1)\delta_c$

机械化型:软黏土　　　　　　　$\delta_p = 2\delta_c$

硬黏土、互层　　　　　　　　　$\delta_p = 0.25\delta_c$

**实测最大沉陷量总表**(藤田,1982)　　　　　　表 12-2

| 盾构形式 | 围岩种类 | 辅助工法 | 地表最大沉陷量(cm) | | | | 台数(除外数) | 除外部分的沉陷量(cm) |
| --- | --- | --- | --- | --- | --- | --- | --- | --- |
| | | | 最大 | 最小 | 平均 | 误差 | | |
| 开胸式 | 洪积黏土 | 无 | 12 | 6.8 | 10 | ±3 | 4(1) | 2.5 |
| | | 无 | 20 | 20 | 20 | | 2 | |
| | 互层 | 无 | 13 | 7 | 10 | ±3 | 5(1) | 3.5 |
| | 砂性土层 | 有 | 7 | 1.3 | 4 | ±3 | 7 | |
| | | 有 | 25 | 15 | 20 | ±5 | 3(1) | 10 |
| 闭胸式 | 黏性土层 | 有 | 5 | 0.7 | 3 | ±2 | 6(1) | 10 |
| | | 无 | 5.7 | 2 | 4 | ±2 | 10 | |
| | | 无 | 11.2 | 7.5 | 10 | ±2.5 | 4 | |
| 泥水式 | 黏性土层 | 无 | 5 | 3.5 | 4 | ±1 | 2 | |
| | 互层 | 无 | 12 | 6 | 9 | ±3 | 3 | |
| | 砂性土层 | 有、无 | 6.4 | 2.1 | 4 | ±2.5 | 4 | |
| 土压平衡式 | 黏性土层 | 无 | 8.5 | 3.5 | 6 | ±2.5 | 3 | |
| | | 无 | 18.6 | 12 | 15 | ±3.5 | 2 | |
| | 互层 | 无 | 2.5 | 1 | 2 | ±1 | 3 | |
| | 砂性土层 | 有 | 6 | 3 | 4.5 | ±1.5 | 4 | |
| | | 无 | 2.4 | 1 | 2 | ±1 | 3(1) | 11.8 |

### 四、双线隧道地面沉降的预测

双线隧道通常表现为平行隧道和重叠隧道两种形式,双线隧道的地面沉降曲线,类似于两个单线隧道引起的地面沉降曲线叠加后的曲线。

对平行隧道而言,大多数情况下,第二条隧道引起的地面沉降较第一条隧道大,因为第一条隧道上方土体已经过扰动。当两条隧道间距较近时,则地面最终沉降槽呈"V"形,最大沉降点出现在两隧道中间处;当两条隧道间距较远时,地面最终沉降槽呈"W"形,有两个最大沉降点,分别出现在两隧道各自的正上方。

下面采用有限单元法来预测双线隧道施工时的地面沉降。取平行隧道埋深为10m,间距分别为 $0.5D$、$D$、$2D$($D$ 为盾构隧道外径)时建立有限元模型,地表沉降曲线如图 12-5 ~ 图 12-8 所示。

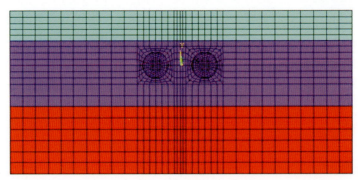

图 12-5　平行隧道有限元模型

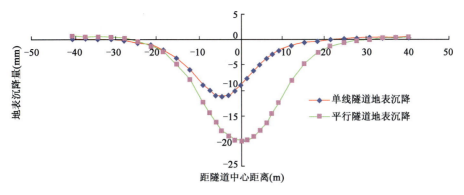

图 12-6　间距为 0.5D 时的地表沉降

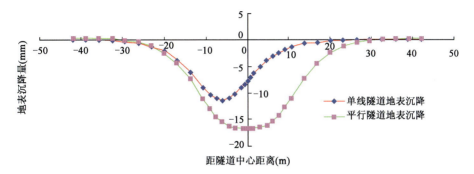

图 12-7　间距为 1D 时的地表沉降

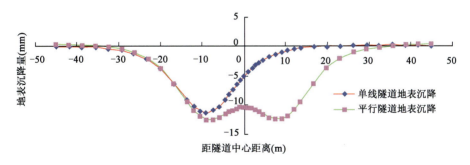

图 12-8　间距为 2D 时的地表沉降

在埋深 10m,不同间距情况下计算得地面最大沉降及沉降槽宽度见表 12-3,由表 12-3 可以看出,双线施工时的地表沉降仍然在国家规定的影响范围之内。

双线隧道地面沉降值　　　　表 12-3

| 沉 降 环 境 | | 地表最大沉降(mm) | 沉降槽半宽(m) |
|---|---|---|---|
| 单线 | | 11.2 | 23 |
| 平行隧道 | 双线间距 0.5D | 20.2 | 28 |
| | 双线间距 1D | 16.8 | 30 |
| | 双线间距 2D | 12.6 | 35 |

注:国家规定的地表最大容许沉降为 30mm。

## 第三节　盾构掘进沉降监测及控制

### 一、监测项目

盾构始发端、到达端、穿越或邻近通过地面建(构)筑物密集段(包括立交桥、铁路站场)作为重点监测区段,监测内容包括沉降、倾斜、地下水位、土体分层沉降等。区间线路监测主要以沉降监测为主;隧道内联络通道进行拱顶沉降和内空收敛监测;隧道沉降及变形进行洞内三维观测。

1. 必测项目

必测项目包括:
(1)地表沉降、隆起监测。
(2)拱顶下沉量测(联络通道)。
(3)水平收敛量测(联络通道)。
(4)地表建(构)筑物监测。
(5)地层水平位移监测。
(6)地层垂直位移监测。
(7)土层压应力监测。
(8)隧道三维观测。

2. 选测项目

选测项目包括:
(1)水压力监测。
(2)地下水位监测。
(3)钢筋应力监测。
(4)管片混凝土应变监测。
(5)钢支撑轴力监测(联络通道)。
(6)管片外周注浆效果确认测试。

### 二、监测方法

1. 地表沉降、隆起监测

地表沉降主要包括:左、右线中线地表沉降,地表沉降槽。沿盾构隧道轴线每 10m 布设一个地表沉降测点,重要地段每 5m 布设一个监测点。在盾构始发段、重要建(构)筑物处,设置地表沉降横向沉陷槽断面,其他地段每 50m 布设一个地表沉降横向沉陷槽断面,测点数量及埋设范围根据埋深确定。地表沉降槽断面测点布置如图 12-9 所示。

基点埋设在相对稳定的原状土处,至少 3 个地面基点。基点采用钢筋深埋桩水准点,埋设深度大于 1m,以粗螺纹钢筋埋设,并用混凝土浇灌。监测点采用在地表挖 30~50cm(保证穿透混凝土路面层)坑浇入混凝土,混凝土内插入 $\phi 22$mm 以上钢筋作为测点,测头低于地面 3.0cm。

监测仪器采用高精度精密水准仪及铟钢尺,精密水准仪及铟钢尺。

外业观测中限差按规范要求:各测点的视线小于或等于30m,视距差小于或等于0.5m,前后视距累积小于或等于1.0m,基辅分划读数小于或等于0.5m。

2. 拱顶沉降及周边收敛量测监测(联络通道)

区间隧道共设3个联络通道。联络通道开挖后,围岩向坑道方向的位移是围岩动态的显著表现,最能反映出围岩与支护的稳定性。拱顶是坑道周边上的特殊点,挠度最大,其位移情况具有较强的代表性和显示"窗口"的作用。通过对拱顶下沉和周边位移的监测,并与地表沉降监测结果对照,及时提供围岩稳定程度和支护结构可靠性的安全信息,预见事故和险情。

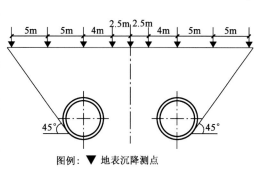

图12-9 横向沉陷槽断面测点布置示意图

在联络通道拱顶和周边埋设监测点,使用精密水准仪进行拱顶沉降监测,隧道收敛计进行周边收敛监测。监测点埋设受到初期支护稳定和地下水出水情况影响,K12+070处埋设了3个拱顶沉降断面和2个收敛断面;K13+125处埋设了1个拱顶沉降断面和2个收敛断面;K13+972处埋设了1个拱顶沉降断面和2个收敛断面,并布设了3个地表沉降测点。测点布置如图12-10所示。

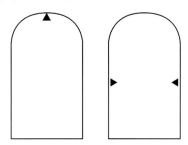

图12-10 联络通道拱顶沉降和周边收敛测点布置示意图

3. 建(构)筑物监测

地铁线路穿越成都火车南站、机场高速公路立交桥、二环路人南立交桥,并近距离通过信息港、凯宾斯基饭店和四川省建设厅办公楼。对建(构)筑物进行沉降和倾斜监测。沉降监测采用精密水准仪,倾斜监测采用固定式倾斜仪。

在受盾构施工影响的二环路人南立交桥和机场高速公路立交桥墩底设点进行沉降监测,同时在桥墩上安设固定式倾斜仪监测桥墩倾斜。

盾构穿越火车南站站场10股股道,股道处地层力学性质差,且9号股道距始发洞门仅22m。在火车南站所有股道受影响区段内,沿正线到发线左右股钢轨每5m对称布设股道沉降监测点。同时,在铁路股道下布设土体内部位移监测孔,进行土体水平位移及分层沉降监测。

建筑物沉降及倾斜监测测点布设如图12-11所示。

4. 污水管专项监测

倪家桥站—省体育馆站及桐梓林站—倪家桥站盾构区间在YDK11+634~YDK12+320及YDK12+493~YDK13+377地段下穿污水管线。污水管线管径1 200mm,为成都市主要排污管,排污量达$1.0\times10^5 m^3/d$。依据管线调查资料,YDK12+590~YDK12+670、YDK12+070~YDK12+180、YDK11+630~YDK11+863区段盾构与污水管线小角度斜交或平行,局部间距不足1.0m,盾构施工对污水管线影响较大,该区段作为重点监测区段。

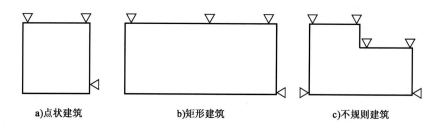

a) 点状建筑　　　　b) 矩形建筑　　　　c) 不规则建筑

图 12-11　建筑沉降及倾斜监测观测点布设示意图

1) 监测项目

污水管中心距隧道中心水平距离在 6.0m 以下污水管地段,考虑受盾构机扰动较大,需要重点监测,确定的监测项目见表 12-4。

监测项目精度要求　　　　　　　　表 12-4

| 序号 | 监测项目 | 位置或监测对象 | 仪　器 | 精度(mm) |
|---|---|---|---|---|
| 1 | 地表沉降 | 污水管周边地表 | 精密水准仪 | 1.0 |
| 2 | 土体垂直位移 | 污水管近盾构侧土体 | 分层沉降计 | 1.0 |
| 3 | 地下水位 | 污水管侧 | 水位计 | 5.0 |
| 4 | 盾构对地层扰动 | 污水管顶 | 地质雷达 | |

2) 监测方法

污水管沉降采用直接测量和间接测量两种方法,通过对污水检修井内的污水管顶直接实施测量,反映两端头污水管的沉降情况(布设直接测点),管顶地表沉降监测来间接获得中部段污水管沉降信息(布设间接测点)。通过监测污水管周土体的垂直位移,了解污水管沉降情况,同时也起到预警作用,进而指导盾构推进参数,必要时辅以注浆加固。地下水位监测目的是提前了解到可能发生的管漏现象,而在盾构通过前后污水管监测段地层物探,是为了解地层受扰程度,辅助评价管线安全状况。

污水管中心距隧道中心水平距离在 6.0m 以上污水管地段,考虑受盾构机扰动较小,在污水管顶按 10.0m 间距布设地表沉降点,进行常规监测即可。

各项监测方法要点如下:

(1) 地表沉降

① 直接测量。尽量在污水检修井内污水管顶部或在井下 3.0m 左右范围内设置测点,使用 5.0m 水准尺和精密水准仪进行观测。

② 间接测量。在污水管顶地表,按间距 5.0m 布设测点。采用钻机钻直径 108mm 孔,穿透路面结构层,再在孔底土体贯入 60cm 长钢筋,外露钢筋头至少低于路面 3cm。

(2) 土体垂直位移

沿污水管线走向,在平行盾构线路的污水管段钻设 2 个沉降孔,斜交段钻 3 个孔,测孔布置在污水管靠近盾构机侧,以间接了解污水管沉降情况,同时对管底土体脱空或位移过大起到超前预警作用。测孔埋设位置如图 12-12 所示。

分层沉降管要求钻孔埋设,一般要求钻孔直径不小于89mm。分层沉降测孔埋设在污水管轮廓外0.6m处,孔底距离隧道顶约1.0m。反映土层实际沉降的精度与分层沉降管与土层密贴并自由下沉有关,沉降管的埋设质量尤其重要。先将分层沉降管通过钻孔埋入土中,下部采用粗砂回填,顶部用砂浆封闭1.0m。

磁环埋设:底部1个,污水管中心水平位置1个。底部磁环超前污水管反映地层沉降,中部磁环同步间接反映污水管沉降。

使用水准仪测出管顶的高程,然后通过测得不同深度磁环的深度计算各磁环的高程,通过各磁环高程的变化了解土体的分层沉降情况。

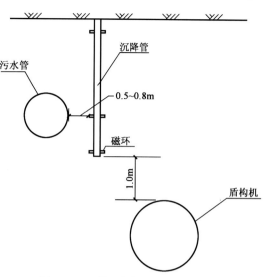

图12-12 土体垂直位移测孔埋设位置图

分层沉降管及磁环一般提前2周埋设,在盾构通过前测得稳定初值。

(3)地下水位监测

灵活利用施工降水井和污水检修井进行水位观测。当必需钻孔时,按30.0~50.0m间距在污水管和盾构右线中间钻设水位观测孔,孔位距污水管周2.0m左右,并离开盾构周边一定距离,防止冒浆。孔径89~108mm,孔深与隧底平,水位测孔采用地质钻机钻孔,孔底布设0.5~1.0m的滤水管,测管外安装滤布,并用砂石充填管壁外侧。孔深要保证施工期间水位降低时的测读。监测采用钢尺水位计进行,测量精度5.0mm。

(4)地质雷达探测

为了解盾构通过前后污水管线位置及盾顶地层变化情况,判断有无空洞或不密实区,并评判管线安全状况,采用地质雷达进行探测。

沿管线走向和线路走向各布设1条纵向测线,在分层沉降孔位置垂直于地铁线路布设横向测线,探测时拖动天线在地面上直接扫描。

(5)监测控制标准

①地表沉降按30mm控制,预警值为20mm。

②土体垂直位移(最深测点)累计沉降量按20mm控制,预警值为13.3mm。

③参照自来水管道变形控制值,污水管位移速率不超过5mm/d。

(6)监测频率

监测点距离盾构掘进面距离$L<D$,监测频率3~4次/d;$D<L<2D$,监测频率2次/d;$2D<L<5D$,监测频率1~2次/d。

同时,当监测值在预警值和控制值之间时,监测频率3~4次/d;当监测值大于控制值时,监测频率4~6次/d。

(7)测点布置

测点布置见图 12-13。

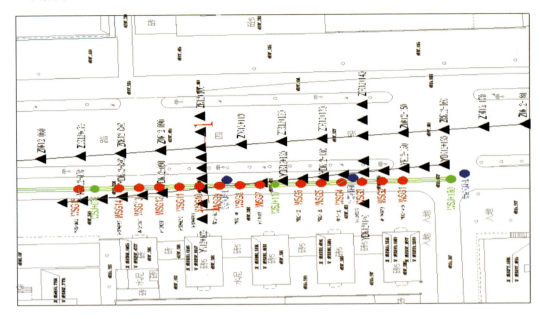

图 12-13　污水管段测点布置图

**5. 地中垂直位移监测**

盾构施工引起的地表沉降很多是由于深层土体位移造成的。深层土体位移反映到地表有一个滞后的过程,如能及时掌握深层土体的运动趋势,在必要时采取适当的施工保护措施,对施工安全和周围环境保护非常有利。

监测采用磁环分层沉降仪进行。监测时先用水准仪测出沉降管的管口高程,深层土体垂直位移的初始值应在分层磁环埋设稳定后进行,一般不少于一周。每次监测应重复进行 2 次,2 次误差值不大于 ±1.0mm,地中垂直位移测孔布置如图 12-14 所示。

**6. 地层水平位移监测**

深层土体水平位移采用 CX-4 型伺服加速度测斜仪进行监测,监测精度 1.0mm。深层土体水平位移测孔选在变形大(或危险)的典型位置。测斜管采用钻孔埋设,距离盾构外轮廓 2.0m,管底应大于支护结构深度,且超过最大开挖深度的 3.0m。测斜管安放就位后调正方向,使管内的一对测槽垂直于线路走向(即平行于位移方向)。测孔埋设时间在盾构开挖前两周完成。

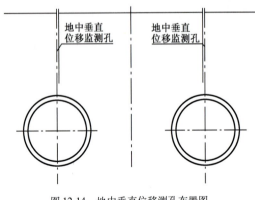

图 12-14　地中垂直位移测孔布置图

**7. 土层压应力监测**

了解盾构推进过程中及通过后土压力的大小、分布及其变化情况,为确定盾构推力和评定衬砌结构提供可靠参数。

土压力采用土压力盒进行监测,压力盒埋设在混凝土管片与土体之间,管片预制时在管片相应位置预留压力盒位置,同时埋设一根 PVC 小管。在管片拼装前将压力盒固定在管片后面,并将电缆从 PVC 管中引出管片,用环氧树脂(或其他填充材料)填实管中的空隙,防止渗漏水。

压力盒在埋设前观测其初始频率,埋设后即可测试其频率,通过参数计算出土压力的大小。根据管片衬砌环的土压力大小变化、分布规律,参照理论土压力值进行对比,判断隧道结构的强弱。

土层压应力监测测点布置见图 12-15。

8. 隧道三维观测

富水砂卵石地层地下水较为丰富,地质条件较差。施工过程中因地下水活动以及土体应力重新分布,容易引起隧道衬砌结构(管片)发生上浮或者扭曲。通过隧道三维观测,把握隧道支护结构的动态,为后续施工提供参考资料。

选择典型地段,沿隧道纵向布设一个观测点,用棱镜或反光片作为观测觇标靶,使用 TCR 全站仪对测点的三维坐标进行观测,通过测值的变化,计算隧道三维坐标变化值。

9. 水压力监测

为充分了解盾构推进后管片所受的水压力情况,采用在管片与土体之间埋设渗压计进行监测,埋设方法和引线方式与压力盒埋设相同,测点布置见图 12-16。

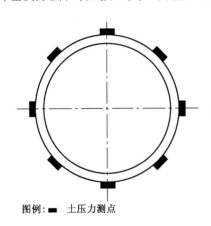

图例:■ 土压力测点

图 12-15 管片背后土层压应力监测测点布置图

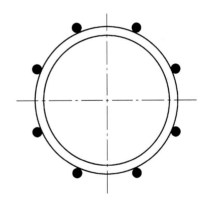

图例:● 水压力测点

图 12-16 水压力监测测点布置图

10. 地下水位监测

通过对地下水位的变化观测,了解施工对地下水位的影响情况,为确定盾构推力提供参数。水位测孔采用地质钻机钻孔,测孔直径 108mm,测管外安装滤布,孔底布设 0.5~1.0m 的透水管。水位管安装在测斜孔外侧。

采用水位观测仪进行水位观测。测量出孔口的高程,通过水位仪测读出孔内水位的高程,多次观测就可以测出水位的变化。根据水位变化值绘制水位—时间变化曲线,以及水位随盾构施工的变化曲线图。

11. 管片钢筋应力监测

开展管片钢筋应力监测,了解管片受力状态,必要时能及时采取措施,确保地铁施工安全。

采用测频仪和钢筋计进行监测。钢筋计在主筋待测部位割断钢筋并串联钢筋计,在焊接过程中注意淋水降温,安设完毕并降温稳定后测读初始读数。

为实现监测项目数据间的对比分析,管片钢筋应力监测断面与土压力、孔隙水压力监测断面尽可能布置在同一断面上,按"米"字形布置。测点布置见图12-17。

12. 管片混凝土应变监测

管片混凝土应变监测目的与钢筋应力相同。采用测频仪和应变计进行监测。采用绑扎办法来固定埋入位置,在混凝土浇注时埋入埋入式混凝土应变计。测点按"米"字形布置,测点布置见图12-18。

图12-17 管片钢筋应力监测测点布置图

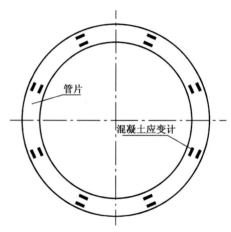

图12-18 管片混凝土应变监测测点布置图

13. 钢支撑轴力监测(联络通道)

联络通道由于边墙较高,开挖过程中使用钢支撑,为充分掌握钢支撑的工作状态,采用反力计或者是钢弦式应变计来进行钢支撑轴力监测。反力计安装在支撑端头,当反力计受轴向力作用带动内部的弹性钢弦产生变形,改变钢弦的振动频率,通过频率仪测得钢弦的频率变化,根据受力和钢弦频率的相关关系即可计算钢支撑所受的轴力。

14. 管片外周注浆效果测试

同步注浆未能及时填充盾尾空隙,或是注浆效果不佳,浆液厚度环向分布不均(拱部薄),土层应力释放,盾顶地层下沉。管片背后注浆由于浆液的流动性、泌水性、渗透性、稳定性等,以及隧道所处地层的特性,浆液在管片背后的分布形态不均匀,且极易沿着某些溢浆通道流失,导致注浆量大,注浆压力不够。因此,管片背后注浆效果进行检测是必要的。

探地雷达具有分辨率高、速度快、无损作业等优点。使用瑞典产RAMAC II型地质雷达,天线选用500MHz屏蔽天线,开展了地质雷达对管片背后注浆效果无损探测研究。

### 三、测量精度

地表的沉降、隆起观测,建(构)筑物的沉降、倾斜观测,立交桥沉降、倾斜观测等,严格按照《国家一、二等水准测量规范》(GB 12897—2006)的精度进行。各监测项目精度见表12-5。

监 测 精 度 表　　　　　　　　　　　　　表 12-5

| 序号 | 监测项目 | 精度 | 序号 | 监测项目 | 精度 |
|---|---|---|---|---|---|
| 1 | 地面沉降监测精度 | ±1.0mm | 5 | 土体侧向变形监测精度 | ±1.0mm |
| 2 | 拱顶沉降及净空收敛精度 | ±1.0mm | 6 | 钢筋计的监测精度 | ≤1/100(F·S) |
| 3 | 管线监测精度 | ±1.0mm | 7 | 土压力监测 | ≤1/100(F·S) |
| 4 | 土体分层沉降监测精度 | ±1.0mm | 8 | 地下水位监测 | ±5.0mm |

## 四、量测频率

各项监测项目在施工前测得稳定的初始值,并且不少于两次。监测频率要满足工程实际需要,当监测项目的累计变化值接近或超过报警值时,应加密监测;当出现工程事故或其他因素造成监测项目的变化速率加大,应按要求监测或进行连续监测,直至危险或隐患消除为止。各监测项目及监测频率见表12-6。

监测项目频率要求　　　　　　　　　　　　　表 12-6

| 监测项目 | 监测仪器 | 监测频率 | | |
|---|---|---|---|---|
| 地表隆起、沉降 | 精密水准仪、铟钢尺 | 掘进面前后<20m时,测1~2次/d | 掘进面前后<50m时,测1次/2d | 掘进面前后>50m时,测1次/周 |
| 管片变形 | 全站仪 | | | |
| 土体内部位移（垂直和水平） | 水准仪、磁环分层沉降仪、倾斜仪 | | | |
| 衬砌环内力 | 钢筋计和混凝土应变传感器 | | | |
| 土层压应力 | 土压力传感器 | | | |
| 孔隙水压力 | 孔隙水压计 | | | |
| 水位观测 | 水位计 | | | |
| 地表建筑物监测 | 精密水准仪、经纬仪、倾斜仪 | | | |
| 管线监测 | 精密水准仪、铟钢尺、经纬仪 | | | |

## 五、监控项目控制值

各监控项目控制值见表12-7。

监控项目控制值　　　　　　　　　　　　　表 12-7

| 监测项目 \ 衬砌 | 双线盾构 | 备注 |
|---|---|---|
| 地表沉降(mm) | 隆起10,沉降30 | 遇管线及铁路股道时,按其权益所属部门要求执行 |
| 拱顶下沉(mm) | 30 | 联络通道 |
| 内空收敛(mm) | 20 | |
| 桥梁均匀总沉降值(cm) | 2.0/L(不包括施工中的沉降) | L为相邻墩台间最小跨径长度,以m计;跨径小于25m时,仍以25m计算 |
| 桥梁相邻墩台均匀总沉降差值(cm) | 1.0/L(不包括施工中的沉降) | |

续上表

| 监测项目 \ 衬砌 | 双线盾构 | 备注 |
|---|---|---|
| 股道均匀总沉降值 | L/400 | L 为扣轨长度,以 m 计 |
| 相邻股道不均匀沉降差值 | L/400 | |
| 建筑物地基变形允许值 | 桩基础沉降 10mm,天然地基沉降取 30mm;局部倾斜率取 0.002 | |

各监测项目控制值的 70% 作为警戒值,监测值超过警戒值时,及时发出预警报告,查明原因,采取有效措施。

## 第四节  监测数据的处理及分析评价

采用"土木工程监测数据处理系统"软件进行数据处理分析,以数值、图形和图表等多种形式描述各监测项目的变化趋势。对各个量测项目采集的数据,进行处理,利用计算机对量测数据进行解析分析。以下为提供参考和决策所需要的解析图:

(1)测点的沉降变化时程变化图及断面分布图。
(2)测点倾斜值时程变化图。
(3)土体分层沉降变化时程图。
(4)测点应力断面分布图。
(5)土压力、水压力断面分布图。
(6)地下水位变化监测时程变化图。

根据监测数据分析结果,进行下列分析,提供的监测成果作为变更设计和施工方法的依据,实现监测的根本目的:

(1)随时把握施工的安全性,在监测周报、月报中提出解析结果及评价。
(2)对解析结果进行理论分析。
①根据监测数据分析结果,确认、评价施工方法对构筑物的影响,确保其安全。
②根据监测数据分析结果,确认、评价地下水位变化对结构的影响。
③根据监测数据分析结果,确认、评价施工方法的合理性,探讨优化施工方法。
(3)根据监测数据分析结果,提供完整的监测结果分析报告,总结评价该区段的设计、施工合理性、经济性,为以后类似工程提供参考依据。

### 一、必测项目监测分析

根据盾构掘进时的沉降历时曲线图可以将地层变位分为 5 个阶段,详见图 12-19。

盾构在卵石地层中掘进时建立了良好的平衡,且地下水位较深,施工引起的第 1 阶段变形比较小,在 ±0.5mm 之内;盾构施工引起的变形主要发生在第 2、第 3、第 4 三个阶段,表现为盾构掘进时对前方掌子面及周边土体扰动,盾尾空隙的土体应力释放所引起的变形等,其变形约占总变形值的 90% 左右;第 5 阶段因同步注浆比较及时、饱满,在盾构脱尾后,变形较小,约占总变形的 10% 左右,其变形在刀盘通过测点 30~40m 后基本趋于稳定。

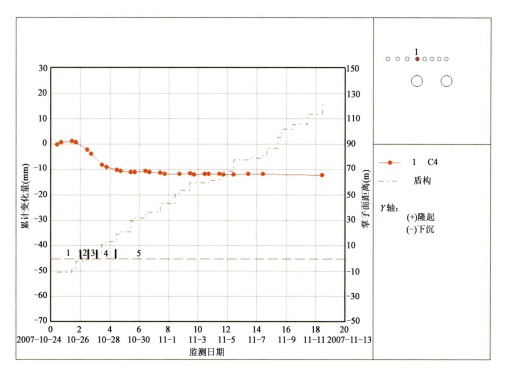

图 12-19 盾构施工引起地层变位规律图
1-先行沉降;2-开挖面前沉降或隆起;3-通过沉降;4-盾尾空隙沉降;5-后期沉降

**1. 隧道中线点地表沉降**

火车南站—桐梓林区间 ZDK14+509.9~ZDK14+400、YDK14+509.9~ZDK14+370 段夹杂砂层,盾构掘进对地层的扰动较大,泥水盾构及土压平衡盾构穿越时隧道中线地表沉降均超出控制值。倪家桥站—省体育馆区间盾构掘进中较好地控制了地表沉降,YDK12+260 处沉降超限,但未发生地表沉陷。盾构机进出区间端头时,对地层扰动较大,土体易发生位移变形。

选取桐梓林—倪家桥右线 YDK12+520~YDK12+630 段地表沉降监测数据进行了盾构推进速度和地表沉降最终累计变化量的研究,对推进速度和沉降量随里程的统计分布图(见图 12-20、图 12-21)研究发现:推进速度在一定范围内,地表沉降量随盾构推进速度增加而减小,推进速度在 5.0m/d 下,沉降量在 15~20mm 之间,接近预警值;推进速度 5.0~10.0m/d,沉降量在 10~15mm 之间;推进速度 10.0~15.0m/d,沉降量在 5~10mm 之间。建议富水砂卵石地层盾构推进速度为 10.0~15.0m/d。

盾构在卵石层中施工时,引起右线隧道中线地表沉降基本都在 -14~-4mm 之间,多数沉降稳定在 -10~-6mm 之间;左线隧道中线地表沉降变化基本都在 -20~-8mm 间,多数沉降稳定在 -15~-10mm 之间。现场监测地表纵向沉降曲线见图 12-22~图 12-27。

**2. 地表沉降槽**

盾构左右线先后通过断面均对线间地层产生扰动,地表沉降相互叠加,形成 W 形沉降槽。盾构区间左、右线中线相距约 15m,左、右线净间距约 9m,左线盾构掘进引起的右线隧道上方地表沉降基本都在 2mm 左右。地面横向沉陷槽和影响范围见图 12-28。

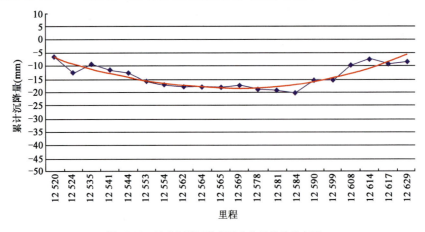

图 12-20　地表沉降最终累计变化量统计分布图

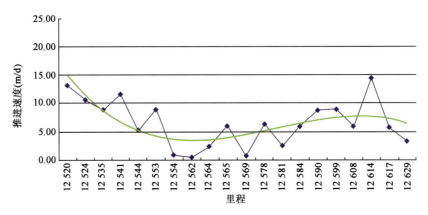

图 12-21　盾构推进速度统计分布图

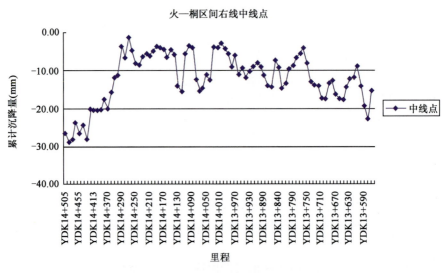

图 12-22　右线区间隧道中线地表隆沉曲线图 I

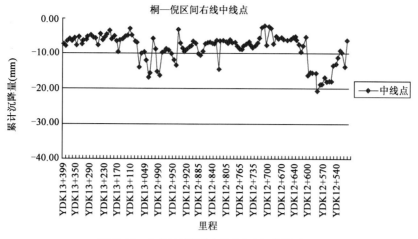

图 12-23 右线区间隧道中线地表隆沉曲线图 II

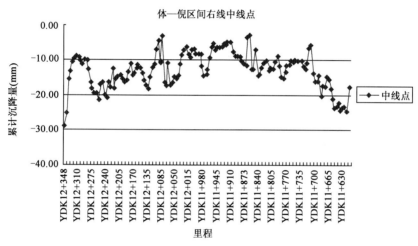

图 12-24 右线区间隧道中线地表隆沉曲线图 III

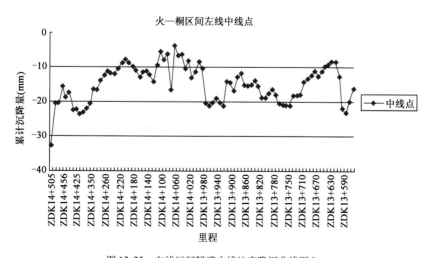

图 12-25 左线区间隧道中线地表隆沉曲线图 I

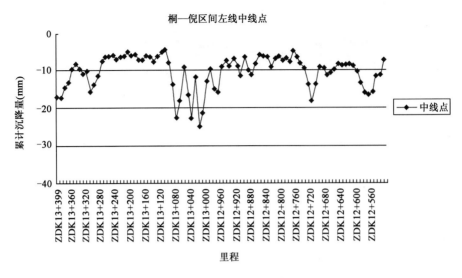

图 12-26  左线区间隧道中线地表隆沉曲线图 Ⅱ

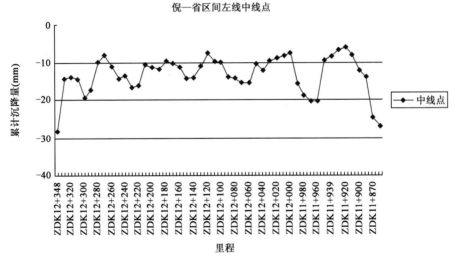

图 12-27  左线区间隧道中线地表隆沉曲线图 Ⅲ

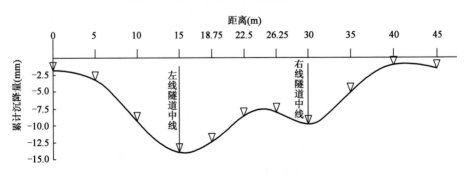

图 12-28  地表横向沉降槽曲线图

沉降槽曲线基本沿隧道中线呈正态分布,一般在轴线处的沉降值最大,在隧道洞径范围是其沉降的主要范围,离隧道中线5m处的沉降值基本占峰值的65%左右;轴线5~10m为次要沉降区,距隧道中线10m处的沉降值占峰值的10%~15%左右,其单线沉降槽宽度为20m左右(约3倍洞径)。从沉降量看,土压盾构施工引起的地表最大沉降量一般为12~15mm(图12-29中左线隧道中线处),泥水盾构施工引起的地表最大沉降量一般只有8~11mm左右(图12-29中右线隧道中线处)。土压盾构施工引起的地表最大沉降量明显要大于泥水盾构施工引起的地表沉降量,特别是隧道埋深较浅时土压盾构施工的地表沉降控制相对困难。

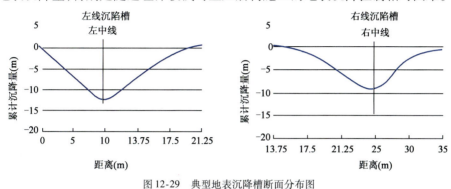

图12-29 典型地表沉降槽断面分布图

3. 建(构)筑物沉降、倾斜

(1)建(构)筑物沉降

火车南站股道沉降微小,未超控制值,股道扣轨效果明显。火车南站行包房为天然地基基础,处于砂层与致密砂卵层分界处,累计沉降量达-44mm;机场立交桥墩累计沉降最大值为-5.68mm;人南立交桥墩累计沉降最大值为-10.61mm,采取加固措施的桥墩,最大累计沉降量为-4.06mm。火车南站行包房沉降时程图见图12-30、图12-31。

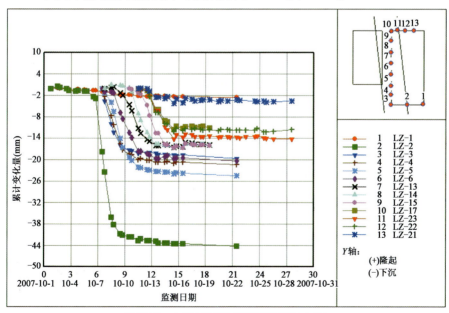

图12-30 火车南站行包房沉降时程图(左线)

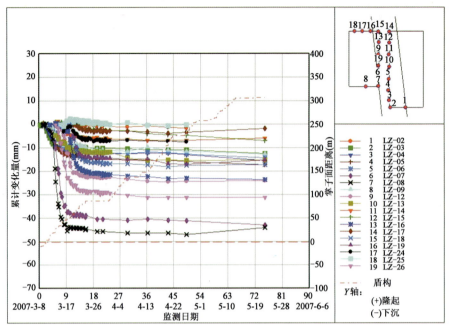

图 12-31　火车南站行包房沉降时程图（右线）

**(2) 建(构)筑物倾斜**

对凯宾斯基饭店、成都信息港、四川省建设厅办公楼进行倾斜监测，最终倾斜率分别为 0.4‰、0.6‰、0.062‰，小于局部倾斜率控制值 2‰。

通过对机场立交桥墩和人南立交桥墩倾斜监测分析，盾构经过时未对其产生较大影响。盾尾脱出后，由于土体的下沉，建(构)筑物产生轻微倾斜，机场立交桥墩最大倾斜为 0.7‰，人南立交桥墩最大倾斜为 0.8‰。

**4. 污水管线**

盾构通过污水管期间，重点对 YDK12+590~YDK12+670、YDK12+070~YDK12+180、YDK11+630~YDK11+863 三段污水管进行了监测，监测成果见图 12-32~图 12-35。

线路地表沉降和污水管地表沉降均未超出控制值 30mm；污水井水位监测水位变化平稳，未发现大起落；深层土体垂直位移与地表沉降大致相当，表明土体为整体沉降；同时段污水井井内水位基本一致，表明盾构掘进未对管道造成破坏。使用地质雷达对污水管顶进行地层物探，盾前、盾后均发现几处异常地段，对异常地段及时进行了补充注浆加固地层。

**5. 拱顶下沉、周边收敛**

联络通道拱顶沉降和净空收敛值远小于监测控制值（拱顶沉降 50mm、净空收敛 20mm），反映初期支护可靠、变形小。对应的地表沉降累计变化很小，反映地层稳定、受扰动小。K13+972 联络通道地表沉降累计变化最大值 5.69mm，远小于地表沉降控制值 30mm，说明地层基本稳定；钢筋应力和喷混凝土应变数据很小，初期支护结构稳定。

**6. 地层水平位移**

通过对选测断面地层水平位移监测，地层水平位移主要体现在浅部土体，向隧道方向位移，在盾构隧道中部两侧土体位移较小，向外侧移动。说明盾构经过时，舱内压力对盾体两侧地层影响不大,而浅部地层水平位移主要是由盾体正上方土体流失,两侧土体向中间挤压引起,最大水平位移10mm左右。左线土压盾构上部土体的水平位移量与右线泥水盾构经过时相比,明显减小(图12-36)。

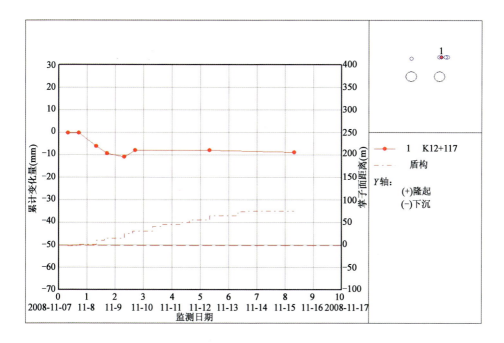

图12-32 沉降监测时程图(污水井)

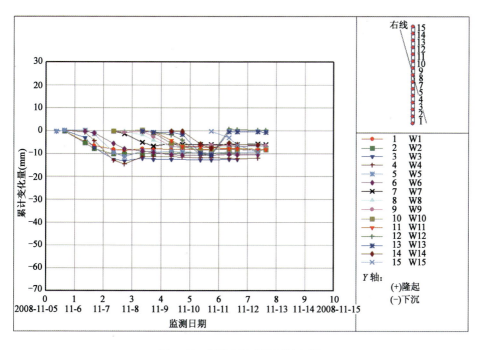

图12-33 沉降监测时程图(污水管)

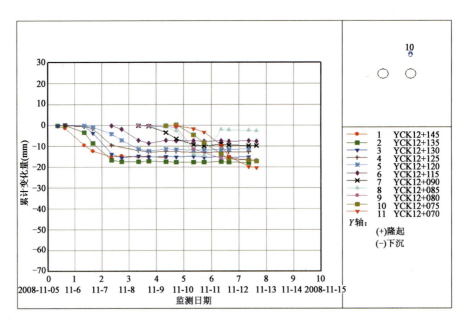

图 12-34 沉降监测时程图(右线隧道中线)

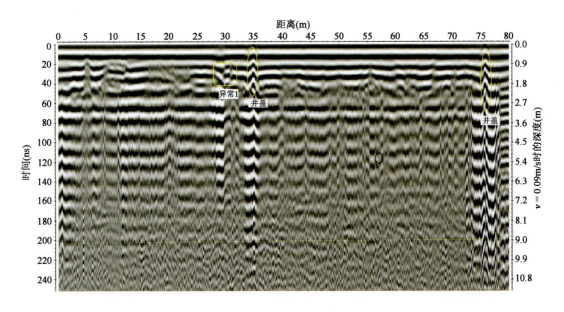

图 12-35 污水管周边地质雷达探测图

**7. 地层垂直位移**

在盾构接近该断面时,深部土体较浅部土体沉降明显,通过过程中及通过后,浅部土体较深部土体沉降明显,最终体现为整体沉降。从该断面监测情况看,泥水盾构(右线)经过该断面时,土体从扰动到固结趋于稳定约 4~5d,而土压平衡盾构(左线)经过该断面时,土体从扰动到固结趋于稳定约 3~4d,土压盾构经过比泥水盾构经过时时间稍短且沉降量稍小,具体监测成果如图 12-37、图 12-38 所示。

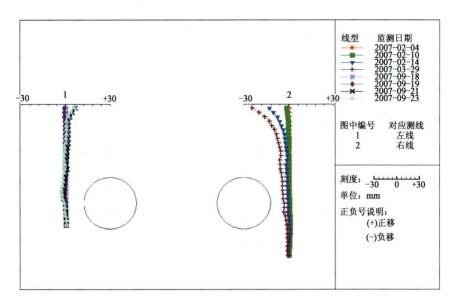

图 12-36　典型地层水平位移断面分布图

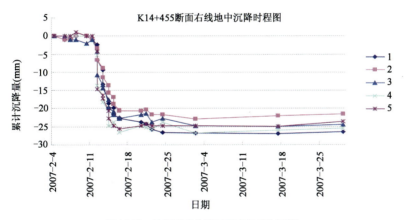

图 12-37　地层垂直位移时程变化图（右线）

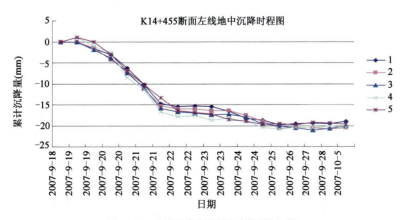

图 12-38　地层垂直位移时程变化图（左线）

**8. 隧道三维变形**

通过隧道三维观测,掌握管片拼装后是否因为受地下水位变化而发生上浮或者受非平衡水土压力影响发生移位或变形。监测结果表明,管片三维坐标监测期内没有发生大的变化,最大变化量在3.0mm内,同一测点坐标变化量正负间断变化,没有单向连续增加情形;连续区段的不同测点间,坐标变化在某个方向上没有规律,反映沉降的$Z$坐标变化量很小,没有发现管片有上浮情况。

**9. 管片周围土压力**

盾构开挖扰动土体,引起土压力变化,将直接影响管片结构的稳定性和结构内力。为了研究作用在管片结构上的土压力大小和分布规律,进行管片周围土压力的监测。土压力最终累计变化值见表12-8。从表12-8可以看出,管片下半部分腰部位置受力最大,最大值发生在YK12+581断面,为1.761MPa,管片其他部位所受土压力普遍较小。

管片周围土压力最终累计变化值(单位:MPa)　　表12-8

| YK12+581 | 累计值 | YK13+919 | 累计值 | ZK12+041 | 累计值 | ZK14+433 | 累计值 |
|---|---|---|---|---|---|---|---|
| 10 301 | 1.761 | 16 112 | 0.228 | 101 119 | -0.204 | 16 101 | 0.111 |
| 10 304 | -0.015 | 16 121 | 0.24 | 101 156 | 0.857 | 16 111 | 0.111 |
| 10 305 | 0.053 | 16 122 | 0.187 | 101 160 | 0.018 | 16 116 | 0.066 |
| 10 306 | 0.546 | 16 124 | 0.29 | 101 171 | 0.19 | 161 221 | 0.216 |
| 10 308 | 0.184 | 16 127 | 0.858 | | | 16 123 | 0.188 |
| 10 364 | 0.293 | | | | | 16 126 | 0.116 |

## 二、选测项目监测分析

**1. 地下水位**

左线土压平衡盾构在接近监测断面位置时,地下水位上涨,上涨高度在50cm内;盾构刚通过监测断面位置时地下水位瞬时回落,通过断面后,水位缓慢上涨,维持在一定高度。右线泥水盾构在盾构接近监测断面位置时,地下水位下降较明显,最大水位下降达1 738mm,盾构到达监测断面位置后地下水位缓慢回涨,但幅度不大,最终在低于原始水位约1 400mm位置趋于稳定,监测成果如图12-39、图12-40所示。

**2. 管片钢筋应力**

管片钢筋应力测点分内外层布设。从断面分布图12-41可以看出,管片内外钢筋大部分受压,管片下半部分墙腰位置多出现拉应力。最大压应力发生在断面ZK14+433的拱腰位置的G18519测点,为10.4MPa;最大拉应力发生在断面YK12+581拱顶外G16408测点,为6.891MPa。拉、压值均很小,远小于材料强度标准值,管片实际受力安全系数很大。

**3. 管片混凝土应变**

从断面分布图12-41看,管片均受压。管片应变值统计见表12-9。管片混凝土应变值很大,可能是元器件久置基频改变造成的。最终应变值均较大,原因是混凝土应变受温度影响较大,尤其是管片安装前后存在温差,元器件应配置温度传感器。

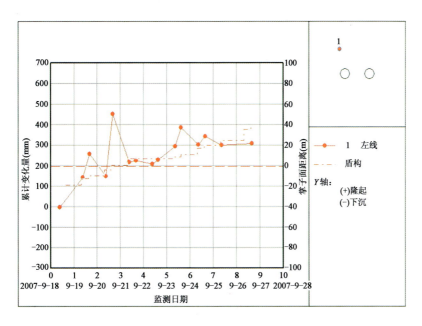

图 12-39　左线地下水位监测时程图（土压平衡盾构）

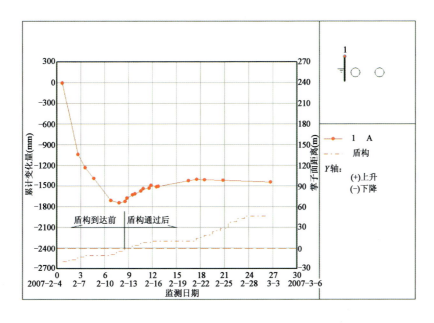

图 12-40　右线地下水位监测时程图（泥水盾构）

**4. 管片周围水压力**

盾构开挖扰动土体，引起土压力和孔隙水压力变化。为了研究作用在支护结构上的水土压力大小和分布规律，进行管片周围水压力的监测。最终水压力值见表 12-10。从断面分布图 12-41 看，管片所受水压力最大值发生在管底位置，最大值为 ZK12+041 断面，为 0.291MPa，管片其他部位所受水压力值很小。

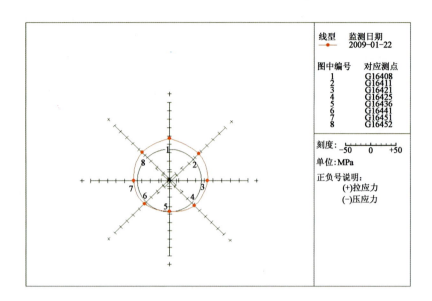

图 12-41　管片钢筋应力断面分布图

**管片混凝土最终应变值**(单位:με)　　　　　　　　表 12-9

| YK12+581 | 应变值 | YK13+919 | 应变值 | ZK12+041 | 应变值 |
|---|---|---|---|---|---|
| 10 055 | -686.763 | 101 527 | -733.47 | 101 502 | -773.709 |
| 101 579 | -624.418 | 101 529 | -828.666 | 101 511 | -778.714 |
| 101 580 | -798 | 101 540 | -787.282 | 101 542 | -788.626 |
| 101 624 | -915.292 | 101 556 | -610.316 | 101 587 | -1 002.246 |
| 101 629 | -1 048.137 | 101 562 | -765.12 | 101 602 | -899.337 |
| 101 634 | -706.904 | 101 603 | -586.137 | 101 644 | -912.597 |
| 101 659 | -865.257 | 101 650 | -638.363 | | |
| 101 663 | -895.85 | 101 656 | -782.172 | | |
| 101 665 | -848.484 | 101 686 | -690.052 | | |
| 101 679 | -861.479 | 101 688 | -765.144 | | |

5. 管片背后注浆效果

探地雷达可以较好地探测管片壁后注浆效果,通过对探地雷达实测图像进行分析处理,可较为准确地确定注浆体分布、缺陷及其厚度。在探测工作中选取适当的天线频率,采用多频段工作频率进行组合探测及适当加密采样点距,更有利于确定探测目标体的分布和缺陷位置。探测成果如图 12-42～图 12-44 所示。

管片周围最终水压力值(单位:MPa)　　　　　　表 12-10

| YK12+581 | 水压力 | YK13+919 | 水压力 | ZK12+041 | 水压力 | ZK14+433 | 水压力 |
|---|---|---|---|---|---|---|---|
| 10 509 | 0.078 | 101 142 | 0.143 | 101 124 | 0.291 | 101 114 | 0.033 |
| 10 510 | 0.03 | 101 157 | −0.031 | 101 127 | 0.059 | 101 118 | 0.028 |
| 10 541 | 0.026 | 101 167 | 0.075 | 101 164 | −0.207 | 101 125 | −0.003 |
| 10 557 | 0.09 | | | 101 169 | −0.073 | 101 135 | −0.011 |
| 10 559 | 1.123 | | | | | 101 168 | 0.006 |
| 10 566 | 0.069 | | | | | 101 184 | 0.01 |
| 10 585 | 0.1 | | | | | 101 200 | 0.042 |
| 10 599 | 0.081 | | | | | | |

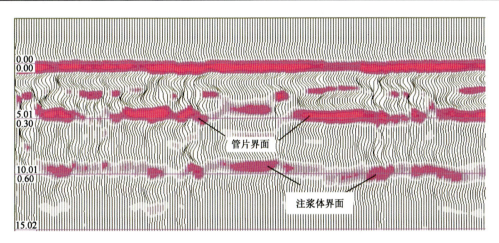

图 12-42　火车南站至桐梓林区间 1~135 环探测雷达剖面图

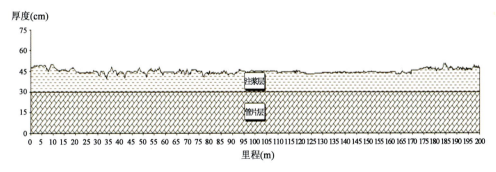

图 12-43　注浆厚度分布图

## 三、监控量测体会与认识

通过对盾构掘进施工和大量现场监控量测数据分析,对盾构掘进控制地层隆沉及减少沿线环境的影响有以下几点基本认识:

(1)盾构掘进时沉降控制总体较好,沉降基本控制在允许范围内。

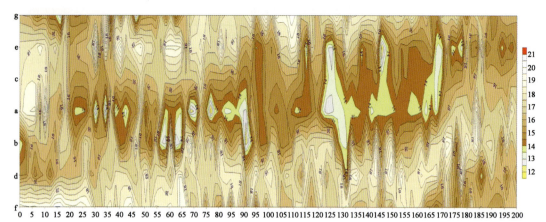

图 12-44　注浆厚度等值线图

(2) 盾构掘进总体情况良好,泥水舱压力/土舱压力、同步注浆、掘进速度等掘进参数设定恰当,各项施工措施有力、实用,地面建筑、管线等变形可控制在较小范围内。

(3) 调整、修正、合理匹配盾构掘进参数,建立有效的泥水/土压平衡,确保同步注浆效果,是控制地层损失、减小地层变位的有效手段,主要的施工参数为泥水舱压力/土舱压力、推进速度、泥浆性能/螺旋出土器转速、推力、盾构姿态和同步注浆参数等。

(4) 各项掘进参数的设定应根据不同地层、埋深及现场监测数据分析反馈的基础上确定,同时应确保同步注浆的浆液注入率和注浆的及时性。

(5) 盾构施工引起的地层变位历程分为 5 个阶段:

先行沉降、开挖面前沉降、通过沉降、盾尾空隙沉降、后期沉降。施工引起的第 1 阶段变形比较小,其变形都在 ±0.5mm 之内;盾构施工引起的变形主要发生在第 2、第 3、第 4 三个阶段,表现为盾构掘进时对前方掌子面及周边土体扰动、盾尾空隙的土体应力释放所引起的变形等,其变形约占总变形值的 90% 左右;第 5 阶段因同步注浆比较及时、饱满,在盾构脱尾后,变形较小,约占总变形的 10% 左右,其变形在刀盘通过测点 30~40m 后基本就趋于稳定。

(6) 快速掘进,防止人为机械设备故障,保持施工的均匀性和连续性,做好短期停机等施工技术措施,以进一步控制地层沉降,确保重点、难点地段的施工安全。

(7) 在砂卵石地层中掘进,盾构推进和压浆时,土体易被扰动,但稳定也较快,因此保持施工的均匀性和连续性能使土体应力维持在一定数值上,可减小土体初始应力,达到减小扰动范围的目的。

(8) 盾构短期停机期间,盾构泥水舱/土舱压力应采取保压和增压措施,防止开挖面由于压力衰减而出现坍塌。

(9) 盾构施工引起的地表横向沉陷槽呈正态曲线分布,符合 Peck 公式,其单线沉降槽宽度为 20m 左右(约 3 倍洞径)。从沉降量看,土压盾构施工引起的地表最大沉降量一般为 12~15mm,而泥水盾构施工引起的地表最大沉降量一般只有 8~11mm 左右,两者均能满足规范要求,但土压盾构施工引起的地表最大沉降量要明显大于泥水盾构施工引起的地表沉降量,特别是隧道埋深较浅时土压盾构施工的地表沉降控制相对困难。

（10）盾构掘进主要影响区域在隧道轴线5m范围内，相邻隧道的盾构掘进对先建隧道的结构、变形影响小。

（11）在盾构隧道上部有构筑物的情况下，构筑物的倾斜、沉降与所处地层和处在沉降槽内的位置有关。构筑物因地基的沉降而产生沉降和倾斜，对于基础好、结构整体刚度大的构筑物，其不均匀沉降较小而且危害小；对基础较差、整体小的构筑物，易产生裂缝和结构性破坏。

# 参 考 文 献

[1] 杨书江,章龙管,韩亚丽,等.富水砂卵石地层盾构法施工关键技术研究[R].郑州:中铁隧道股份有限公司,2009.

[2] 洪开荣,杨书江,郭磊,等.YJGF 16—2004 复合盾构施工系列工法[S]//2003—2004 年度土木建筑国家级工法汇编.北京:中国计划出版社,2007.

[3] 段强,曹大明.成都地铁1号线盾构4标区间盾构施工监控量测总报告[R].成都:成都畅达通地下工程科技发展有限公司,2009.

[4] 杨书江.盾构在硬岩及软硬不均地层施工技术研究[D].上海:上海交通大学,2006.

[5] 四川省地质工程勘察院.成都地铁1号线一期工程2标段岩土工程勘察报告[R].成都:四川省地质工程勘察院,2007.

[6] 宜昌黑旋风工程机械有限公司.成都地铁一号线盾构4标泥水处理方案[R].宜昌:宜昌黑旋风工程机械有限公司,2006.

[7] 海瑞克隧道设备有限公司.S367、S401盾构机说明书[R].成都:海瑞克隧道设备有限公司,2006.

[8] 洪开荣,王玉卿.盾构隧道施工应重视的工程环境灾害问题[J].土木工程学报,2010(1).

[9] 西南交通大学成都地铁科研项目课题组.成都地铁第8期、第9期科研简报[R].成都:西南交通大学,2007.

[10] 孙谋.富水砂卵石地层盾构刀具更换辅助工法研究[J].市政技术,2008(4).

[11] 刘向阳,陈强.富水卵石地层土压平衡盾构带压换刀研究[C]//第五届中日盾构隧道技术交流会论文集.成都:西南交通大学出版社,2009.

[12] 陈中,马文义,肖中平.玻璃纤维筋混凝土围护桩在盾构端井头的应用研究[C]//第五届中日盾构隧道技术交流会论文集.成都:西南交通大学出版社,2009.

[13] 洪开荣.关于地铁盾构隧道几个问题得探讨[J].隧道建设,2003,23(1).

[14] 杨书江.成都地铁火车南站—体育馆站区间隧道始发段泥水盾构施工技术[J].隧道建设,2007,27(6).

[15] 杨书江.富水砂卵石地层土压平衡盾构长距离快速施工技术[J].现代隧道技术,2009,46(3).

[16] 杨书江.成都地铁富水砂卵石地层泥水平衡盾构适应性研究[J].都市快轨交通,2009,22(5).

[17] 洪开荣.广深港大断面特长水下盾构隧道的技术难点分析[J].隧道建设,2007,27(6).

[18] 孙谋,刘维宁.软土地层盾构近距穿越老式建筑区掘进参数分析[J].土木工程学报,2009,(12).

[19] 张宁川.泥水盾构主机推进速度与泥浆系统能力的匹配[J].隧道建设,2007,27(6).

[20] 任国青,侯刚.盾构通过四川省安监局、经委办公楼及冶金宾馆施工总结[R].成都:中铁13局集团成都地铁项目经理部,2007.

[21] 段绍和.盾构侧穿锦江大桥施工方案[R].成都:中铁二局集团城通公司,2008.

[22] 杨书江.土压平衡盾构近距离穿越污水管施工技术[C]//第五届中日盾构隧道技术交流会论文集.成都:西南交通大学出版社,2009.

[23] 杨书江.富水砂卵石地层盾构法施工地表坍塌原因及对策[J].都市快轨交通,2011,24(1).

[24] 陈馈,康宝生,韩亚丽,等.国内外盾构法隧道施工实例[R].洛阳:中铁隧道集团有限公司,2007.

[25] 薄利.泥水处理技术在泥水盾构隧道施工中的应用[J].隧道建设,2007,27(6).

[26] 李建斌.浅谈盾构刀盘的设计与应用[J].建筑机械化,2006,27(3).

[27] 杨书江.袖阀管注浆加固地层的施工[J].铁道建筑技术,2004,(2).

[28] 管会生.盾构选型中大漂石的影响及处理[J].建筑机械化,2008,29(4).

[29] 何川.加泥式土压平衡盾构机在成都砂卵石地层中应用的几个关键性问题[J].隧道建设,2007(6).

[30] 刘建国.深圳地铁软硬不均复杂地层盾构施工对策[J].现代隧道技术,2010,47(5).

HERRENKNECHT AG | 公用事业隧道掘进 | 交通隧道掘进

## 钻进者，前进不止

海瑞克公司是机械隧道掘进领域中的技术和市场领导者。公司是目前全世界唯一一家能够提供适应各种地质条件的、直径 0.1～19m 的尖端隧道掘进设备供应商。海瑞克公司致力于为客户提供度身定做的隧道掘进设备，用于挖掘各种交通运输隧道（交通隧道掘进），以及供给和排放隧道（公用事业隧道掘进）。海瑞克连同其下属机械隧道掘进各个领域的专家团队，组成强有力的联盟，能根据客户所需为隧道建设提供涵盖配套设备以及服务的一揽子解决方案，包括：泥水分离站、皮带输送系统、导向系统、轨道运输系统、管片模具以至交钥匙管片生产工厂。此外，海瑞克公司提供的服务还包括技术咨询、规划和监理，技术人员支持甚至应特别任务需求配备整个工地团队。公司还掌握了创新的竖井沉降技术以及斜井建造技术。公司同时提供技术领先的深井钻机，钻探深度达到 6km，以及用于开发浅层地热能的小型钻井机。

**交通隧道掘进：建设高效的交通网络**。到 21 世纪中叶，世界人口预计达到 90 亿，而其中 2/3 将居住在大都市中。为了使人们出行方便，物流通畅，高效的基础设施需要向地下发展。譬如，海瑞克的隧道挖掘技术已经应用在瑞士哥达山脉（Gotthard mountain）脚下，建造世界上最长的铁路隧道（2段，每段57km），此隧道预计将于2017年年底通车。2009年，世界各地的承建公司使用海瑞克大直径隧道掘进设备（>4.20m）共挖掘了超过280 km 的崭新隧道。在此期间，使用海瑞克设备成功完成的项目将近100个。

**公用事业隧道掘进：铺设各种供给与排放管道**。随着人口迅猛增长，人们对地下供给管道的需求也不断增加，无论是发展中国家还是发达城市中心对此都有同样的需求，这也是目前有超过850台海瑞克公用事业隧道掘进机正在全球繁忙作业的原因。我们的公用事业隧道掘进设备用于建造和铺设排水、输气、输油管道，以及输电和通信管道。与传统隧道掘进方法相比，非开挖隧道技术具有众多明显的优势：微型盾构、水平定向钻机以及最新的下沉式竖井掘进机几乎不会对交通、商业和环境造成影响。

**海瑞克全球网络**。2009年海瑞克集团的营业收益达9.53亿欧元。海瑞克在全球拥有超过3100名员工，为大约200名年轻人提供了培训机会。集团在德国以及海外共拥有65家子公司和相关行业领域的联营公司。海瑞克集团能够为不同顾客、不同项目及时提供全面有效的解决方案。

Herrenknecht AG
D-77963 Schwanau
Phone +49 7824 302-0
Fax +49 7824 3403
pr@herrenknecht.com

www.herrenknecht.cn

**HERRENKNECHT**
Tunnelling Systems

**HERRENKNECHT AG** | 公用事业隧道掘进 | 交通隧道掘进

### 成都地铁建设频频告捷

成都市于2005年启动地铁建设。1号线一期工程升仙湖站—世纪城站为南北方向主干线，线路总长18.5km。成都上更新统上段/下段高含量卵石层以及丰富的地下水，形成了独特的不稳定及高磨蚀性地层。因成都独特的地质条件，海瑞克公司度身定做了1台泥水式盾构机及7台土压平衡式盾构机（直径均为6.25m），用以完成1号线暗挖区间隧道的全部掘进建设。

作为盾构机生产厂家及盾构施工顾问，海瑞克公司与成都地铁公司和施工单位紧密配合，解决掘进施工中的种种困难。2009年5月28日，成都地铁1号线区间隧道全部贯通。1号线一期工程于2010年9月27日15时投入试运营，在成都城市建设史上具有里程碑意义，成都在西部城市中率先驶入地铁时代！

与此同时，2号线一期工程的建设也如火如荼，海瑞克公司为掘进成都地铁2号线一期工程隧道提供了13台土压平衡式盾构机（直径均为6.25m），至今最佳的月掘进进度达到513m。隧道掘进工程的80%已经完成，预计明年5月实现全线洞通。

与客户携手，我们总有解决之道。

Herrenknecht AG
D-77963 Schwanau
Phone + 49 7824 302-0
Fax + 49 7824 3403
pr@herrenknecht.com
www.herrenknecht.com

海瑞克(成都)隧道设备有限公司
中国610100
电话 +86 28 8486 6060
传真 +86 28 8486 3620
hcg@herrenknecht.cn
www.herrenknecht.cn